新时代会计理论与实践创新系列专著

董事会治理对盈余重述披露选择的影响研究

陈丽英　著

格致出版社　上海人民出版社

前 言

近年来,上市公司年报盈余重述日益普遍,隐晦披露现象非常严重,不仅破坏了会计信息的可信性,还影响了资本市场效率,已经成为一个国际性的有关资本市场资源配置和保护投资者利益的重大问题。以往的研究侧重于从盈余误述的角度研究盈余重述行为,较少分析重述的披露决策。本书将盈余重述的发生分为盈余误述、盈余误述的修正两个连续的阶段,探讨了董事会治理对年报盈余重述及重述披露方式选择的影响。通过对相关理论的归纳和分析,构建了董事会治理、盈余重述、盈余重述披露方式关系的概念模型,并以我国上市公司为研究对象,运用多种统计方法进行实证检验,得出研究结论认为,董事会治理对年报盈余重述的发生具有重要影响,有效的董事会治理有助于提高重述披露透明度。

与已有研究文献相比,本书的创新性工作主要体现在以下几个方面:

第一,将盈余重述的发生分为盈余误述、盈余误述的修正两个连续的阶段,发现第二阶段即重述是否披露在盈余重述发生中起着更关键的作用,从而完整解释了盈余重述。已往的研究将重述作为一个阶段,将重述与误述概念混淆,并且仅从误述的发生方面研究重述的发生,研究结果有失偏颇,存在解释力度不够的问题。本研究辨析了误述与重述的准确含义,明确区分了盈余重述与盈余误述。研究中将重述作为两个阶段进行研究,第一阶段决定了盈余误述的可能性,第二阶段决定了盈余误述被发现并修正的可能性。整个过程解释了重述发生的可能性,重述是两阶段的共同结果。通过研究发现,不是每个误述的公司最终都重述,将重述作为一个阶段很难解释误述的识别问题,第二阶段才是盈余重述发生的核心因素。研究结果为财务报告重述的研究提供了新的理论视角，丰富和扩展了公司信息披露的研究成果。

第二，突破已有研究的思路，将重述的披露决策作为研究对象，扩展了重述研究的视角。现有关于重述的研究中，学者们关注的重点在盈余重述的原因和经济后果，较少研究重述的披露过程，忽视了重述隐晦披露的问题。本研究弥补了这一不足，将重述是否披露及如何披露问题作为研究视角，通过实证发现，重述披露与否决策在盈余重述的发生中起着决定作用，上市公司普遍存在着隐晦披露重大重述的现象，公司治理对盈余重述的披露决策有着重要影响，丰富了现有关于财务重述的研究。

第三，构建了董事会治理对盈余重述影响的关系模型，发现并证明董事会治理对年报盈余重述的发生及披露有显著影响，但当大股东权力过大时，会削弱董事会治理对盈余重述的影响。已往研究中普遍认为中国治理背景下，影响盈余重述的关键治理因素是股权结构，忽视了董事会在会计信息披露中的决策与监管作用。本书立足我国转型经济的独特制度背景，通过构建董事会治理对盈余重述影响的关系模型，分析了董事会在解决我国大股东与中小股东代理冲突中的作用，同时探讨了大股东对董事会治理效果的影响。研究表明，董事会是形成公司年报披露策略的关键，董事会独立性、财务专家及审计委员对盈余重述有重要影响。研究结论肯定了董事会治理在改善公司信息披露方面的积极作用。

第四，构建了衡量盈余重述重大性水平的指标，验证了盈余重述重大程度对重述披露方式选择的影响。重大性是会计差错判断的一个重要法则，但国内外相关的会计和审计准则都没有明确的标准来度量重大性，学者们也多以定量基准如经验法则来衡量，常常忽略重述的定性特征，研究结果分散、凌乱。本研究借鉴相关机构对于重大性的定义和规定，参考已有研究的成果，考虑可能影响投资者决策的定量与定性多方面因素，构建了衡量重述重大性程度的6个指标，同时设计了一个综合反映重述整体重大性程度的指标。利用指标进行检验后发现，影响上市公司重述披露方式选择的最主要原因是重述的重大性水平，管理层普遍具有隐晦披露重大重述的动机。

第五，证明了董事会治理对上市公司重述披露方式选择有重要影响，当盈余重述重大性程度较高时，有效的董事会能够提高重述披露的透明度。已有的文献较少研究董事会对重述披露透明度的影响，本研究将董事会治理、盈余重述重大性、重述披露方式纳入一个研究框架，考虑了董事会治理是否有助于改善重述重大性水平对重述披露方式选择的影响，丰富了相关领域的研究成果。

本研究受到教育部人文社会科学研究西部和边疆地区青年项目“重要性判断、公司治理与财务重述信息披露”(14XJC790001)的资助；同时受到“上海市高峰高原学科建设”项目的资助。

尽管作者做了最大努力，由于学识有限，时间仓促，本书的错误和不妥之处在所难免，希望读者不吝赐教，作者将深表感谢。

目录

1 绪 论

1.1 研究背景

高质量的会计信息是有效资本市场的基础，也是保护投资者利益的重要保障。然而，近年来上市公司愈来愈普遍的财务报告重述行为却破坏了会计信息的可靠性和可信性，严重影响了资本市场的效率，已经成为一个国际性的会计问题，并引起世界各国研究者的广泛关注。本书立足于我国独特的制度背景，探讨了董事会治理对盈余重述披露选择的影响。本章首先分析本书研究的实践和理论背景，提出本书的研究意义，在此基础上指出本书要解决的主要问题，进而阐述本书的主要内容、方法和研究框架。

1.1.1 实践背景

1. 上市公司年报盈余重述日益普遍，隐晦披露现象严重

我国的股票市场最初是作为改革开放的"试验田"建立起来的，经过十几年的发展，资本市场在国民经济中的地位与日俱增，其持续稳定健康发展也成为事关国计民生的重大问题。资本市场的快速发展对会计信息的决策性和可靠性提出了更高的要求，高效的会计信息被视为有效资本市场的基础和关键。有效的会计信息有利于考核上市公司管理人员的经济责任履行情况，能够帮助投资者了解公司财

务状况和现金流状况，同时也是契约订立及维系的重要参考标准，因此会计信息成为利益相关者最为敏感的内容，会计信息披露成为一项促进资源配置和保护投资者利益的重要机制和制度设计。

大多数投资者获得会计信息的主要途径是上市公司发布的财务报告，因而财务报告的真实和可靠性成为关注的重点。然而，近年来，针对上市公司前期财务报告所进行的频繁补充与更正行为却对财务报告的可信性提出了挑战。国外研究者将其称为财务重述，即针对财务报告的会计差错进行的更正与重新表述。不仅在中国，财务重述目前已成为一个世界性的普遍会计现象。如美国过去的十年间重述财务报告的公司数量增长了将近 20 倍，最为严重的 2006 年甚至达到了 1 577 件(Scholz, 2008)。我国的资本市场规则与体系尽管完全不同于美国，但上市公司的年报重述行为也非常普遍，最严重的年度约占全部上市公司数量的五分之一(魏志华、李常青和王毅辉，2009)。这其中最受投资者关注、最为频繁的为盈余重述。盈余是公司财务报告最敏感、最核心的部分，最受投资者关注，更易引发造假和财务欺诈，是监管部门监控的重点。研究发现，约一半的上市公司重述事项与利润相关(雷敏、吴文锋和吴冲锋等，2006)，超过 30% 的重述披露公告是对盈余及其相关科目的调整(魏志华、李常青和王毅辉，2009)。

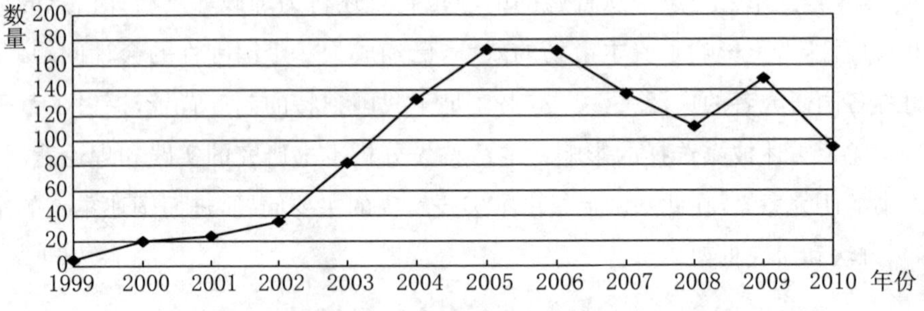

图 1.1　1999—2010 年我国上市公司盈余重述情况表

图 1.1 反映了 1999—2010 年间我国上市公司年报盈余重述的情况。图中以上市公司发布的重述公告作为统计样本，通过手工搜集数据而得。可以看到，从 1999 年至 2010 年的 12 年间，重述事件大幅增长，盈余重述现象非常严重。个别公司甚至利用重述公告扭转公司盈亏局面，如四川长虹(600839)通过 2003 年年报更正公告，使净利润由 2.42 亿元更正为 2.06 亿元，减少 15%，而炎黄物流(000805)因重述使得 2004 年年报由盈利 74.77 万变为亏损 1 468.61 万元。盈余重述表明前期的年

报盈余存在错误，是非常严重的会计问题，一些公司利用重述粉饰公司的财务信息，延缓负面信息的披露，以减少可能的市场损失，从而影响投资者的投资决策，干扰资本市场的配置效率。

另一方面，从已披露的重述信息来看，隐晦重述现象非常严重。我们统计的1 133家样本中，一半以上的公司没有通过重大临时公告的形式披露重述，且重述语言模糊，遗漏重要信息，披露的信息不规范也不全面，完全无视信息披露规则。Swanson、Tse和Wynalda(2008)称之为秘密重述。Turner和Weirich(2006)的调查发现，秘密重述有不断增长趋势，已占到了重述公司的14%，“华尔街最大的公开秘密之一，是公司努力使其重述隐藏在雷达下，使得投资者较难发现”。这种恶意的不规范信息披露，一定程度上误导了众多不明真相的投资者，使其因信息不对称而蒙受损失。

一方面是年报盈余重述的频发，一方面上市公司又极力隐藏重述信息，这种财务信息披露的不规范和随意性行为极易导致公司欺诈和财务丑闻，并最终受到投资者的惩罚。研究表明，盈余重述会影响信息环境，加重信息不对称，影响资本市场效率，盈余重述的披露会令公司股票价格大幅下跌，投资者信心受到重创，投资者乐观指数下降，严重影响资本市场的配置效率(GAO, 2002)。

目前，上市公司的财务报告重述已经成为一个国际性的有关资本市场资源配置功能和保护投资者利益的重大问题，引起世界各国投资者、财务分析师、证券市场监管机构等的广泛关注，西方国家如美国专门成立监管机构规范和研究财务报告重述行为，并在安然和世通财务事件后及时出台《萨班斯—奥克斯利法案》(Sarbanes-Oxley Act，简称SOX)规范上市公司重述披露行为(Collins, Masli, Reitenga, et al., 2008)。国内方面，尽管追溯重述的概念始自2006年新准则的颁布，但监管机构一直非常关注会计差错更正及其披露行为，出台了一系列相关的规定，试图减少重述的发生。2003年12月，为了规范重述披露，证监会发布了《公开发行证券的公司信息披露编报规则第19号——财务信息的更正及相关披露》，规定上市公司应当以重大事项临时公告的方式披露差错更正；2009年12月，上交所和深交所同时发布公告，要求上市公司建立年报信息披露重大差错责任追究机制；2012年4月，证监会发布的《关于完善上市公司退市制度的方案(征求意见稿)》中，明确退市指标含追溯重述后的年报。

在中国这样的新兴市场经济中，分析重述发生的深层次动因，减少盈余重述，提高信息披露的透明度，成为亟待解决的问题。目前研究上市公司盈余重述行的文献较少，因此，在一个不同于西方国家的制度背景中研究上市公司财务重述行为，具有重要的理论意义和现实价值，有助于减少盈余重述，提高上市公司财务信息披露质量。

2. 公司治理缺陷与盈余重述

公司治理机制是使投资者确信其能够从投资中获得相应收益的一系列机制设计和契约安排，有效的公司治理机制是资本市场持续健康发展的基石，保护投资者利益也成为公司治理的公认目标(Shleifer and Vishny, 1997)。公司治理最重要的功能之一是保证财务报告过程的质量，而治理缺陷与较差的盈余质量直接相关(Cohen, Krishnamoorthy and Wright, 2004)。在保证财务报告质量方面，公司治理起着重要的监管作用。作为较差财务报告质量的最直接表现，盈余重述表明先前财务报告的不可信，暴露了公司治理机制的缺陷，成为考察公司治理效率的重要视角。

公司治理的现实前提是所有权与经营权的分离，对这一现象的关注始于伯利和米恩斯。他们认为，现代公司股权分散，所有权被职业经理所控制，而职业经理可能会采取损害股东权益的方式获得个人利益(Berle and Means, 1932)。因此，在股权分散的制度背景下，公司治理的主要问题是如何调节股东和经理人之间的利益冲突，Jensen 和 Meckling(1976)由此指出了公司治理中的一类重要代理问题——股东与经理之间的代理问题。股权分散的上市公司偏好使用会计业绩基础上的奖励机制激励管理层，希望以此促使管理层以投资者利益最大化为目标，然而这也促使管理者高报盈余以满足个人利益的动机，并由此导致了盈余重述。此外，为了保持盈余的连续增长，掩盖亏损事实以在资本市场生存，管理者可能误述盈余并进而导致重述的发生。从这个层面上说，正是企业外部投资者与公司管理层之间的代理问题导致了重述的发生。已有的研究也表明，用于激励高管层的补偿契约会提高财务报表误述的概率，弱的管理层监管是盈余重述频发的首要原因(Gill and Bebchuk, 2003)。

与欧美国家不同，中国处于经济转型时期，有着独一无二的特殊制度背景，上市公司股权高度集中，普遍存在大股东，股权的流动性较差，法律环境不发达，法律系统对投资者的保护较弱。上市公司的治理结构存在着两类代理冲突：一是外部投资者与公司管理层间的代理问题;二是大股东与小股东之间的利益冲突。公司治理首先需要解决的是大股东与中小股东的代理冲突。大股东有动机利用其控制权获取收益,会利用隧道挖掘、大股东占款等方式侵占中小股东利益,反映在信息披露上即会为了控制权收益干预财务报告,以此影响利益的分配。从我国现实情况分析,盈余重述发生的重要原因是大股东权力过大、管理层面临绩效压力,而重述的重要动机是保持控制权收益以及在资本市场上生存。这种盈余操纵行为必然影响会计信息的真实和完整,从而产生会计差错,导致重述的增长。因此,盈余重述的发生反映了公司治理机制的缺陷,揭示了实际控制人对财务报告盈余数据的干涉和操纵,这种行为侵害了投资者的利益,显示出公司治理机制效率的低下。

因此,要从根本上减少重述,提高信息披露水平,需要从制度环境方面改善,加强公司治理,减少代理冲突。我国现有治理体系中,外部监督机制较弱,缺乏有效的机构投资者和成熟的职业经理人市场;内部治理结构中,实行的是双元治理结构,董事会制定战略决策和任命总经理为首的管理层,监事会监督董事和总经理,虽然股东大会赋予了监事会监督权力,但由于监事会不参与公司重大决策,只是事后了解财务状况,再加上其与公司存在利益关系,受制于管理层,因而其监督职能极度弱化,难以有效监管财务报告。作为公司治理的核心,董事会在保护股东利益中的重要作用得到凸显。公司治理机制中对财务报告治理负首要责任的是董事会及其下属的审计委员会,也因此美国公众监督委员会(Public Oversight Board, POB)将公司治理定义为,董事会与审计委员会保证财务报告完整性过程的监管活动(POB, 1993)。作为解决公司两类代理问题的重要制度安排,董事会在保证财务报告盈余质量方面负主要责任,通过与管理层和内外部审计师的协调对财务报告进行监管,财务与审计的失败常因董事会未实施好的监督而引起。董事会负责监管管理层,是形成公司财务披露策略的关键,也是盈余质量的决定因素。国内外已有的文献均发现并证明了董事会在减少盈余重述方面的积极作用。

由于制度的原因,我国董事会制度的建立是由法制改革及法律的强制要求等外部因素推动的,缺乏建立董事会的内在需求。此背景下,董事会的设立是否会流于形式呢?另一方面,我国的董事制度仿照西方制度建立,但其效果和权力却完全不同,大股东能够影响董事的任命,董事会易受到大股东控制,难以有效发挥监督作用。而证监会推行的独立董事制度又希望独立董事在董事会中代表中小股东监督大股东的行为,在公司决策的过程中预防或制止大股东损害中小股东利益。因此,大股东与董事会之间存在着矛盾和冲突。在这种治理结构下,董事会能否保持自身的独立性,监督上市公司重述财务报告行为？董事会有多大的能力和动力影响公司信息披露水平？董事会下属审计委员会在信息披露决策中能发挥监管财务报表作用吗？诸如此类问题有待我们在本书中进行研究和回答。

1.1.2　理论背景

越来越普遍的盈余重述现象为未来公司治理及信息披露领域研究提出了许多尚需探讨的问题,尽管针对财务报告重述的研究尚不是十分成熟,但已为该领域的研究做出了许多开拓性的成果。财务报告盈余重述的研究逐渐呈现出方兴未艾之势。

1. 当前盈余重述研究的主要内容

国外关于重述理论和实证研究的文献比较丰富,学者们研究的内容主要包括重述的动因、影响因素、经济后果等几个方面。

关于重述动因的研究主要有两种观点,一种观点认为财务重述是公司的内部错误,由会计应用时的复杂性及大量判断的应用等引起(Plumlee and Yohn, 2010; Ciesielski and Weirich, 2006)。难以预期的商业环境、不完善的准则、不完全的交易信息使得会计和交易不确定性增加,监管部门周期性地改变会计准则的解释、新准则不断出台、会计应用指南不断增多等客观上使得会计和交易越来越复杂,不可避免会引起会计差错的发生,进而导致重述。另一种观点认为,财务重述是公司盈余管理的一种方式,是管理层的机会主义行为,是经理人员迫于契约压力或资本市场压力的一种盈余操纵行为(Callen, Livnat and Segal, 2002)。大多数研究都将重述的原因归结为管理层有意识的盈余管理,认为正是以盈余为激励基准的补偿契约加大了不实财务报告的可能性,CEO 期权比例对股价的敏感性与误报趋势正相关,当 CEO 大量持有实值状态期权时,误述可能性增大(Efendi, Srivastava and Swanson, 2007);除了报酬契约,债务契约也会引起公司的重述行为,有债务契约的公司常常被要求提供必要的利息比例及流动性比率,对收益也有条件限制,因此,接近背离边界的公司有动机高估报告期盈余(Graham, Li and Qiu, 2008),公司的额外融资需求会增大代理成本,从而导致财务报表被错误表述(Efendi, Srivastava and Swanson，2007)。除了契约动因，管理层还面临强大的资本市场压力，如较低的融资成本，持续的盈余增长，不断提升公司价值，达到财务分析机构的盈余预测目标以防止市场的负面反应等，这些都可能使得公司采纳激进的会计政策，而收益较差的公司则利用重述进行“大洗澡”，以提高以后季度或年度的盈余(Myers，Myer and Skinner，2006；Dechow and Skinner，2000)。

财务报告内部控制存在实质性漏洞(material weakness)是引发重述的重要原因。重述的发生，表明公司财务报告内部控制未能及时防止和发现报表中存在的影响投资者基于财务报告做出经济决策的重大错报和遗漏，往往因为公司缺少或较差的、不合适的内部运营控制设计以及不合适的培养和监督财务人员方法引起(Austen，Eilifsen and Messier，2003)。此外，内控较弱使得公司的经理人更易越权，并通过误述有意制造偏离的应计以达到其机会主义财务报告目标。盈余重述常常被认为是低质量的会计制度和会计实践的函数，其背后上市公司治理失效的问题日益凸显，公司的股权结构、董事会构成、审计委员会均会影响重述信息的披露，重述公司大多股权分散，董事会多被管理层控制，CEO与董事长两职合一，外部董事较少，不太可能有外部大股东，审计委员会中较少有财务专家(Beasley，1996；Efendi，Srivastava and Swanson，2007)。此外，外部治理环境对公司财务重述行为也有影响，公司约束外部人参与内部治理过程、限制股东权利的强制管制和公司规章与盈余误述密切相关(Baber，Kang and Liang，2006)；外部审计师特征，如审计任期、非审计服务、审计师的过度保守、稳健行为及行业专业化程度，也会对公司财务重述行为造成影响。研究表明，审计师与客户关系期限与重述行为负相关，改变外部审计师并不能影响审计师识别重述的需要，重述的本质和严重性与审计师任期无关，审计师行业专业化有助于提高其错误监测能力，从而提高财报质量(Stanley and DeZoort，2007；Myers，Myers and Palmrose，et al.，2003；Raghunandan，Read and Whisenant，2003；Romanus，Mather and Fleming，2008)。国内研究也表明，注册会计师非标意见的出具受到财务重述幅度及重述涉及项目多少的显著影响(王霞和张为国，2005)，非审计服务一定程度上会影响外部审计师的审计质量(陈丽英，2009)。除了以上因素，经济周期、行业规则、证券监管等也会影响公司重述财务报告(Wang，Winton and Yu，2007；Pfarrer，Smith and Bartol，et al.，2008；Myers，Scholz and Sharp，2009)。

重述的宣告往往引起严重的经济后果，包括市场反应及对管理者的声誉损害等。上市公司发布重述后，市场反应往往显著为负，当重述源于收入确认、涉及造假、影响的账户较多、调减报告期收益或重述由外部审计师、SEC 提出时，市场赋予的惩罚最严重，重述信息对披露日前后短期的市场反应有较强的解释力（Akhigbe，Kudla and Madura，2005；Palmrose，Richardson and Scholz，2004；Wu，2003；Owers，Lin and Rogers，2002）。除了股票价格的下跌，重述还会令投资者信心受到重创，投资者乐观指数跌至历史最低点（GAO，2002）。但重述对投资者造成的损失是暂时的，其长期市场反应不足（Wilson，2008）。财务重述降低了公司报表的可信性，导致财务分析师重新评估目标公司的未来预期收益，重述后投资者较少依赖公司发布的盈余信息（Anderson and Yohn，2002）。重述引起的负面市场反应还具有行业内传染效应，重述的披露会负面影响重述公司股东财富并引起同行业非重述公司股价下跌，行业内竞争对手在公司宣告重述后有负的异常收益（Xu，Najand and Ziegenfuss，2006；Durnev and Mangen，2009），尤其是竞争对手与重述公司现金流相似时。这主要是由于重述引起投资者重新评估非重述公司之前发布的财务报告信息，对会计质量的担忧使得投资者降低了对整个行业的利润预期。国内研究也表明，市场对年报补充及更正公告有显著的短期反应（陈凌云，2005），重述公告整体而言具有微弱的负面市场反应（魏志华，李常青和王毅辉，2009），中国上市公司披露的盈余重述信息不具有价值相关性，市场对重述传达的盈余信息的信任度较低（陈丽英和李婉丽，2010）。除了显著的负面市场反应，重述宣告的另一经济后果是导致管理层的变更。重述信息的宣告会让公司的相关管理层承受声誉惩罚，经理层或外部董事通常会被解聘，随后的就业前景也较差，公司董事会和外部劳动力市场都对重述公司的管理者实施了显著的惩罚（Desai，Hogan and Wilkins，2006；Srinivasan，2005）。此外，经理人还可能受到监管机构的罚款，甚至被诉讼或受到监狱惩罚（Karpoff，Lee and Martin，2008）。

2. 当前董事会治理对盈余质量影响研究的主要内容

作为公司治理的主体，董事会对盈余质量承担着法律上的义务和责任。现有关于董事会与盈余质量关系的研究集中于关注董事会在阻止盈余管理上的受托角色。大量与治理相关的文献都强调了外部董事在解决代理冲突、监督管理层行为中的作用。外部董事的增加会提高董事会的独立性，影响董事会审议和决定的质量，提供公司的战略方向，提高公司的绩效，有利于保证管理层担当相应的职责，代表股东的利益，有助于减少财务报表欺诈的发生（Beasley，1996；Gertsen，Riel and

Berens，2006；Rahman and Ali，2006）。审计委员会在监督公司财务报告过程中的地位近年来受到越来越多的关注，在公司治理实务上已成为各国上市公司不可或缺的制度，但对财务报告质量是否起到积极影响，学者们仍存在争议（Ghosh，Marra and Moon，2010）。独立董事的有效性常常取决于其专家经验，因此，越来越多的研究开始思考独立董事中财务专家在提高财务报表质量中的作用，研究表明，董事会与审计委员会中独立董事财务专家在监管公司财务报表时是有价值的（Dezoort and Salterio，2001；Xie，Davidson and Dadalt，2003；Agrawal and Chadha，2005），会导致公司更精确的披露和更好的审计委员会绩效。CEO的权力对董事会和审计委员会的有效性有着很大的影响。CEO的权力使得其有能力从事有利于个人利益的活动，既要做出决策又要监督自己的决策，会损害董事会的监管和治理角色（Lisic，Neal and Zhang，2011）。

除了研究董事会在阻止盈余管理方面的作用，已有的研究还分析了董事会在提高会计稳健性与盈余信息含量以及会计信息披露水平方面的作用。研究表明，当董事会中外部董事比例较高时，公司财务报告更稳健（Beekes，Pope and Young，2004；Ahmed and Duellman，2007）；当公司有强大的董事会且审计委员会有财务专家时，财务报告稳健性更强（Krishnan and Visvanathan，2008）。盈余的信息性更多地受到董事会规模而非独立性的影响（Vafeas，2000；Ahmed，Hossain and Adams，2006）。在股权集中的国家，控股股东控制着财务报告过程，阻止不利信息流向市场，使得盈余缺乏透明度（Fan and Wong，2002）。董事会好的监管能够正面影响公司的披露，当CEO兼任董事会主席时，公司披露水平较低，但当董事会有大量的有经验的非执行董事时，二者关系会变弱（Cerbioni and Parbonetti，2007；Gul and Leung，2004）。

3. 现有研究的局限性

已有的研究尽管取得了丰硕的成果，但在以下几个方面还存在不足：

（1）以往的研究侧重于从盈余误述的角度研究盈余重述行为，没有严格区分误述与重述，只研究了重述发生的部分原因。现有的文献在研究重述发生的原因及影响因素时，均是从盈余误述的角度来研究，将误述与重述混为一谈。误述指财务报表的错误表述，在我国一般指会计差错，而重述的本质则是对会计差错的修正，是上市公司对存在虚假、误导或遗漏信息的前期财务报告的一种事后补救行为。因此，误述是重述的起因，也是形成重述的一个必要条件。由于不是所有的误述最终都能被发现并重述，所以误述的修正才是重述发生的核心因素，从盈余误述的发生研究重述只是重述的一个原因，忽视了误述被修正的动因及修正过程中可能的影响因素，从而影响结果的解释力。因此，明确区分误述与重述，全面考虑重述发生的整个过程，从误述与误述的修正两个方面分析影响重述发生的因素是有待深入研究的问题。

（2）以往的研究大多关注重述的前因与经济后果，对重述披露决策的研究刚刚起步，缺乏系统深入的研究。已有的相关文献中，学者们侧重于分析上市公司误述年报盈余的动机，大量的文献集中于研究重述宣告后引起的市场反应，忽视了盈余重述的披露过程。分析重述的发生可以看到，误述只是重述发生的一个必要条件，最终是否重述取决于管理层披露与否的决策，即重述披露环节才是重述发生的核心步骤，现有的成果缺乏相关方面的研究。此外，从现实背景来看，国内外上市公司普遍存在隐晦披露重述现象，如语言模糊、故意掩盖重大差错，捆绑披露等，但对此现象缺乏深入的系统研究，虽然有部分学者发现资本市场存在秘密重述、重述中“沉默是金”行为，但究竟什么因素影响重述的披露、如何影响以及如何提高重述披露的透明度，相关的研究都比较匮乏。与国外成熟的资本市场体制相比，我国对重述披露的监管制度更少，上市公司不规范披露现象更严重，更需对此进行深入研究。

（3）从董事会治理与盈余质量关系的现有研究来看，虽然成果丰富，但研究结果较分散，均是从个别具体特征研究董事会治理，缺乏全面分析董事会治理的系统研究，且从盈余重述视角研究董事会与盈余质量关系的文献目前相对较少。在董事会治理的具体考量方面，现有研究集中于关注董事会独立性对财务报告的影响，较少分析董事会构成与活动水平的影响；学者们虽然看到了财务专家或财务背景对提高会计质量是有价值的，但实证方面的经验证据还比较缺乏，对财务专家在信息披露方面发挥的具体作用还不是很清晰；此外，对审计委员会治理效应的研究也相对不足。

（4）现有财务报告重述的研究多是针对国外制度背景得出的结论，缺乏契合我国制度背景的相关研究，而国家制度因素对治理效果往往具有调节效应，不同的制度背景下董事会具有不同的治理效率。已有的研究成果尽管丰富，但多是国外治理背景下得到的结论，西方学者的研究结论难以解释我国的重述现象，东西方国家重述内容、原因及方式存在较大差异。我国有着不同于西方的独特制度环境，上市公司有较高的所有权集中度，大多数为国有性质，国有上市公司普遍受到大股东干预，且法律系统对投资者的保护较弱，资本市场管制较多，且不存在成熟的职业经理市场，大股东与董事会之间存在着矛盾和冲突。因此，与成熟的西方资本市场国家相比，我国在资本市场有效程度、公司治理问题、盈余重述诱发动机以及政府监管方面均存在不同，他们的研究结论并不一定适用于我国。国内目前研究多以借鉴和模仿国外研究为主，缺乏考虑中国特殊制度背景的深入研究。

国内现有为数不多的研究公司治理与重述关系的文献集中于探讨股权结构是否影响重述的发生，较少关注公司治理尤其是董事会在减少盈余重述、提高重述披露透明度方面的积极作用，没有系统分析董事会治理与重述关系的文献。现有关于董事会治理的文献中，缺乏有效衡量董事会治理的变量，没有检验独立董事财务专家及审计委员会的治理效果。因此，立足于我国转型经济的制度背景，探讨董事会治理对盈余重述发生及披露的影响，是亟待深入研究的问题。

1.2 本书的研究意义

1.2.1 理论意义

研究资本市场上的盈余重述问题，可以为盈余管理研究提供新的方向。虽然引起重述的原因较多，但大部分盈余重述由误述期管理层的盈余管理行为引起。已有的相关研究大多关注的是盈余管理的动机与方式，以及如何合理估计盈余管理的问题，对盈余重述的研究可以丰富现有的盈余管理的成果，是盈余管理研究的拓展。

传统的信息披露研究仅仅关注财务报告编制过程中的会计问题，本研究突破了这一思路，关注财务报告披露环节的策略选择问题，进一步丰富了现有信息披露领域的理论研究成果。本书明确区分了盈余误述与重述，研究了影响重述披露与否及如何披露的因素，通过构建衡量重述重大性水平的指标分析了重大性门槛对重述披露透明度的影响，拓展了财务报告重述理论的相关应用研究。

本书将公司的内部治理环境与盈余重述结合起来研究，对当前财务重述相关理论的研究做出了有益补充，同时为公司治理研究提供了新的视角。对公司治理机制有效性的探讨一直是理论界研究的热点，学者们通常利用公司价值衡量治理效率。本研究从盈余重述的角度研究公司治理机制，具有较强的时代针对性，同时能够丰富公司治理相关的研究成果。

此外，本书研究盈余重述的发生与披露，预期形成的结论有助于丰富公司治理和信息披露研究内容，对于理解董事会特征，促进资源优化配置，完善信息披露规定和加强投资者利益保护等方面，具有较强的应用价值和政策意义。

1.2.2 实践意义

为上市公司完善公司治理结构提供理论支持和政策依据。本研究分析了董事会治理对年报盈余重述的影响，具体研究了董事会独立性、财务专家、审计委员会制度及领导权结构等在阻止年报盈余误述发生、提高重述披露可能性及透明度方面的作用，研究结果有助于公司改善现有的董事会制度，减少违规会计行为，充分发挥董事会的治理作用，提高董事会对财务报表的监管水平。

如何提高上市公司的信息披露质量一直以来都是实务界关注的焦点，特别是经济转型环境下我国外部证券监管制度的低效率以及公司内部治理机制的不完善，使得企业高管人员具有广阔的操纵信息披露的空间。本书对盈余重述的全面分析有利于监管机构加强对重述的监管，切实保护中小投资者利益。此外，本书的研究能够为证券监管部门完善法律法规，制定监管政策提供决策依据，对于经济转型过程中我国企业公司治理改革和外部证券市场建设均有一定的指导意义。

1.3 主要研究问题

针对我国资本市场上盈余重述频发、隐晦披露现象严重的问题，本研究立足于我国的独特制度背景，考察董事会治理对盈余重述发生及披露行为的影响。本书提出如下研究问题；

(1) 董事会治理对上市公司年报盈余重述会产生怎样的影响?

本研究将盈余重述分为盈余误述、误述被修正并披露两个前后发生的阶段，将重述作为两阶段的共同结果，分别考察董事会治理与盈余误述及误述的修正披露之间的关系，解释董事会治理是如何影响年报盈余重述过程的。董事会治理中，我们选择了董事会构成、独立性与活动水平三个方面进行研究，检验董事会治理机制是否能阻止年报盈余误述的发生，当前期年报存在错弊时，有效的董事会治理是否有利于公司修正并披露年报盈余差错。

（2）大股东权力是否会削弱董事会治理对年报盈余重述的影响？

在我国特有制度背景下，上市公司股权集中度较高，大多数为国有性质，国有上市公司普遍受到大股东干预，董事会的治理效果不可避免地会受到大股东的影响。本研究从提名委员会的设立与股权制衡度两个方面衡量大股东的影响，检验当大股东权力较大时，是否会削弱董事会治理对年报盈余重述的影响。

（3）董事会治理对高报盈余重述的影响是否大于低报盈余的重述？

高报盈余的重述预示着公司前期会计行为较为激进，前期运营或公司前景可能存在问题，说明管理层试图掩盖盈余下降，是一种机会主义行为；而低报盈余的重述是对不利信息的修正，常被认为是会计稳健的表现。本研究检验公司董事会治理对不同性质盈余重述的影响，探讨董事会是否更关注高报盈余的重述。

（4）误述期到重述期董事会治理的变化是否影响年报盈余重述？

重述的发生需要跨越误述期与重述期两个前后不同的时期，其间公司治理特征会发生较大的变化，尤其是我国这样一个新兴且处于转轨期的国家，独立董事和审计委员会等董事会制度正处于逐步推进和不断完善的阶段，董事会有效性的提高对公司财务信息的披露有着较大影响。本研究通过检验两个期间董事会治理的变化，验证是否董事会治理的变化导致了盈余重述的宣告，即研究盈余重述是否归因于公司治理状况尤其是董事会治理的改善。

（5）盈余重述重大性水平如何影响上市公司重述披露方式的选择？

上市公司主要采用两种方式披露盈余重述：一种是发布重大事项临时公告，详细披露重述的性质及原因，对公司财务状况和经营成果的影响及更正后的财务指标，即透明的披露方式；一种是在年报附注中披露，即隐晦披露。公司是否采取临时公告形式披露重述主要受重大性因素的驱动。本研究将从重述性质、幅度、涉及年份、涉及会计事项、是否违规、是否核心业务6个维度设计衡量重述重大程度的指标，分析重述重大程度如何影响公司重述披露方式的选择，是否重述越严重的公司越倾向于隐晦披露。

（6）董事会治理是否影响公司盈余重述披露方式的选择？有效的董事会是否有助于改善重述重大性水平对上市公司重述披露方式选择的影响？

已有的研究仅仅揭示了董事会治理在阻止年报盈余误述上的监管作用，缺乏对董事会治理与公司重述披露决策关系的研究。本研究分析了董事会构成、独立性与活动水平是否影响公司盈余重述披露方式的选择，检验了当公司盈余重述程度严重时，董事会独立董事制度、审计委员会制度及财务专家能否提高重述披露的透明度。

本书试图在上述研究工作的基础上，细化和丰富盈余重述理论的研究，并希望在实践上为证券监管部门、上市公司利益相关者提供有益的指导和借鉴。

1.4 研究内容、方法及全书架构

1.4.1 研究内容

针对研究问题和研究目标，本书通过以下内容组织全文：

第1章为绪论。本章阐述研究的实践背景和理论背景，分析盈余重述研究的现状和存在的问题，提出本书研究的主要问题、内容和框架。

第2章为文献综述。本章从盈余重述的定义、动因与影响因素、经济后果以及董事会治理对盈余重述的影响等方面对现有文献进行回顾和梳理，在此基础上提出已有研究的不足及其获取的有关研究启示。

第3章为概念模型与研究假设。本章在对董事会治理、盈余重述、盈余重述披露方式阐述的基础上，构建全书的概念模型，详细讨论和分析各变量之间的逻辑关系，提出模型所涉及的具体研究假设。

第4章为实证研究设计。本章介绍如何利用中国证券市场上市公司的数据实证检验进行具体的研究设计。对研究样本选取和数据收集过程进行了详细说明，在借鉴以往研究成果的基础上，介绍了全书相关研究变量的选取和测度方法，最后对实证研究中使用的假设检验方法和实证模型进行了介绍。

第5章为实证检验结果。本章运行描述性统计分析、相关性分析、均值T检验、两阶段二元probit回归分析和logistic回归分析等假设检验方法，从董事会治理与年报盈余重述关系、大股东是否影响董事会治理与盈余重述关系、董事会治理与盈余重述消息性质关系、董事会治理变化与盈余重述关系、董事会治理和重大性水平与重述披露方式选择关系等角度，对各项假设进行验证。

第6章为结果讨论。本章对实证研究结果进行讨论，分析研究假设验证与否的原因，并说明其所反映的理论和现实意义。

第7章为结论与展望。本章归纳了本书的主要结论，提出了相关的政策建议，阐明了本书的主要创新点，并说明了局限性及未来研究方向。

1.4.2 研究方法

本书采用规范研究和实证研究并重，定性分析和定量分析相结合的研究方法，综合运用经济学、管理学和财务学的相关基础知识，结合公司治理、信息披露与财务报告重述已有的理论成果，分析董事会治理对年报盈余重述发生及披露的影响。

通过规范研究和定性分析，本研究系统回顾了盈余重述的相关研究成果，在系统研究相关理论的基础上，提出董事会治理、盈余重述和重述披露方式的概念模型。通过理论分析和逻辑关系阐述，提出研究假设，并借助均值 T 检验、相关性分析、回归分析等方法进行实证检验，最后对检验结果进行定性和规范分析。具体研究方法包括：

（1）均值 T 检验。本研究需要运行均值 T 检验对比分析重述公司与非重述公司董事会治理的差异，比较重述公司与非重述公司误述期到重述期董事会治理变化的差异，对比以重大事项临时公告披露的重述公司与年报附注披露的重述公司重述重大水平的差异以及董事会治理的差异。同时，该方法也可与多元回归分析结果进行相互验证。

（2）相关性分析。本研究需要揭示董事会治理与盈余重述发生及披露方式选择间的关系，为了准确描述研究变量间的相关程度，有必要通过相关分析计算各变量间的相关系数。

（3）二元 probit 回归分析。盈余重述的发生由盈余误述、误述的修正披露两阶段完成，重述是两阶段的共同结果，实践中我们只能看到最终的重述结果，误述的发生及误述的披露都是无法得到样本的，需要运用两阶段连续的部分可观测 probit 模型进行研究，因此运用二元 probit 回归分析进行检验。

（4）logistic 回归分析。在检验董事会治理变化与盈余重述关系，董事会治理、盈余重述重大程度对重述披露方式选择影响时，需要运用 logistic 回归分析方法进行验证。

1.4.3 研究框架

本书研究框架如图 1.2 所示：

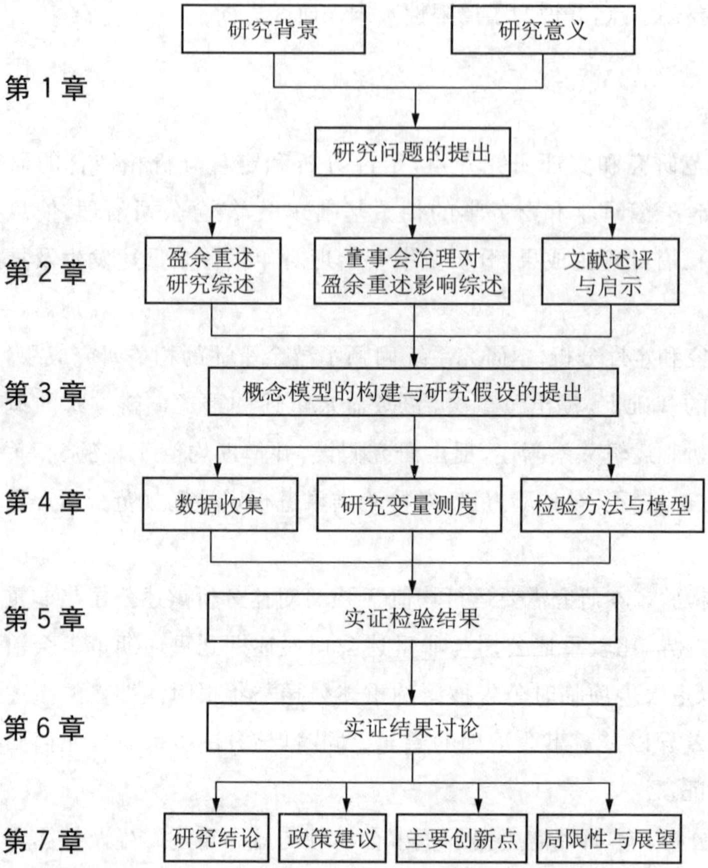
研究背景
研究意义
第 1 章
研究问题的提出
第 2 章
盈余重述研究综述
董事会治理对盈余重述影响综述
文献述评与启示
第 3 章
概念模型的构建与研究假设的提出
第 4 章
数据收集
研究变量测度
检验方法与模型
第 5 章
实证检验结果
第 6 章
实证结果讨论
第 7 章
研究结论
政策建议
主要创新点
局限性与展望

图 1.2　本书的研究框架

2 文献综述

目前，财务报告盈余重述行为已经引起世界各国投资者、财务分析师、证券市场监管机构、科研机构等的广泛关注，西方国家如美国专门成立监管机构规范和研究财务报告重述行为，学术界涌现了大量的有关财务报表盈余重述行为的研究。本书将对盈余重述的相关研究进行回顾述评。

2.1 盈余重述研究综述

2.1.1 盈余重述定义概述

1. 盈余重述定义及相关概念辨析

(1) 盈余重述定义。

尽管现有研究主要关注的是财务报表盈余项目的重述，但学术界并没有对盈余重述给出明确的定义，也没有对盈余重述与财务重述进行明确区分，而是统一将其称为财务重述（financial restatement）或会计重述（accounting restatement）。对财务重述，目前也没有统一的定义。美国会计原则委员会（Accounting Principles Board，APB）1971 年发布的第 20 号意见书中规定，如果公司发现以前财务报告存在错误，除了应更正差错，还应重新表述存在错弊的前期财务报告。具体来说，差错包括三种情况：计算错误、会计原则应用不当、已存事实的忽视或误用。该意见书同时规定，与会计差错变更不同，会计估计变更与会计政策变更不须重述财报，可按未来适用法处理或调整期初留存收益和其他相关项目(APB, 1971)。2005 年 5 月,美国财务会计准则委员会(Financial Accounting Standards Board, FASB)以第 154 号公告替代了 20 号意见书,明确财务重述专指会计差错更正,即公司"修正前期财务报告已存差错的过程"(FASB, 2005)。Skinner(1997)指出,报表编制者即管理层如果发现报表存在错误或者可能误导投资者,且知道或者应当知道使用者仍然依赖全部或部分报告内容时,应该重新编制报表,这是判断是否需要编制重述公告的一个重要原则。除此之外,美国会计总署(United States General Accounting Office, GAO)2002 年和 2006 年针对重述的调查报告中也对财务重述进行了定义,即"公司自愿或在外部审计师、监管机构的敦促下更正前期报告的财务信息"(GAO, 2002)。从以上不同的表述可以看出,财务重述的实质是上市公司就已经披露的定期报告中存在的虚假、遗漏或误导性的信息做出重新编制并披露的行为。从法律角度来看,是信息披露义务人的一种事后更正错误行为。

Ahmed 和 Goodwin(2007)及 Lev、Ryan 和 Wu(2008)认为,盈余重述可以解释为公司对前期财务报告盈余或与损益相关的科目金额进行修正并披露的行为。从定义上分析,盈余重述关注的是对历史盈余进行的修正,它包含于财务重述中,是一种最严重的财务重述行为。盈余重述不仅改变了历史财务报告,而且会导致上市公司所有者权益发生变动,因此公司有必要通过发布公告或在年报中进行修正并说明。除了盈余重述,财务重述还包括对资产负债表项目进行的重述、对现金流量表项目的重述、关联交易、资金投向变更的重述等,也可统称为会计重述。

国内学者常将年报披露后发布的更正或补充等"补丁"公告作为财务重述,另有学者将对之前年报的会计差错更正作为一种重述行为。有关财务重述的相关规定主要存在于《企业会计准则——会计政策、会计估计变更和会计差错更正》的部分条款,内容包括前期差错的确认、前期差错的处理、前期差错的披露等。严格来讲,国内学者研究的补丁公告及差错更正并不完全符合国外重述的定义,美国要求公司在发现已公布的报表存在会计差错时必须重新编制财务报告,即重新表述财务报表。而我国直到 2007 年新的会计准则实施后才正式建立重述制度,规定"上市公司在可能的情况下应重新编制前期财务报告",在此之前并不要求公司重述历史财务报表,而是采用追溯调整法修正差错。但本质上二者并无显著区别,均是对计量、确认、记录等方面错误导致已存的报表不可靠的会计错误进行更正,本质上均是对前期存在差错的财务报告进行更正的事后补救行为。

（2）相关概念辨析。

（a）误述（misrestatement）。

“误述”指不正确的表述，用于会计研究中主要指财务报表的错误表述，也有译作“misreporting”的，最初来源于外部审计师在审计过程中发现的前期报表的错误。对误述的研究集中于20世纪80、90年代，主要通过审计师的工作底稿分析误述的本质、特征、误述的原因以及审计师如何通过审计程序检测出误述。相关的研究发现，误述集中于四个资产负债表账户（应收账户、存货、应计负债和应付账户）和四个损益表账户（销售成本、管理费用、其他费用和收入），大多数误述导致了收益的高估（Wright，1989；Houghton，1991）。误述主要来自控制风险，如管理层面临复杂的判断或较弱的控制环境等，引起误述的直接原因包括：职员或簿记错误、不合理的估计、管理层激进会计实践、公认会计准则应用不当、管理层判断错误、不充分的会计知识、应计错误等（Entwistle and Lindsay，1994）。国内学者及监管机构没有对误述的概念进行过界定，在研究重述行为时，均以会计差错替代误述，将误述与会计差错的概念等同，将会计核算时确认、计量、记录时出现的错误作为误述。

Eilifsen 和 Messier（2000）识别了重述发生需要的四个条件：由于潜在风险导致的误述的发生；误述没有被及时阻止且未被公司的内部控制系统发现；外部审计师没有检查出误述，财务报表被披露；误述被发现且被修正，重述宣告。上述条件也是重述发生的过程，从中我们可以看出，财务报表误述是重述的起因，也是形成重述的一个必要条件。二者的关系可用图2.1表示。图中重述行为发生在（$t+n$）期，误述行为发生在 t 期，n 表示误述与重述间隔的年份数。图2.1同时说明，财务重述产生的两个关键是误述的发生与重述的披露，即第一阶段和第四阶段。

（b）财务舞弊（financial fraud）。

《韦伯斯特新大学词典》对舞弊的阐释为：一种故意掩盖事实真相的行为，它以诱使他人丧失有价值的财务或法定的权力为目的。这一定义成为国外定义会计信息舞弊的蓝本。美国注册会计师协会《审计准则公告》16号将舞弊定义为：故意编造虚假的财务报告，如管理人员蓄意虚报，会计信息舞弊等。1997年美国注册会计师协会在其审计准则公报82号——《对财务报表审计中的舞弊考虑》中，重新定义了财务舞弊，即在财务报告中有意错报、漏报或泄漏财务信息以蒙骗财务报告使用

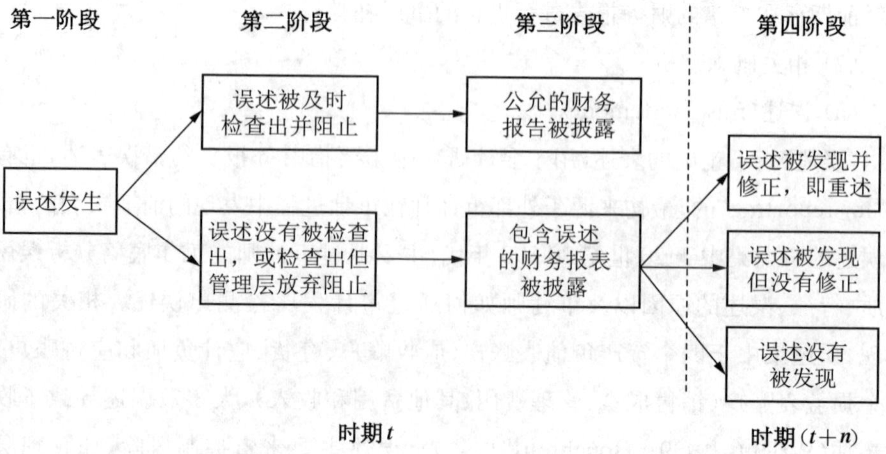

资料来源：借鉴 Eilifsen 和 Messier(2000)的研究整理。

图 2.1 误述和重述的发生过程

者。我国会计界通常把“fraud”译作“舞弊”，大多数情况下又常把欺诈、财务舞弊、舞弊混同使用。对舞弊概念的正式界定最早见于财政部颁布的《独立审计准则第 8 号——错误与舞弊》，将舞弊定义为导致会计报表不实反映的故意行为，同时将错误定义为会计报表中存在的非故意的错报或漏报，以区别二者。2006 年发布的《中国注册会计师审计准则第 1141 号——财务报表审计中对舞弊的考虑》重新将财务舞弊定义为被审计单位的管理层、治理层、员工或第三方使用欺骗手段获取不当或非法利益的故意行为。

财务报表的错误表述可以分为两种，一种为错误(errors)，为偶然性的不正确，是客观行为，由管理层、会计师日常工作中的失误所造成；另一种为违规 (irregularities)，为人为故意造成，以利润调节为目的，是主观行为(迈克尔，2004)。从这个层面上来讲，财务舞弊属于误述的范畴，是一种故意的违规误述行为。因此，财务重述是财务舞弊的后果，但财务舞弊不一定引起财务重述。财务重述除了由舞弊引起，也可能由于偶然错误表述引起，即财务重述既有正常差错的重述，也有舞弊暴露的重述。

(3) 盈余重述基本特征。

学者们发现，进行盈余重述的公司普遍规模较小、盈利能力较差、负债率较高、成长性较差(Kinney and McDaniel，1989；Ahmed and Goodwin，2007)，有较高的应计水平和操控性应计，对未来有较高的利润预期(Richardson，Tuna and Wu，

2002),同时伴随着较低的异常经营现金流(Ye and Darrough, 2007),预示着非预期的较差的经营绩效。Richardson、Tuna 和 Wu(2002)对盈余重述公司的研究表明,在扩大盈利的压力下或是为了达到分析师的预测,重述公司往往有更高的增长,但重述和非重述公司在盈利和规模方面不存在任何差异。重述暴露了会计系统的不可靠,意味着公司内部控制存在缺陷,但大多数重述公司并未披露其内部控制缺陷(Turner and Weirich, 2006)。国内学者陈凌云(2006)的研究结果表明,补丁公司出现财务困境的比例更高,现金流状况较差,公司的总资产增长率较高。

在重述类别上,如果不考虑准则变化、会计方法改变、股票分割、股利政策等引起的重述,公司主要对以下项目进行重述:收入确认,不恰当的成本和费用处理,并购、研发费用的不恰当处理,误分类,误差及其他原因(Wu, 2003)。其中,收入确认问题是大多数公司重述财务报告的直接原因,往往会引起公司市场价值下降(GAO, 2002)。租赁会计及套期会计引起的重述自 2005 年以来大幅度增长,尤其是租赁。Acito、Burks 和 Johnson(2009)的一项研究表明,2004 年末到 2006 年中期,大约有 250 家美国公司用重述修正了营运租赁会计错误。此外,由于权益(如不恰当的每股盈余、股票期权补偿、可转换证券等)及税收会计引起的重述问题,近年来也开始凸显。重述可分为核心重述和非核心重述,取决于重述涉及的收益是否来自公司主要的重复业务。核心重述更易受到监管机构关注(Palmrose and Scholz, 2004)。

重述可能由不同的利益相关者提出,如管理层、外部审计师或 SEC。SEC 提出的重述为强制重述,一般涉及造假问题;公司管理层或外部审计师提出的重述多为自愿重述。自愿披露可以减轻潜在的代理问题,减少预期的诉讼成本,维护公司声誉,因此大多数公司会选择自愿重述(Pfarrer, Smith, Bartol, et al., 2008)。此外,外部审计师和 SEC 提出的重述会引起市场更多的负面波动,往往伴随着公司资金成本的上升,因为它会令投资者质疑管理层的能力和诚实度,提高风险和不确定性(Hribar and Jenkins, 2004; Palmrose, Richardson and Scholz, 2004; Akhigbe, Kudla and Madura, 2005)。

在如何披露会计重述问题上,高管层有充分的判断决策权。Swanson、Senyo 和 Wynalda(2008)发现,不同的公司会采取不同的方式发布重述公告:一些公司用醒目的大标题发布重述公告;一些公司用非重述标题发布公告,公告内容实际为误述说明;大多数公司在发布的报告中的脚注中讨论重述。西方学者一般以是否用 SEC2004 年规定的 8-K 形式披露重述作为透明重述的标准,将 8-K 以外形式如

10-K、10-Q披露的作为秘密重述，发现近年来秘密重述有不断增长趋势，已占到了重述公司的14%（Myers，Scholz and Sharp，2009；Turner and Weirich，2006）。研究者同时发现，一些公司采用捆绑披露的方式发布重述公告，即将重述公告与公司年报或季报盈余公告放在一起披露，或者不发布重述公告而在盈余宣告中公布重述信息，尤其是在公司盈余意外绝对值较大时，以减轻重述单独披露的负面市场效应（Gordon，Henry and Peytcheva，et al.，2009）。

2.1.2 盈余重述动因及影响因素

1. 重述动因

重述源于之前财务报告的误述，因此，探寻财务重述的原因必须分析误述（misstatement）的动因。如前文所述，迈克尔（2004）认为，财务报表的错误表述可以分为两种：一种为错误（errors），为偶然性的不正确，是客观行为；一种为违规（irregularities），为人为故意造成，以利润调节为目的。有必要区分重述中的违规和错误，二者的性质和后果存在很大差异，违规引起的重述往往伴随着诉讼，经济后果更严重（Hennes，Leone and Miller，2008）。与此对应，西方学者关于财务重述动因的研究主要有两种观点：一种观点认为财务重述是公司的内部错误，由会计应用时的复杂性及大量判断的应用等引起，此即所谓"错误论"（Mistake Theory）；另一种观点认为，财务重述是公司盈余管理的一种方式，是管理层的机会主义行为，是经理人员迫于契约压力或资本市场压力的一种盈余操纵行为，即所谓"操纵论"（Manipulation Theory）。

（1）内部错误。

持错误论观点的学者认为，财务报表的错误表述由以下原因引起：公认会计原则的错误应用、不正确的判断、会计知识或会计信息的缺乏，不称职的财务人员、个人失误或簿记错误等（Entwistle and Lindsay，1994）。上述原因都可归结为基本的公司内部错误，为偶然因素造成，是大多数公司重述的主要原因，尤其是规模较小的公司（Plumlee and Yohn，2010）。Ahmed和Goodwin（2007）研究了1970—2003年间澳大利亚500家最大公司的财务报告重述行为后发现，由于会计差错导致的重述占样本的11%。

错误引起重述，源于会计和交易的复杂性（accounting complexity and transaction complexity）（Ciesielski and Weirich，2006）。难以预期的商业环境、不完善的准则、

不完全的交易信息使得会计和交易不确定性增加,SEC 和 FASB 周期性的改变会计准则的解释,新准则不断出台、会计应用指南不断增多客观上使得会计和交易越来越复杂,财务人员越来越难以驾驭,尤其是当公司涉及并购、投资、权益、资本资产等复杂业务时。Kyle(2008)运用收入重述研究了会计复杂性对误报的影响,以财务报表中收入确认描述的字数及运用的方法个数衡量收入确认复杂度,检验了误报的特性、意图和结果。结果表明,收入确认复杂度提高了收入重述可能性,复杂收入确认公司的误报与收入操纵无关,复杂会计引起的错误而非操纵才是重述的原因。此外,规则导向(rule-based)的准则有很多模糊的规定,也使得会计的复杂性成为一个非常强大、难以克服的问题。因此,SEC 认为,原则导向的准则有利于减少重述,为了减少财务报告的复杂性,有必要将准则性导向的准则向原则性导向的准则靠拢。

会计准则或标准的不完善也会引起重述。Plumlee 和 Yohn(2010)研究了会计标准的下列特征与重述的关系:标准的透明度;执行标准时判断的运用;复杂规则的运用;应用细节是否具体。他们发现,由于会计标准引起的重述主要是由于应用准则时缺少透明度,其次是判断的运用。不明朗的准则规定使得投资者要求公司提供更多的解释,如果管制者、审计师不认可管理层的判断,客观上会引起重述增多;大公司的重述更可能由会计标准的特征引起。与 SEC 观点不同,他们认为很多重述由管理层不能预见的判断的重新解释引起,原则导向的准则对判断的潜在需要引起了重述的增长,因此,原则导向的准则未必能抑制重述行为,反而可能加剧重述。

(2) 盈余管理动机。

大多数学者都将财务重述的原因归结为管理层有意识的盈余管理,即管理层首先出于机会主义动机对财务报表进行了盈余管理,而后又由于种种原因对已披露的财务报表进行重述(周洋,2007)。Callen、Livnat 和 Segal(2005)认为,重述可能表现为更宽泛的营运或管理问题,通常发生在公司业绩不佳时,预示着高管层希望通过误述掩盖公司盈利下降或经营不善的情况,是一种机会主义行为;Richardson、Tuna 和 Wu(2002)通过分析重述公司的应计盈余与非经常性损益,证明财务报表重述确实与管理层的盈余管理动机具有密切的联系。而 Livnat 和 Tan(2004)研究了季度重述的盈余质量后也发现,重述与盈余管理具有相似的动机,即:达到预期的盈余基准;额外融资;避免债务契约惩罚;保持公司的高增长或价值。国内研究方面,王霞和张为国(2005)分析了上市公司会计差错发生的动因,发现盈余增长缓慢、负债水平较高以及亏损的上市公司易通过高报错误进行盈余管理。陈丽英和李婉丽(2011)的研究表明,与非重述公司相比,高报盈余的重述公司被重述年度有着较高的操控性应计,较低的异常经营现金流,说明重述公司存在盈余管理行为,通过调整应计水平和真实活动盈余管理达到盈余目标。

(a) 契约动因。

当盈余管理具有价格效应时,绩效基础上的薪酬激励可能会引起盈余管理。由于重述具有价格效应,因此是检验薪酬激励对盈余管理影响的一个理想工具。随着管理层绩效激励基础上薪酬的提高,其财富对公司绩效的敏感性也增加。这种敏感性使得管理层格外关注股价,并有意采取能提高公司内在价值或提高股价的激进行为。要减少管理层和股东间的冲突与代理成本,应该将管理层的补偿与股东财富联系起来,权益基础上的补偿是达到此目标的自然方法,实证结果支持股票期权对公司价值的正效应。然而,股票期权同时会对管理层采纳激进会计实践有影响,重述可以用来检验补偿敏感性对会计选择的影响。提高股价的激进会计活动会正面影响 CEO 持有的期权的价值,同时限制误报被发现时由于股价下跌引起的损失。

研究表明,以盈余基准为激励基础的补偿契约提高了经理人员误述财务报告的可能性,重述公司被重述期普遍绩效较差。Gill 和 Bebchuk(2003)研究了公司误述财务报告的原因,构建了相关的理论模型,结果显示:如果经理层短期内不能转手自己的股份,他们会误报报表以提高盈余,从而筹集新项目或并购活动所需的资金;如果经理层可以在短期出售股份获益,误报动机及发生的概率取决于经理层持有的可售股份部分,即是否能在市场不知情的情况下出售。因此,高管层的股票期权补偿增加了财务误述的机会,而要求经理层提前披露股份出售计划或者限制他们短期内出售股份有利于减少误报。Burns 和 Kedia(2006)研究了 CEO 补偿契约对误报的影响,发现:CEO 期权比例对股价的敏感性与误报趋势正相关,CEO 补偿中其他元素,如权益、受限股份、长期激励支出、现金加红利的敏感性对误报没有影响;CEO 期权持有所产生的 CEO 财富对股价的敏感性越大,误报可能性越大;CEO 财富对股价的凸面越大,误报概率越大;期权敏感度与重述的幅度(magnitude)也正相关。Elayan、Li 和 Meyer(2008)将财务报表误述作为违规行为的一种,检查了管理者补偿结构、信息不对称对会计违规行为的影响,发现违规公司市场损失较大,盈余绩效更差,高管收到了大比例的权益基础上的补偿,表明权益基础上的补偿计划容易导致会计违规行为发生。学者们同时发现,当 CEO 大量持有实值状态期权时，误述可能性增大，如果重述后减少实值状态期权形式的报酬，投资风险会降低，营业绩效也得到提高，因此，降低期权补偿能减少 CEO 的风险投资行为，提高利润率（Efendi，Srivastava and Swanson，2007；Cheng and Farber，2008）。

债务契约也会引起公司的重述行为。有债务契约的公司常常被要求提供必要的利息比例及流动性比率，对收益也有条件限制；背离债务契约的公司需要与银行重新订约，成本较大。为了避免这种成本，接近背离边界的公司有动机高估报告期盈余；没有背离债务契约的公司如果希望在未来借款也有动机保持好的业绩，重述后贷款契约更严格（Graham，Li and Qiu，2008）。Efendi、Srivastava 和 Swanson（2007）通过研究发现，公司的债务融资需求会增大代理成本，使得管理层误述财务报表，因此债务契约也会导致重述大量增加。

(b) 资本市场压力（capital market pressure）。

资本市场压力是引起重述的另一重要因素。管理层主要面临以下资本市场压力，如较低的融资成本，持续的盈余增长，不断提升公司价值（Myers，Myers and Skinner，2006），达到财务分析师的盈余预测目标以防止负面的市场反应（Dechow and Skinner，2000）等，这些都可能使得公司采纳激进的会计政策。Richardson、Tuna 和 Wu（2002）检验了重述公司是否面临这些压力，同时研究了会计信息在预测盈余管理上的有用性，发现：重述盈余公司对未来盈余增长有很高的市场预期，财务杠杆较高；重述的首要动机是以较低的成本吸引外部融资；重述公司试图保持正的盈余连续增长和正的连续盈余意外；如果公司打破了盈余连续增长的趋势或没有达到财务分析师的盈余预测，往往会受到市场的严重惩罚。Livnat 和 Tan（2004）的研究发现：季度重述报告由于未受外部审计师审计，更易成为公司盈余管理方式；重述公司通常规模较大，操控性应计较多；重述公司普遍面临额外融资、持续增长或提高公司价值的压力，主要是为了达到财务分析师的盈余预测或超过以往季度的收益基准，而收益较差的公司会利用重述进行“大洗澡”，以提高以后季度或年度的盈余。

(3) 盈余重述影响因素。

(a) 内部控制。

财务报告内部控制（internal control over financial reporting）是内部控制的重要内容，也是判断内部控制整体有效性的重要指标之一。重述意味着公司会计系统及财务报告内部控制有问题，与公司的内控缺陷报告存在一定关系。这从内部控制“实质性漏洞”(material weakness)的概念可以看出。根据美国公众公司会计监管委员会(PCAOB)在AS5中的定义,如果一项或若干项缺陷有能致使年度或中期财务报表存在重大错报而不能有效预防或及时察觉的合理可能时,该缺陷构成实质性漏洞。因此,如果公司发布了重述报告,表明公司财务报告内部控制未能及时防止和发现报表中存在的影响投资者基于财务报告作出经济决策的重大错报和遗漏,可以认为此时企业财务报告内部控制存在着实质性漏洞。因此,重述是判断内部控制是否存在实质性漏洞的重要标准。即使财务报告内部控制没有实质缺陷,如果内部控制较弱,经理人无法决定可信赖的应计质量,无意误述的结果是财务信息具有更多的噪音,更加不可信。因此,较弱内部控制公司的经理人更易越权,可能通过误述有意制造偏离的应计以达到其机会主义财务报告目标。从这个层面上说,内部控制质量的提高有利于减少上市公司的错报与重述行为。

重述意味着公司内控至少有一个弱点,然而实务中很多发生重述的公司并不披露内控缺陷。尽管2002年SOX法案第302节和第404节规定,公司对财务报告负有责任,要求所有上市公司的执行官评价公司内控系统的有效性,并将结论反映在年报或季报中,但Turner和Weirich(2006)的一项研究发现,2005年只有一半的重述公司披露了至少一个实质性缺陷,还有近半的重述公司坚持自己的内控是有效的,即便其所披露的财务报告错误直接与内控实质性缺陷相关。

另一方面,重述的披露也有利于内控质量的提高,以前年度或半年度发布的重述公告能够激励公司及时披露内部控制缺陷,这主要是由于披露重述往往使公司遭受重大的市场价值下降损失,将公司置于更严格的监督和管制环境,为了避免再次重述,公司会及时披露内控缺陷并提高内控质量以减少重述风险(Skaife, Collins and Kinney, 2007)。

整体来看,现有文献中直接研究内部控制与财务重述的文章较少,这主要是由于内控数据的缺乏,内控质量很难计量和检验。尤其是公司水平的内控缺陷则更难衡量。Austen、Eilifsen和Messier(2003)的研究发现,误述是因为公司缺少或较差的、不合适的内部运营控制设计以及不合适的培养和监督财务人员方法。如果公司内部控制较弱,缺少足够的对政策的了解,缺乏对员工的及时培训,没有充分的财务职位分离和监督设计,则公司应计质量较差,更易重述财务报表。Plumlee和Yohn(2010)研究了重述公司是否披露了实质内控缺陷,缺陷的披露是否与重述的潜在原因相关,研究表明,SOX法案第404节实施以来,外部审计师行为更加保守和稳健，需要通过重述技术性修正可疑的问题，上市公司回顾以往年报错误的过程导致重述披露显著增加，重述公司内控实质缺陷的报告在2002—2006年也有大幅增长。

(b) 公司治理。

财务重述是低质量的会计制度和会计实践的函数，和公司内部治理结构缺陷存在密切关系，凸显了上市公司治理失效的问题(GAO, 2002)。研究者发现，重述公司大多股权分散，董事会多被管理层控制，CEO与董事长两职合一，外部董事较少，不太可能有外部大股东，审计委员会中较少有财务专家，弱的管理层监管是盈余操纵重要的催化剂(Beasley, 1996; Efendi, Srivastava and Swanson, 2007)。DeFond和Jiambalvo(1991)认为，高报盈余是管理层对经济激励有所反应的结果，对于股权分散的上市公司而言，当公司盈余增长率较低，有较少的收益增长会计选择时，经理人员往往会以高报公司财务业绩的方式来操控年度报告中的信息披露。国内学者于鹏(2007)检验了财务重述公司所具有的股权结构特征，发现绝对控股公司发生财务重述的概率较低。

外部治理环境对公司财务重述行为也有影响。Francis和Schipper (1999)认为，有效的诉讼赔偿机制可以在一定程度上纠正管理层信息披露行为，因此，投资者保护法律比较健全的国家，其会计披露的及时性和透明性比较高。Verrecchia (2001)发现，产品市场的竞争状态对上市公司自愿披露决策有着重大的影响。Baber、Kang和Liang(2006)将公司治理分为内部治理机制和外部治理机制，研究了财务重述与公司治理特征及控制环境的关系，通过比较204个重述公司与1 617个非重述公司，发现重述的发生与外部治理机制相关，如公司约束外部人参与内部治理过程、限制股东权利的强制管制和公司规章与误述密切相关。此外，外部审计师特征如审计任期、非审计服务、审计师的过度保守、稳健行为及行业专业化程度也会引起公司财务重述的增加。Stanley和DeZoort(2007)调查了外部审计师任职期限和客户公司重述间的关系，将任期分为短任期和长任期，研究发现，审计师与客户关系期限与重述行为负相关，从短任期看，审计公司行业专门化和审计费用与重述负相关，长任期效果不显著。Myers、Myers和Palmrose(2003)检验了强制审计师轮换与重述关系，发现改变外部审计师并不能影响审计师识别重述的需要，重述的本质和严重性与审计师任期无关。对于外部审计师提供的非审计服务是否影响重述行为，学者们观点不一：Raghunandan、Read和Whisenant(2003)认为，重述公司与控制样本的非审计费用没有显著差异,非审计服务不会影响审计师并造成重述;而 Kinney、Palmrose 和 Scholz(2004)发现,审计师提供的税收服务与重述存在负相关关系,财务信息系统设计、内部审计等非审计服务与公司重述行为不相关。对于审计师行业专业化问题,Romanus、Mather 和 Fleming(2008)的研究表明,审计师行业专业化有助于提高其错误监测能力,从而提高财报质量,审计师行业专业化与财务重述行为负相关,公司从非专业化审计师换为专业审计师提高了重述概率,从专业化审计师更换为非行业专业化审计师降低了重述概率。国内研究发现,外部审计师能够及时发现公司的错报并出具相应的审计意见,审计意见会受到财务重述幅度及所涉及项目的影响(王霞和张为国,2005),非审计服务一定程度上会影响外部审计师的审计质量(陈丽英,2009)。

(c) 其他因素。

除了以上因素,学者们发现,经济周期、行业规则、证券监管等也会影响公司重述财务报告。Wang、Winton 和 Yu(2007)认为,激进会计行为易发生在投机时期或高市场价值期,造假倾向与投资者的乐观主义呈凹向关系。Pfarrer、Smith 和 Bartol 等(2008)通过检验证实,公司自愿重述盈余是为了回应非正式的社会压力如行业标准、行业实践、行业内其他公司的过去行为等。与其观点不同,Myers、Scholz 和 Sharp(2009)检验了 SEC 新规则(致力于提高重述披露的透明度和及时性)对重述的影响,发现外部监管与更高的披露透明度及披露及时性相关;随着 SEC 规则的出台,公司更多以 8-K 详尽形式披露重述,较少将重述与盈余消息捆绑披露,重述的宣告更迅速,即 SEC 的管制提高了重述披露的透明度和及时性。其他学者发现,较差的、不合适的内部控制设计、公司总部与 SEC 办公处的距离、国家文化价值等也会影响公司重述决策(Austen,Eilifsen and Messier, 2003)。此外,财务重述对公司投资决策也会产生影响,McNichols 和 Stubben(2008)发现,高估收益的盈余管理行为能影响内部决策,误述公司在误述的报告披露前易过度投资,误述披露后公司投资较少。

2.1.3 盈余重述的经济后果

1. 市场反应与价值相关性

如果重述仅仅是对过去信息的会计调整而不用于价值目的,将不会引起公司价值的变化。然而,投资者常常依赖公司披露的重述信息重新估计公司的未来现金流及财务报告的可信性。当公司宣告财务重述后,有显著为负的短期市场反应,市场价值的下跌幅度与重述的原因及对利润或资产调整的幅度有关,高报盈余的重述、核心重述、涉及造假的重述及监管机构强制披露的重述往往受到的市场惩罚最重,公司价值会大幅下降(Akhigbe, Kudla and Madura, 2005; Palmrose, Richardson and Scholz, 2004; Wu, 2003; Owers, Lin and Rogers, 2002)。美国会计总署 2002 年的一份研究报告显示,上市公司宣告财务重述后,公司市场价值平均下跌了 10%,严重打击了投资者信心,投资者的乐观指数也大幅下降(GAO, 2002)。Palmrose、Richardson 和 Scholz(2004)的研究样本中,2 天的宣告窗口的平均异常收益是 -9%。研究发现,重述披露存在显著的"沉默是金"现象,即醒目标题的重述公告往往引起更大的市场负向反应,更易被投资者提起诉讼,也更易受到 SEC 惩罚,而包含于盈余公告中的重述捆绑披露较少受到投资者关注(Swanson, Tse and Wynalda, 2008; Anderson and Yohn, 2002; Files, 2009; Myers, Scholz and Sharp, 2009)。另一方面,Gordon、Henry 和 Peytcheva 等(2009)的研究表明,没有提供具体量化信息的重述公司市场价值损失更大,而带有更多支持信息及细节描述的重述往往有正的市场反应。进一步的研究发现,财务报告重述的长期市场反应不足,即重述对投资者造成的损失是暂时的(Wilson, 2008),重述后盈余漂移现象非常显著,在报告不利信息的公司中更为明显(Hirschey, Palmrose and Scholz, 2005)。Frieder 和 Shanthikumar(2008)检验了盈余重述后较长时间的收益,发现负面重述消息宣告后 3 到 6 个月有显著为正的异常收益,这些正的收益并非源于传统风险因素或资金成本的变化。国内学者研究结果发现,市场对年报补充及更正公告有显著的短期反应(陈凌云,2005),重述公告整体而言具有微弱的负面市场反应(魏志华,李常青和王毅辉,2009)。

财务重述的披露令投资者置疑公司财务报表的可信性,财务分析师不得不重新评估公司未来的现金流与预期收益。通过比较上市公司宣告重述前后的盈余反应系数,Anderson 和 Yohn(2002)发现,重述披露后公司盈余信息与股价的相关性降低,表明投资者认为重述公司的财务报告不再可信,盈余质量显著恶化,市场交易者投资决策时不再依赖公司发布的财务报告盈余信息。Ahmed 和 Goodwin(2007)研究发现,重述不一定是坏消息,重述的宣告能提高盈余的价值相关性,因为它能提供公司历史盈余的有用信息,公司盈余趋势及未来前景的资本市场信息,通过研究 1970—2003 年间澳大利亚 500 家公司的财务重述行为,他们验证了重述具有价值相关性,重述与公司当前收益和未来收益变化负相关。陈丽英和李婉丽(2010)的研究发现,中国上市公司披露的盈余重述信息不具有价值相关性,市场对重述传达的盈余信息的信任度较低,重述没有影响投资者对公司价值的判断。Wilson(2008)检查了重述后的财务报表信息内容,发现信息内容虽然下降了,但损失是暂时的,盈余反应系数展示了一个 U 型关系。不同的投资者对财务重述的披露反应不同,与个人投资者相比,机构投资者经验更丰富,有更多的信息获取渠道,能够提前预期公司潜在的会计问题,在重述披露前就减少股票的持有量。持有公司股份较高的机构投资者对财务重述的反应取决于公司的前景和不确定性增长预期,其交易量对未来收益有较弱的正的预测能力(Frieder and Shanthikumar, 2008; Hribar, Jenkins and Wang, 2004; Demirkan, 2007)。

重述的发布会影响信息环境,加重信息不对称,从而影响公司权益资金成本。Hribar 和 Jenkins(2004)的研究结果表明,会计重述降低了公司预期的盈余质量,提高了投资者要求的收益率,导致公司权益资金成本的上升。重述还与财务分析师的预测离差负相关,重述披露后分析师会降低公司信用等级,追随的分析师数量也会显著下降,财务分析师很少在重述发生前表现出预测能力,更愿意在披露后削减盈余预测(Griffin, 2003)。

Lang 和 Stulz(1992)认为,信息转移在同行业竞争公司间具有两种效果:传染效应和竞争效应。相关的研究发现,重述具有行业内传染效应,重述的披露会负面影响重述公司股东财富,并引起同行业非重述公司股价下跌,行业内竞争对手在公司宣告重述后有负的异常收益(Xu, Najand and Ziegenfuss, 2006; Silber and Whitelaw, 2003; Durnev and Mangen, 2009; Gleason, Jenkins and Johnson, 2008),尤其是竞争对手与重述公司现金流相似时。这主要是由于重述的宣告使得投资者不再相信财务报告盈余信息,对会计质量的担忧使得他们重新评估行业内其他公司的财务报告,出于谨慎的考虑会降低对整个行业的盈余预期。如果公司在行业内不具有显著地位(以市场资本所占比率衡量),行业集中度不高,传染效应会相对较小。研究同时表明,重述的竞争效应并不显著。

2. 管理层变更

重述信息的披露会让公司的相关管理层承受声誉惩罚。当上市公司违反 GAAP 的重述披露规定后,经理层或外部董事通常会被解聘,随后的就业前景也较差,公司董事会和外部劳动力市场都对背离 GAAP 原则的管理者实施了显著的惩罚(Arthaud-day, Certo and Dalton, 2006; Desai, Hogan and Wilkins, 2006)。Srinivasan(2005)运用304个在1997—2000年重述盈余的公司检验了重述对外部董事尤其是审计委员会成员的惩罚,发现来自诉讼和SEC的惩罚很有限,董事主要受到劳动力市场的惩罚,外部董事,尤其是审计委员会成员承受了财务报表失败的声誉成本;向下调整盈余的公司有51%发生董事变更,向上调整的重述变更率为29%;夸大陈述、高估收益的公司董事离职率随重述严重性而提高,尤其是审计委员会董事,26%的外部董事同时失去了其他公司董事会的席位。Collins、Masli和Reitenga等(2008)的研究发现,重述同时影响了公司CFO的变更,与非重述控制公司比,重述公司有更高的CFO非自愿变更率,重述公司的CFO受到了严厉的劳动力市场惩罚。Karpoff、Lee和Martin(2008)以1978年1月到2006年9月的788家公司的2 206个对重述负有责任的个人为样本,发现93%的人由于误述失去了工作,被解雇的概率随给股东造成的损失而增加,经理人不仅面临财务损失,受到SEC罚款,而且面临控告,甚至有平均4.3年的监狱惩罚,此外,这些人随后的就业也受到限制,被限制在上市公司从事执行官和董事职务。

除了更换经理人和董事外,公司还可以采取其他行为恢复失去的声誉。Gertsen、Riel和Berens(2006)探讨了重述发生后公司如何采取措施,以减轻重述对公司市场价值的影响,恢复投资者信心。他认为,管理层在重述发生后应及时、恰当地清楚表达重述的范畴及细微差别,主动承担过失;应与投资者公开交流,自愿披露能提升公司透明度的信息,减少失真程度。管理层、董事会、审计师及其他监管者应互相沟通,采取必要的治理措施重拾投资者信心,如提高外部董事数量,建立新的治理机构等;积极遵从会计准则等。Almer、Gramling和Kaplan(2008)运用实验法检验了重述后公司采取什么行动能提高非职业投资者对财务报告的信心,研究发现,重述后如果公司采取以下四个与公司治理相关的行动,能显著影响非职业投资者对财务报告可信性的判断:将内部审计外包给世界知名审计公司;将外部审计师更换为更有声誉的行业内专家;增加外部董事,加强董事会的独立性和能力;将CFO更换为具有一定财务背景的专业人士。其中更换董事的效果最小,外包内部审计效果最好。

2.1.4 盈余重述研究小结

本节在对盈余重述定义界定的基础上,从重述的动因、影响因素、经济后果等几个方面回顾和梳理了盈余重述的相关文献。可以看出,国外有关重述理论和实证研究的文献十分丰富,而我国现有文献对财务重述尤其是盈余重述的专门研究较少,尚处于探索阶段。现有研究中,大多关注重述的前因与经济后果,对重述披露决策的研究刚刚起步,缺乏系统深入的研究。

2.2 董事会治理对盈余重述的影响研究综述

2.2.1 董事会治理与盈余质量

董事会是由股东大会选出的、代表股东利益的多名董事组成的机构或制度安排,是公司内部治理机制的核心和关键。董事会的存在,主要是为了缓和委托代理关系中股东与经理层之间的代理冲突,解决如何对经理层实施有效监控、保护全体投资者利益的问题,在平衡大小股东、管理层等内部利益相关者之间关系的过程中发挥着举足轻重的作用。公司治理最重要的功能之一是保证财务报告的质量,作为公司治理的主体,董事会治理对会计质量承担着法律上的义务和责任。现有关于董事会与盈余质量关系的研究分析了董事会在阻止盈余管理、提高会计稳健性与盈余信息含量、提高会计信息披露水平方面的作用。研究的核心集中于关注董事会在阻止盈余管理上的受托角色。

1. 盈余管理

大量与治理相关的文献都强调了外部董事在解决代理冲突、监督管理层行为中的作用。外部董事的增加会提高董事会的独立性,影响董事会审议和决定的质量,提供公司的战略方向,提高公司的绩效,有利于保证管理层担当相应的职责,代表股东的利益。外部董事来自企业外部,其看法更客观,且出于对声誉成本的考虑,他们能够比内部董事更有效地保护投资者的利益。研究表明,董事会的人员构成与公司盈余管理的可能性直接相关,外部董事的加入有助于减少财务报表欺诈的发生,董事会结构独立于 CEO 能更有效监管公司的财务会计过程。Beasley(1996)研究了董事会构成和财务报表造假的关系,他将外部董事分成灰色董事与独立董事,结果显示,非造假公司有更高的外部董事比例,随着外部董事所有权和任期的增长,外部董事在其他公司任职数量的减少,财务报表造假可能性大大减低。Gertsen、Riel 和 Berens(2006)的研究发现,随着董事会独立性的提高,公司的绩效也会提高,有利于保持投资者信心。因此,许多国家的准则中都明确要求董事会中加入外部董事，如加拿大多伦多股票交易公司治理准则、美国蓝带委员会（Blue Ribbon Committee of SEC，BRC）等，以提高监管效果。Rahman 和 Ali（2006）认为，要提高董事会的独立性，董事会应被外部董事所控制。另一方面，过高比例的外部董事也存在问题，由于外部董事缺少相关的商业经验，过度的监管会影响董事会的战略行为，延迟决策过程。

作为董事会下属最重要的专门委员会之一，审计委员会在监督公司财务报告过程中的地位受到越来越多的关注，在公司治理实务上已成为各国上市公司不可或缺的制度。审计委员会起源于美国 1940 年的 McKesson & Robbins 公司的弊案，成立之初的目的是在董事会中寻求建立一支独立的财务监督力量，强化外部审计师的独立性，加强公司财务报告信息的真实性和可靠性。1999 年 2 月，由纽约证券交易所（NYSE）、纳斯达克（NASDAQ）、资深注册会计师、律师、上市公司及联邦政府代表组成的蓝带委员会发表了《对改进公司审计委员会有效性的报告与建议》，使审计委员会的作用得到了空前发展。审计委员会制度建立后，董事会主要依靠该委员会来监督公司受托责任的履行或解除。审计委员会的首要职责是监督财务报告过程，负责公司内外部审计工作的沟通、监督与检查，解决管理层与外部审计师的冲突。从公司治理实务来看，审计委员会已经成为改善财务信息质量的有效工具，能有效防制管理层或大股东利用不实财务报告掩饰差的业绩或利益输送等问题。审计委员会主要由外部董事组成，现有的文献大多研究审计委员会的独立性与活动水平对财务报告盈余质量的影响，并得出了截然不同的结论。Wolnizer（1995）认为，独立的审计委员会并不能提高财务报表的质量，因为当前的会计实践允许管理层在选择会计政策与估计时有较大的空间与弹性，因此审计委员会只能评价管理层的选择而无法影响他们。相关的研究发现，审计委员会的存在或独立性的提高并不能减少公司的造假或盈余管理行为（Beasley，1996；Ghosh，Marra and Moon，2010）。另有部分学者的研究则证明，审计委员会的存在能降低公司的造假倾向与股东的诉讼（Mcmullen，1996），受到监管机构调查的公司往往治理结构较弱，董事会与审计委员会独立性受限（Dechow，Sloan and Sweeney，1996），随着审计委员会独立性的提高，公司的盈余管理行为大大减少。Klein（2002）用操控性应计衡量低质量的财务报告，发现董事会与审计委员会独立性的减少往往伴随着异常应计较大的增长，而 Xie、Davidson 和 Dadalt（2003）的研究也证明董事会与审计委员会的活动在限制盈余管理倾向时是有用的。

尽管理论上认为董事会与审计委员会中高比例的独立董事有利于公司高水平的信息披露，但实证证据有时却会出现较弱的相关性或反面的支持，原因在于独立董事的有效性常常取决于其专家经验。因此，不仅仅要强调董事会的独立性，董事尤其是独立董事的业务经验也会影响其评价与控制能力。相关的研究发现，当独立董事有高水平的业务经验时，公司不太可能有误导性的披露，因为外部董事的业务经验有助于其根据自己的知识得出结论而非依赖管理层的解释。因此，越来越多的研究开始关注独立董事中财务专家在提高财务报表盈余质量中的作用。如蓝带委员会建议，公司的审计委员会成员应由有财务背景的人士组成，其中至少有1名财务专家。而SOX法案第407节也指出，审计委员会的有效性部分取决于成员在审计和财务事件中的知识和经验。一方面，会计问题越来越复杂，客观上需要独立董事理解各种财务和运营问题，拥有财务背景会让其更熟悉盈余被管理的方式，更好地理解盈余操纵，反之则会让监管角色打折扣。另一方面，董事会与审计委员会往往没有足够的时间监管公司的各个方面，大部分成员浏览年报的时间较短，难以发现违规行为，只有财务专家能在较短的时间内发现问题。实证研究也支持了以上结论。研究表明，当外部审计师与管理层对问题存在争议时，审计委员会成员的审计知识会影响其支持外部审计师的倾向，因此，董事会与审计委员会中独立董事财务专家在监管公司财务报表时是有价值的（Dezoort and Salterio，2001；Xie，Davidson and Dadalt，2003；Agrawal and Chadha，2005）。财务专家不仅会导致公司更精确的披露和更好的审计委员会绩效，甚至会影响公司投资等其他决策（Guner，Malmendier and Tate，2008）。相关的市场研究也发现，当任命会计类财务专家于审计委员会中时，有显著为正的市场反应，如果公司有较强的公司治理，市场反应会加强（Defond，Hann and Hu，2005）。鉴于财务专家的重要作用，Defond、Hann 和 Hu（2005）认为，审计委员会财务专家与其他公司治理机制如董事会独立性、审计委员会独立性、股东所有权等是互相补充的，较强的公司治理有助于财务专家提升股东财富，任命财务专家于董事会能提高公司治理效率。Carcello、Hollingsworth 和 Klein 等（2006）则认为，财务专家与其他治理机制是替代关系，当公司治理机制较弱时，财务专家能减少盈余管理，即在限制盈余管理行为上，公司治理机制是审计委员会财务专家的有效替代。

CEO的权力对董事会和审计委员会的有效性有着很大的影响。CEO的权力使得其有能力从事有利于个人利益的活动，既要作出决策又要监督自己的决策，会损害董事会的监管和治理角色。研究发现,审计委员会财务专家的监管效果取决于高管层的权力,当CEO权力较小时,财务专家能有效减少盈余管理,如果CEO权力过大,财务专家与违规会计行为的关系会消失,如果CEO不想被董事会约束,财务专家不可能有效实施监督职能,因为他们所依赖的信息可能已经被歪曲了(Beasley, Callen and Hermanson, et al., 2009; Lisic, Neal and Zhang, 2011)。Carcello、Neal和Palmrose等(2011)的研究也发现,当CEO不参与董事的选择过程时,独立的审计委员会与财务专家才能发挥增加信息披露的作用。理论界常用CEO身份的双重性、CEO的持股比例、CEO的任期、持有的其他公司的董事席位等衡量CEO的权力。当CEO持有双重身份,即CEO兼任董事会主席时,公司的决策控制权与决策管理权没有有效分离,会限制董事会的独立性。Klein(2002), Efendi、Srivastava和Swanson(2007)的研究都发现,董事会独立于CEO能更有效监管公司财务会计过程,当CEO两职合一时,公司财务报表误述可能性增大。因此,健康的公司治理应该寻求CEO与董事会力量的平衡。

此外,相关的研究发现,董事会的规模和勤恳程度与董事会效率息息相关。Jensen(1993)认为,规模大的董事会与小的相比常常是无效率的,精简的董事会监管更有效。随着更多董事的加入,董事会的交流成本与决策成本的增加会超过人数增加的好处,因此,规模较大的董事会在意见交换上效率较低,提高了董事会成员的协调成本。另有学者认为,规模小的董事会限制了成员的经验和知识,不能得到成员多方面的观点,在有争议的问题上无法与审计师对抗。此外,规模往往反映了组织的身份及在社会上的地位,大的董事会更容易被内外部审计师承认其功能,同时也提升了内部审计的地位。从这个层面上说,大的董事会更有利于监管职能的发挥。董事会开会次数预示着董事的活动水平与活跃程度,因此理论界常用董事会的开会次数来反映董事会的勤勉程度及董事履行义务的持续性,认为董事会会议次数的增加意味着董事会效率的提高,有利于更好地监管(Lipton and Lorsch, 1992)。Jensen(1993)则认为,董事会会议只是在公司遇到危机时才增加,是一个救火装置而非预防手段,不一定能带来公司价值的增加。

上述研究多是基于美国的国情得出的结论,而国家或制度因素对治理效果有着重要的调节效应(moderating effect),在某些国家有效的因素在别的国家不一定显著。Sharma(2004), Hutchinson和Percy(2008)研究了澳大利亚公司董事会在限制盈余管理行为时的作用,发现随着董事会与审计委员会独立性的提高,公司造假的可能性大大降低。Park 和 Shin(2004)认为,在所有权高度集中的国家,上市公司被大股东控制,大股东对外部股东存在剥削行为,因此,外部董事较难发挥监管职能。通过研究加拿大的上市公司后他发现,外部董事不能减少公司的异常应计,即增加外部董事没有提高公司的治理实践,但如果董事来自金融中介机构,则会减少盈余管理行为。Rahman 和 Ali(2006)的研究发现,在马来西亚,管理层控制着董事会,规模大的董事会是无效的。Sarker、Sarker 和 Sen(2008)认为,市场制度不同,发达国家市场的证据不一定适用于发展中国家。因此,他选择印度作为研究对象,分析了新兴经济体中董事会与机会主义盈余管理的关系。以独立董事的兼职家数、董事会的年会议次数衡量董事会质量,发现董事会的质量而非其独立性更能阻止盈余操纵的发生。如果 CEO 拥有双重身份,董事会中存在控股股东,则公司盈余管理活动会增加。

国内董事会制度始于 1993 年,我国公司法首次以法律的形式明确规定股份有限公司应设立董事会。随着市场经济与现代公司制企业的发展完善,我国董事会制度也逐步完善和成熟,经历了独立董事制度阶段与现代董事会委员会制度阶段。国内学者对董事会的研究集中于关注董事会是否能提高公司绩效,对会计信息披露的研究相对较少。在探讨董事会特征与盈余质量关系时,与国外学者相同,国内学者也热衷于研究董事会特征在阻止盈余管理中的作用。王跃堂、朱林和陈世敏(2008)发现,在我国一股独大、股权缺乏制衡的制度背景下,董事会独立性能发挥监督制约作用,提高财务信息的有用性。杨清香、俞麟和陈娜(2009)的研究表明,独立董事比例和审计委员会与财务舞弊不存在相关性,董事会规模与舞弊呈 U 形关系,公司领导权结构和董事会稳定型与财务舞弊负相关。

2. 会计稳健性

稳健性被描述为会计报告的特征,即确认坏消息的标准低于好消息,并导致盈余上坏消息的确认比好消息更及时(Armstrong, Guay and Weber, 2010)。因此,稳健性常与盈余的及时性联系在一起。稳健性是会计有效契约必备的一个基本概念(Watts, 2003),是联系契约各利益方关系的一种方式,当内部人与外部股东之间信息不对称时,稳健性出现,稳健性的应用减少了管理层管理盈余的能力(LaFond and Watts, 2008)。管理层与公司的审计师有强大的动机保持会计的稳健性,以防止高报盈余引起的诉讼问题。近年来,公司治理尤其是外部董事和审计委员会在监管稳健性上的作用被广泛研究。相关的研究发现,当董事会中外部董事比例较高时，公司财务报告更稳健（Beekes，Pope and Young，2004；Ahmed and Duellman，2007）。Krishnan 和 Visvanathan（2008）发现，当公司有强大的董事会且审计委员会有财务专家时，财务报告稳健性更强。Brown、Beekes 和 Verhoeven（2011）认为，当公司治理较强时，稳健性并非治理的补充机制，但当治理较弱时，较强的会计稳健性能够替代董事会不充分的监管。

3. 盈余的信息含量

盈余的信息性指盈余与回报间关系的强度。当价值相关的信息及时反映在盈余上时，相关性较强。外部董事承担着监管财务报告的责任，能够影响盈余的信息含量。与一般的预期相反，研究显示，盈余的信息性更多地受到董事会规模而非独立性的影响。Vafeas（2000）发现，当公司有较小的董事会时，盈余更具信息含量，外部董事的存在对盈余没有显著的影响。类似的研究发现，公司董事会规模大时往往盈余信息含量较低，而外部董事比例对盈余信息性没有影响（Ahmed，Hossain and Adams，2006）。在股权集中的国家，控股股东对公司有着绝对的影响力，控制着财务报告过程，阻止不利信息流向市场，使得盈余缺乏透明度。Fan 和 Wong（2002）发现，在东亚公司，所有权高度集中，盈余的信息性较差，因为控股股东剥削了中小股东的利益，限制了信息披露的数量。Chang 和 Sun（2009）的研究发现，SOX 法案颁布后，盈余的信息性与审计委员会和董事会的独立性正相关。

4. 信息披露

考虑到董事会的监管角色，传统的观点认为，董事会的有效性与公司信息披露呈正相关关系。然而，实证发现却往往提供不一致的结论。Brown、Beekes 和 Verhoeven（2011）认为，好的公司治理是否能正面影响披露取决于所有权结构，以及是否披露补偿了公司治理的缺陷。Cerbioni 和 Parbonetti（2007）的研究发现，独立董事的比例与生物技术公司信息披露的数量正相关，意味着较好的监管能够正面影响公司的披露，即使公司有动机保留信息；当 CEO 兼任董事会主席时，公司披露水平较低，但当董事会有大量的有经验的非执行董事时，二者关系会变弱（Gul and Leung，2004）。其他研究认为，公司的披露政策可以替代不合适的治理实践。Eng 和 Mak（2003）发现，在新加坡，较低的管理层持股与更大的披露相关，随着外部董事比例的增加，公司自愿披露程度较低，因此，治理质量与披露是互相替代的。Ajinkya、Bhojraj 和 Sengupta（2005）却发现，美国公司外部董事与管理层盈余预测的频率和精确度正相关。公司治理与披露是替代还是补充关系一直存在争议，

Brown、Beekes 和 Verhoeven(2011)认为,应该考虑不同的制度和治理背景。我国学者类似的研究也发现,董事会会议次数较多的公司往往会计信息质量较差、财务状况恶化(薛祖云和黄彤,2004)。蔡卫星和高明华(2009)以证券分析师盈余预测精度作为上市公司信息披露质量的衡量指标,检验了审计委员会与信息披露质量的关系,发现设立审计委员会及审计委员会独立性高的公司具有更高的信息披露质量。

2.2.2 董事会治理与盈余重述

近年来,随着盈余重述行为的日益增多,越来越多的学者以重述代表较差的盈余质量,以区别于以往以盈余管理检验财务报表质量及以操控性应计衡量盈余管理倾向的研究。大多数研究将重述归因为公司之前年度有意的盈余操纵,并分析了董事会治理是否能阻止报表误述,从而减少重述的发生。Agrawal 和 Chadha (2005) 实证检验了公司治理机制是否与重述盈余的可能性相关,发现关键治理特征如董事会和审计委员会独立性与重述可能性不相关,但如果董事会或审计委员会的独立董事有财务背景则重述可能性大大降低,即有财务背景的独立董事在监管公司报表时是有价值的。如果 CEO 属于创始家族,则重述可能性提高。Baber、Kang 和 Liang(2006)将公司治理分为内部和外部治理机制,通过比较 204 个重述公司与 1 617 个非重述公司,发现大多数治理机制如董事会和审计委员会的独立性、CEO 与董事长职务的分离、董事会规模、审计委员会是否有财务专家并不能解释盈余重述的发生;重述的发生与外部治理机制相关,如公司约束外部人参与内部治理过程、限制股东权利的强制管制和公司规章等。Efendi、Srivastava 和 Swanson (2007)发现,两职合一即 CEO 兼任董事会主席时,公司财务报表误述可能性增大。Ueng、Koehn 和 Chang(2009)研究了董事的个人特征与重述盈余的关系后发现,只有董事独立性即外部董事比例与盈余重述相关,董事持有权益份额、董事任期、董事持有的其他董事会董事席位、是否是女性等并不影响公司重述财务报表。Carcello、Neal 和 Palmrose 等(2011)的研究发现,当 CEO 不参与董事人选的选择时,独立性高的审计委员会及其财务专家能够减少重述的发生。Lisic、Neal 和 Zhang (2011)的研究表明,财务专家能够提高审计委员会的有效性,而 CEO 的权力会中和两者的关系。

在财务重述的研究上,国内学者杨忠莲和杨振慧(2006)发现,公司独立董事的兼职家数、审计委员会的成立与否，以及公司的领导权结构与财务重述显著相关，而独立董事在董事会的人数比例和他们领取的薪酬与财务重述的关系并不显著。黄志忠(2010)的研究表明，在治理会计错报行为方面，证监会所提倡的独立董事制度是有效的。

2.2.3 董事会治理对盈余重述影响研究小结

本节回顾了董事会在阻止盈余管理、提高会计稳健性与盈余信息含量、提高信息披露水平方面的作用，从董事会独立性、审计委员会独立性与财务专家以及CEO在董事会的权力等方面研究了董事会特征对盈余质量的影响，发现该方面的研究成果丰厚，但从盈余重述视角研究董事会与财务报告盈余质量关系的文献目前相对较少，不够深入。现有的研究集中于关注董事会治理在阻止盈余管理方面的监督与控制作用，较少涉及董事会在盈余重述信息披露中的决策功能。

2.3 文献述评与启示

2.3.1 文献述评

通过上述文献综述，可以看出盈余重述在世界范围内都是广泛存在的，有关公司盈余重述的理论和实证研究成果丰厚。分析重述的定义可以看到，重述的发生有两个关键前提：一是前期财报存在错弊等误述行为；二是误述被修正并公开披露。两个前提发生在两个不同的时期。财务报告存在误述并不是发生重述的充分条件，误述被披露才是盈余重述发生的核心因素。以往的研究将重述视同普通的盈余管理行为，简单地将其作为一个阶段，在研究重述动因及影响因素时，均是从阻止误述发生的方面分析如何减少重述行为，并没有从误述的修正即重述的披露环节深入分析重述的发生。此外，现有的研究过多地探讨了重述的动因与经济后果，较少研究重述的披露过程，少数对重述披露细节的研究也不够系统和深入。本研究试图弥补这一缺憾，重点关注公司重述披露选择，即研究管理层在是否披露重述、如何披露重述方面的选择及影响因素。

董事会治理是公司治理的要素特征在董事会层面的反映和体现，是公司治理的核心，在公司财务报告的披露中起着重要的监管作用。在与利益相关者的沟通过程中，董事会是形成公司年报披露策略的关键(Gaa，2009)。现有关于董事会治理与盈余重述的文献局限于研究董事会在阻止误述时的监管职能,忽略了董事会在提高重述披露可能性与透明度时的作用。在重述形成的两个关键阶段即误述发生与误述披露中,董事会可能起到完全相反的作用。例如董事会独立性,在阻止误述发生时起着积极作用,与重述的发生呈负相关关系;但在重述形成的第二个关键阶段,即误述被发现并披露的过程中,独立的董事会有利于公司及时修正并披露错弊,从这个层面上说,董事会独立性与重述的发生呈正相关作用。因此,片面地将重述作为盈余管理行为并研究董事会与之的关系可能得到错误的研究结论。与一般的会计信息披露不同,我国的重述披露缺乏明确的法律规定,隐晦披露与捆绑披露现象非常严重,管理层或控制方会战略性地对盈余重述的披露决策进行管理,而董事会在如何重述即重述的具体披露形式方面起着重要作用,有效的董事会有利于公司更透明地披露重述。研究董事会在重述披露方式选择方面的监管作用有利于改进重述信息的披露行为。

从董事会治理与盈余质量关系的现有研究来看,虽然成果丰富,但研究结果较分散,均是从个别具体特征研究董事会治理,缺乏全面分析董事会治理效率的系统研究。在董事会治理的具体考量方面,现有研究集中于关注董事会独立性对财务报告的影响,较少分析董事会构成及活动水平的影响;学者们虽然看到了财务专家或财务背景对提高会计盈余质量是有价值的,但实证方面的经验证据还比较缺乏,对财务专家在信息披露方面发挥的具体作用还不是很清晰;此外,对审计委员会治理效应的研究也相对不足。

从国内情况来看,国内目前对盈余重述的研究较少,从公司治理层面研究重述的文献屈指可数。为数不多的研究多以借鉴和模仿国外研究为主,缺乏考虑中国特殊制度背景的相关研究。我国有着不同于西方的独特制度环境,上市公司有较高的所有权集中度,大多数为国有性质,不存在成熟的职业市场。因此,董事会制度在引入中国时不可避免地会受到大股东影响,在盈余重述中是否能发挥治理效果有待验证,独立董事制度和审计委员会制度在公司治理及提高财务披露质量上发挥的作用亟待提供经验证据。本书将弥补这一不足,全面分析董事会治理对盈余重述发生及披露的影响。

2.3.2 研究启示

前人的研究为本研究提供了扎实的理论基础,同时也赋予了很多研究启示。

首先,现有关于董事会治理对会计信息披露影响的研究发现,国家制度因素具有调节效应,在不同的制度背景下董事会具有不同的治理效率。作为一个新兴经济体,我国有着不同于西方的独特制度背景和治理环境,所有权高度集中且上市公司被大股东控制,企业面临的主要是第二类代理问题,即控股股东与中小股东间的代理冲突,董事会的决策与监管角色主要体现在代表中小股东监督大股东剥削行为上。因此研究我国制度背景下董事会在信息披露中的作用必须考虑大股东的影响,研究成果有利于与国外研究进行比较,丰富该方面的文献。其次,现有研究验证了董事会在阻止盈余误述、减少重述时的作用,但由于将重述作为一个阶段,得出的结论较为片面。考虑到已有研究的不足,本书将重述分解为两阶段的连续过程,研究了董事会在重述发生不同阶段的不同作用,重点研究了董事会对重述披露决策的影响。最后,我国资本市场重述披露上存在大量秘密重述、捆绑披露等不规范行为,考虑到公司的是否重述决策与披露形式的选择是同时发生的,董事会必然也对公司重述披露的形式即透明度产生影响,本书同时研究了董事会对盈余重述披露形式选择的影响。

2.4 本章小结

本章从重述的动因、影响因素、经济后果等几个方面梳理了盈余重述的相关文献,在此基础上回顾了董事会治理对盈余重述的影响。通过文献回顾,可以看出,国外关于重述的理论和实证研究文献十分丰富,而我国现有文献对财务重述尤其是盈余重述的专门研究较少,尚处于探索阶段。现有研究中,大多关注重述的前因与经济后果,对重述披露细节的研究刚刚起步,缺乏系统深入的研究。关于董事会治理与盈余重述关系的研究集中于关注董事会在阻止误述发生方面的监督与控制作用,较少涉及董事会在盈余重述信息披露中的监督功能。此外,国内有关盈余重述与公司治理的研究均以借鉴和模仿国外研究为主,缺乏考虑中国特殊制度背景的相关研究,且较少研究董事会及其下属审计委员会制度的治理效应。因此,在我国特有制度环境下研究董事会治理对盈余重述披露的影响具有较强的理论和实践意义。本章对相关的文献进行了系统回顾和述评,总结了已有研究的不足,不仅为本书提供了有益的研究启示,还从理论基础和具体方法上为本书研究提供了指导。

3　概念模型与研究假设

董事会治理不仅影响盈余重述的产生，同时影响重述的披露形式。本章首先对构建概念模型的三个基本要素即董事会治理、盈余重述的发生、盈余重述披露方式进行详细的分析和界定，然后在理论分析的基础上构建三者的概念模型。最后，详细分析、讨论模型各要素具体变量之间存在的逻辑关系，提出相关的研究假设。

3.1　模型要素

3.1.1　董事会治理

董事会是依法由股东会选举产生的董事组成，代表公司并行使经营决策的常设机关，是公司的决策机关。它以股东的信任为基础，托管和经营公司资产，对公司重大问题进行决策，同时受股东利益的约束，对经理层进行监督。董事会制度起源于19世纪初期，适应英美国家股份有限公司监督管理层、保护股东利益的需要产生，随着现代公司制企业的发展完善，董事会制度逐步完善和成熟，其发展经历了三个阶段：早期的内部人控制阶段、20世纪70年代末发展的独立董事为主的阶段、现代的董事会委员会制度阶段。董事会的职能也由最初的对经理层的监督发展到现在的监督控制、战略决策、协调利益相关者利益关系上。作为解决公司代理问题的重要制度安排，董事会在公司治理中处于“承上启下”的地位，是公司治理的核心和关键，各国在公司法中也都确立了董事会的核心治理地位。

董事会治理是为保障董事会科学决策与合理监督，保证董事会高效率运行，对董事会形成、组织、运作及履行职责所做的机制设计和制度安排(丁忠明，2009)。它是公司治理的要素特征在董事会层面的反映和体现，是公司治理机制的核心，也是公司治理的深化和发展(刘亭立，2009)。董事会的治理效率主要体现在董事会行为是否保证了公司经营符合股东利益，促进公司治理结构的有效运行。董事会治理并不存在一个标准模式，模式的安排取决于特定的制度环境。图3.1描述了我国的董事会治理模式，明确了股东大会、董事会、监事会和经理构成的治理体系。与西方国家的治理模式不同，我国实行的是"双元委员会制"的董事会治理模式，监事会与董事会为平行的公司机关，同时对股东大会负责，监事会有权对董事会的活动进行监督，但没有决策权，也不能干预公司正常经营；股东大会与董事会形成信任托管关系，股东作为所有者拥有最终的控制权，董事会全权负责公司经营，并对股东负责，其主要职能为战略决策和监督；董事会与经理人员形成委托代理关系，经理层受聘于董事会，管理公司日常经营事务，为公司的决策执行者，其行为受到董事会的监督。可以看到，董事会治理的目标为降低代理成本以维护股东利益，解决股东与经理层之间的代理问题，代理冲突的解决主要依赖独立董事制度的监督作用及董事会各专业委员会咨询职能的发挥。与西方董事会治理模式的另外一个重要区别是，我国的独立董事制度不仅界定了董事会与管理层的监督关系，同时突出了独立董事在制约大股东操纵行为，保护中小股东利益方面的作用。

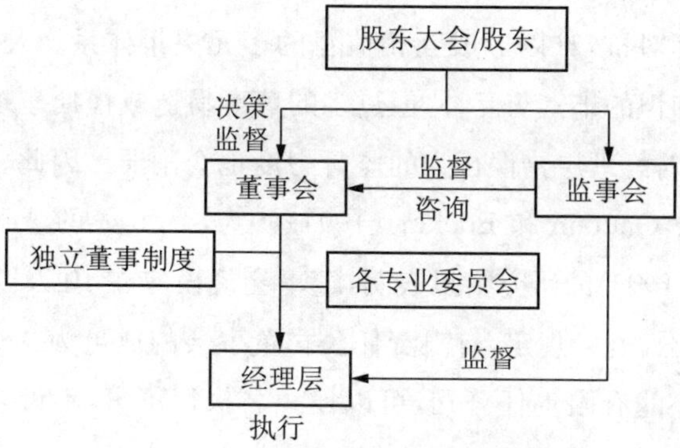

图 3.1 我国董事会治理模式

Jensen(1993)认为，较差的系统或规则，而非较差的人，造成了董事会失败，因此，提升董事会治理机制的质量才能更好地解决代理问题，保护利益相关者利益。

董事会治理的核心包括决策的科学化和监督机制的有效性，其关键是有效的董事会治理结构和治理机制的有效运作。治理结构指对董事会内部的组成及其比例关系所作的一套制度安排，包括董事会的构成和独立性，其中最基本的是董事会成员构成、规模、职能委员会设置及领导权结构；而治理机制的有效运行需要董事会保持一定的活跃性，包括董事会的议事情况及董事的履职情况等。因此，我们主要从董事会的构成、独立性和活动水平衡量董事会的治理效率或强度。

1. 董事会构成

董事会由董事组成，包括内部董事和外部董事。内部董事是公司的执行者，持有公司特定的信息，更了解和熟知公司的不足和机会，能帮助董事会更好地发挥决策职能；外部董事是来自公司外部的董事会成员的统称，包含独立董事（independent directors）与关联董事，独立董事与公司没有任何家族、商业联系，关联董事则指那些非公司现任管理层或职员但与公司有紧密联系的董事。外部董事的背景涵盖了商业、战略、金融、营销、组织等方面，主要职责是监督合约的执行和重新缔约，其工作的勤恳度来自公司给予的货币动机，更重要的激励来自对个人声誉资金的保护。有效的董事会应该考虑内外部董事的合理构成。作为股东的代表，董事具有两方面作用：一是监督和控制公司经理层，减少高管道德风险和机会主义行为；二是以其经验和知识进行战略决策，提高决策的科学性。

规模是有效的董事会必须要考虑的重要因素。一般用董事的人数表示董事会规模。规模较小的董事会效率较高，但不能得到成员多方面的观点，在有争议的问题上无法与审计师对抗，难以形成互相监督的多元决策体系。人数较多的董事会可以促进成员间知识的丰富与互补，但过多的董事易造成搭便车现象，成员间沟通与协调成本增加，对经理层错误行为的监督力度也会削弱。因此，董事会的规模应适当。Goodstein、Gautam 和 Boeker (1994)认为，4—6 人的董事会是最有效的。Lipton 和 Lorsch(1992)的研究结果表明，董事会规模应在 10 人以内，7—8 人是理想的状态。我国《公司法》规定，有限责任公司董事会的成员为 3—13 人，股东人数较少或者规模较小的有限责任公司，可以设一名执行董事，不设立董事会；股份有限公司董事会的成员为 5—19 人。

董事会治理的高效率取决于董事会内部分工与协作的质量，其中专业委员会起着关键的作用。设置专业委员会主要是为了解决董事会的内生性缺陷，如解决成员知识结构缺陷的问题，通过专业分工降低运行成本，为董事获取信息提供平台，解决独立董事治理信息匮乏的问题等。世界各国的上市公司也都通过设置各专业委员会履行董事会的主要职能，如设置财务委员会和长期战略发展委员会监督公司投资战略，成立审计委员会和报酬委员会更好地实施监督职能、缓和代理冲突，设立提名委员会辅助董事会进行治理等。我国的专业委员会制度始于2002年1月中国证监会和经贸委联合发布的《上市公司治理准则》(以下简称《治理准则》)，该准则规定，上市公司董事会可以根据需要下设对董事会负责的各专门委员会，如战略委员会、审计委员会、提名委员会、薪酬与考核委员会等。该准则同时明确了各专业委员会的职责，如：审计委员会负责内外部审计的交流，审核公司财务信息，监督公司内部控制和审计制度；提名委员会应负责公司高管层和董事的选任；战略委员会应研究公司的长期发展战略等。此外，治理准则还对专业委员会成员的任职资格进行了规定，要求委员会成员由董事组成，且独立董事应占多数。

2. 董事会独立性

董事会治理有效性的核心在于董事会保持独立性，即能够独立于大股东和管理层进行管理和决策，保证治理的公平和效率。董事会的独立性是保证董事会监督效率的关键因素，包括两个方面：一是独立董事占公司董事会成员的比例；二是公司的领导权结构方面董事长与经理的兼任情况。

独立董事制度是提高董事会独立性进而保证其监督效率的重要制度安排。独立董事的独立性指独立董事必须在人格、经济利益、产生程序、行权等方面独立，不受控股股东和公司管理层的限制。由于独立董事与公司间不具有任何影响其客观判断的关系，不受管理层与大股东控制，且一般为经济、管理、财务方面的专业人士，在重大问题上能独立地进行判断与决策，并客观公正地发表意见，从而有助于保证董事会运作的公正性和透明性。独立董事的引入，提高了董事会的独立性，也影响了董事会的控制功能。在我国，独立董事的独立性表现在两个方面：一是董事会与经理层独立，董事会代表股东监督经理层；二是独立董事相对于股权董事的独立，即代表中小股东监督大股东。王跃堂、朱林和陈世敏(2008)认为，在我国股权高度集中、大股东缺乏制衡的现实背景下，董事会独立性主要着眼于第二个方面。为了提高我国董事会的独立性，证监会在2001年颁布的《指导意见》中规定，上市公司应建立独立董事制度，同时强调独立董事要在公司决策的过程中预防或制止大股东损害中小股东利益的职责。

除了独立性，独立董事的另一根本特征是专业性，即独立董事必须具有一定的专业素质和能力,能够凭自己的专业知识和经验独立作出判断和发表有价值的意见。专业性是保证董事治理能力发挥的关键和重要保障,一方面指专业性的董事成员,另一方面也指董事会内的专业性分工。独立董事间多元化的背景和能力,可以实现人力资源的互补,更好地发挥决策与监督职能。许多国家的监管机构都强调了独立董事中财务专家的重要作用。如美国的蓝带委员会建议,公司的独立董事应由有财务背景的人士组成,其中至少有1名财务专家。我国2001年的《指导意见》也指出,董事会应当聘任适当人员担任独立董事,其中至少包括一名会计专业人士。财务专家之所以有效,是因为他们理解公司的内部审计机制与流程,保证公司合适地履行了职责;能够较好地理解审计问题和风险,检查出财务报告中的错误;财务知识有助于理解审计师的判断,解决管理层与外部审计师的争议(Dionne and Triki, 2005)。对于财务专家的定义,理论界并没有统一的标准,研究中常将财务专家与财务背景混同使用。McDaniel、Martin 和 Maines(2002)认为,财务专家与财务背景有着本质区别:拥有财务背景指能读懂和理解基本财务报表,但财务专家应该具有职业经验或会计、金融类资格证书;拥有财务背景的人士仅能发现显眼的披露或公告内容,而财务专家常能发现经常发生的但公司披露中没有强调的问题。Abbott、Parker 和 Peters(2004)认为,CPA、投资银行家、风险投资家、曾担任其他公司 CFO 或曾主管财务的高管都可以被认定为财务专家。美国的蓝带委员会将财务专家界定为具有 CPA 资格,或具有会计、财务等高级职位从业经验的人士。而纽约证券交易所将具有财务教育背景,有过公司 CFO、会计主管或知名会计师事务所从业经验的人士作为财务专家。我国发布的《指导意见》将会计专业人士定义为具有高级职称或注册会计师资格的人士。

董事长与总经理的两职状态即公司的领导权结构反映了公司董事会的独立程度和公司执行层的自由度。领导权结构是指公司的董事长与总经理是否由一人兼任(杨清香、俞麟和陈娜,2009)。两职由一人兼任为一元领导权结构,由不同的人担任为二元领导权结构。Fama 和 Jensen(1983)指出,领导权结构的合理安排将有助于解决剩余风险承担和控制权分离引发的代理问题,而公司决策控制权和决策管理权的分离将有助于降低代理成本。组织经济学的相关理论也认为,当 CEO 与董事长两职合一时,董事会独立性降低,监督作用将弱化。我国现有的《公司法》对董事长和总经理的关系没有作出任何规定,公司董事会可以决定由董事会成员兼任经理。

3. 董事会活动水平

董事会的运作是董事会治理机制有效性的关键，而董事会的运作主要体现在董事会的活动水平(activity)上，其中董事会会议是考量董事会决策与运作的最重要指标。董事会会议能够衡量董事会的勤恳度，检验董事是否有足够的时间和精力履行职业责任，同时也是成员进行沟通、形成决策进而履行监督职能的重要途径，会议次数越多，表明董事会内部沟通越有效，活动越积极。我国的法律规定，董事会每年度至少召开两次会议。

董事们持有的公司董事席位也从侧面反映了董事对公司事务的参与程度或履职情况，即对公司活动是否积极。较多的董事席位意味着董事声誉较好，但也可能侵蚀董事会监管的有效性，往往没有足够的时间和精力关注公司事务，难以保证董事会治理效率的提高。我国相关法律也对独立董事的任职家数进行了规定，明确独立董事任职公司数不得超过 5 家。

3.1.2 盈余重述

借鉴美国 APB、FASB 与 GAO 关于财务重述的概念，我们将重述定义为上市公司就前期已经披露的定期报告中存在的会计差错做出重新编制并披露的行为；将盈余重述解释为公司对以前期间财务报告盈余或与损益相关的科目金额进行修正并披露的行为。可以看出，盈余重述本质上是对以前年度财务报告中涉及盈余的会计差错进行修正的事后补救行为，包括了对前期财务报表中差错的更正以及披露两个方面。分析重述的概念可以看出，重述的发生需要两个关键阶段：一是前期财务报告的错报；二是在存在错报前提下对差错的修正与披露。对于盈余重述的处理，国外相关法规规定，公司在发现前期财务报告存在会计差错时，应重新表述历史财务报告，在重述时不仅应修正差错，而且应披露该更正对净损益的影响以及该差错对前期的累积影响数，披露重述信息时，对差错的性质应进行说明，同时调整期初的留存收益或其他权益类项目(于鹏，2009)。

国内直到 2006 年新准则颁布后才出现“重述”一词，相关的法规中并没有财务重述这一概念。学者们通常用两种现象代表财务重述：一种是以上市公司发布的年报“补丁”，即对年报的补充或更正公告作为重述；一种是以公司披露的会计差错更正作为重述。本书在研究时参考了后一种方法，以公司发布的前期差错更正代表重述，将涉及年报损益的差错更正作为盈余重述。不采用补充或更正公告的原因在于,公司发布的补充、更正公告针对的多是本年披露的年报,不符合重述前期差错的定义。此外,对于补充、更正公告涉及的问题,公司一般直接更正当期的财报,不需要运用追溯重述法进行会计处理。从本质上看,财务重述实质就是前期差错更正,本书采用盈余重述而非会计差错更正概念的原因在于:一是为了与国际趋同;二是虽然国内会计差错更正问题早就存在,但直到国外会计重述研究兴起后才受到学术界与实务界的关注。此外,2006 年 2 月颁布的新会计准则第 28 号明确提出了“追溯重述”的概念,规定上市公司应当采用追溯重述法更正重要的前期差错,标志着我国重述制度的正式建立。

国内关于盈余重述的规定主要存在于企业会计准则中会计差错更正的相关条款。会计差错概念的提出始于 1998 年财政部发布的《企业会计准则——会计政策、会计估计变更和会计差错更正》,明确会计差错指会计核算时由于确认、计量、记录等方面出现的错误,对于会计差错的处理,应视差错是否重大及是否影响损益来决定。如果该项差错使得公司财务报表不再可靠,则应将其作为重大会计差错。对于前期的重大会计差错,如果影响损益,应该将该项差错对损益的影响数调整发现当期的期初留存收益,财务报表中相关科目的期初数也同时进行相应的调整;如果不影响损益,则调整会计报表相关科目的期初数即可。可以看出,前期重大会计差错的处理方法由于涉及追溯调整,已初具重述制度的雏形(于鹏,2009)。2006 年,财政部颁布了新的会计准则,其中的 28 号准则重新修正了会计差错更正的相关会计处理,明确提出了前期差错的概念,将公司编报前期会计报表时没有运用或错误运用预期能够取得并考虑的可靠信息,从而造成前期财务报表发生错报或省略的行为作为前期差错,主要包括会计政策的应用错误、曲解事实、舞弊、计算引起的错误等。新准则的规定更关注会计差错的性质。对于重要的前期差错,准则要求企业采用追溯重述法进行处理,即视同该项前期差错从未发生过,从而更正相关的财务报表科目。追溯重述法与追溯调整法的会计处理相同,不同的是需要对财报进行重新列示和披露,即追溯重述法要求在可能的情况下重新编报以前年度的财务报表。因此,追溯重述法的实施标志着我国财务重述制度的正式建立。

3.1.3 盈余重述披露方式

盈余重述披露方式指公司采取什么形式发布重述公告。美国现行的会计信息披露规则规定,上市公司的持续信息披露包括定期报告和临时报告,定期报告应遵循10-K或10-Q格式，包括年度报告和季度报告，临时报告则遵循8-K格式，一般指公司对重大事件进行的临时披露。上述报告均应通过电子数据收集分析和检索系统进行报送与披露（林志毅，2000）。上市公司认为前期差错会对投资者决策产生影响时，应重新编制并披露以前会计期间的财务报告。重述的具体做法是向SEC提交10-K/A（经修改的年度报告）或10-Q/A（经修改的季度报告），代替以前存放在EDAGR的年度或季度报告（王啸和杨正洪，2003）。除了提交修正后的报告，公司还应履行证券法律规定的信息披露义务，即发布新闻公告和向SEC提交8-K格式的报告，不能以定期报告代替临时公告。

尽管监管机构对重述信息的披露有着明确规定，实证研究却发现，公司在披露重述时倾向于采取隐晦的方式，如不发布8-K格式的临时公告，与年报捆绑披露、在年报的脚注中讨论重述等。Myers、Scholz和Sharp（2009）将8-K披露义务的其他披露如10-K、10-Q等都称为秘密重述。Turner和Weirich（2006）发现，近年来秘密重述的公司越来越多，通常采取重编报告但不修正错误、重述报告但不披露或拖延披露等形式。

我国的相关制度规定，上市公司应通过两种方式披露重述信息：一种是在年报的附注中进行披露；另一种则是通过临时公告的形式（进行披露）。1999年发布的关于会计差错更正的相关准则规定，企业应在财务报表的附注中披露重大会计差错更正，包括差错的内容、更正的金额、对财务报表其他科目的影响等。2006年颁布的新会计准则第28号也要求企业在会计报表附注中披露前期差错更正信息。为了防止公司利用会计差错更正调整盈余，证监会在其2003年发布的第19号信息披露编报规则中规定，公司应该以重大事项临时报告的方式披露前期差错更正，包括更正事项的性质、原因、更正后的金额及对公司财务状况和经营成果的影响等。可以看出，我国关于重述的披露与国外相关规定非常相似，均强调以临时公告的形式披露重述，以引起投资者的关注。

国内外制度同时强调了重大性原则（materiality guidelines）对公司盈余重述披露方式选择的重要影响，即对达到重大性门槛（materiality thresholds）的前期会计差错，应该以重大事项临时报告的方式进行重述。重大性（materiality）也叫重要性或实质性，是会计差错判断的一个重要法则。FASB将其定义为“在特定环境下会计信息误述的幅度可能使得依赖该信息作出的判断发生改变或影响”。美国SEC没有给出精确的判断重大性的准则，而是要求通盘考虑所有可能影响投资者决策的相关因素，不仅包括误述的定量方面，还要考虑定性特征。由于缺乏明确的标准，实务界常常批评SEC的规定太模糊，容易给公司滥用重大性准则操纵盈余提供机会。实践中在定量评估错误是否重大时，常采用经验法则(rule of thumb)，如采用净收益的5%作为重大基准。误述性质的判断需要依赖管理层及审计师的职业判断，1999年8月，美国SEC发布的职员会计公告(Staff Accounting Bulletin，SAB)99号识别了几个判断重大性的定性标准，如错误掩盖了盈余变化或其他趋势，错误修正后使得公司无法达到分析师的盈余预测，错误提高了管理层的补偿等。2006年发布的SAB108号要求公司运用双重方法即损益法(rollover method)和铁幕法(iron curtain method)判断误述的重大性水平。而在国内，相关的会计准则没有明确重要性水平的标准。财政部发布的2001企业会计准则指南中，将重大性定义为："一般是指金额比较大，通常某项交易或事项的金额占该类交易或事项的金额10%及以上，则认为金额比较大。"2006年的新会计准则应用指南没有沿用这一规定。2003年与2010年颁布的审计准则均规定，审计人员在评价审计结果时，应当合理运用重要性原则，在确定重要性水平时，应当从金额和性质两个方面综合评估总体及总体各组成部分错弊的严重程度。

3.2 概念模型

契约理论认为，企业是一系列契约的联结(Jensen and Meckling, 1976)，契约的有效履行、剩余索取权的分配要根据契约各方签订的游戏规则以及资源要素的产出来决定。Sunder(1997)分析了会计信息在契约联结中的作用，认为会计盈余信息对契约具有构建功能。契约的制订、执行和监督通常需要以会计信息为基础，会计信息是企业契约的重要组成部分，有助于降低契约沟通成本。会计信息有助于契约各方了解企业财务状况，是契约订立的重要参考依据及形成契约的重要内容；有助于管理当局加强管理，监督和保障契约有效执行；有助于评估契约的执行结果。因此，会计信息在契约的订立、执行和监督上发挥着至关重要的作用。

公司治理理论认为，现代企业建立在所有权与经营权相互分离的基础上，出资人将资产委托给经营者经营，以出资额享有剩余索取权和最终控制权，经营者则在授权范围内对财产行使占有、支配和使用权。Jensen和Meckling(1976)将这样一种关系定义为委托代理关系。委托人和代理人都是理性的经济人，以追求效用最大化为目标，二者的利益往往不一致，委托人或所有者以企业价值最大化为目标，代理人即经理人员则希望得到更高的报酬和更多的闲暇。此时公司的管理者与所有者之间存在着潜在的利益冲突，代理人往往会以牺牲股东利益为代价来使自己的利益最大化，从而导致了第一类代理问题的产生。公司治理的本质即是解决控制权和所有权相分离产生的代理问题。在股权分散的情况下，企业实际上被职业经理所控制，他们可能采取损害股东利益的方式获得个人利益，公司治理要解决的主要是管理者掌握公司控制权且广大分散的股东掌握所有权而产生的两权分离问题。在股权集中的背景下，大股东拥有的控制权较高，中小股东的“搭便车”心理会放弃控制权，从而产生新的两权分离问题和委托代理关系，此时大股东或实际控制人是代理人，而中小股东则是委托人，公司治理需要解决的首要问题是大股东与中小股东的利益冲突。大股东直接参与公司经营管理，处于信息优势方，为了获得控制权私有收益，具有增加自身利益而侵害中小股东利益的机会主义行为动机。

信息不对称理论认为，委托人与代理人在获取企业信息方面存在着一定的差异，委托人处于信息获取劣势，产生了委托人与代理人之间的信息不对称。代理问题在信息不对称条件下易产生“道德风险”问题，拥有信息优势的代理人试图通过输出有利于自己的信息使自己得益。具体到企业，经理人员往往掌握着关于公司现状和未来发展前景的私人信息，同时面临一系列资本市场压力，如融资、在资本市场生存等。当公司管理者面对不利信息时，可能通过对信息的产生进行干预，掩饰不利信息，牺牲会计信息使用者的利益来获取自身利益。如前所述，会计信息会影响不同契约参与者的利益，是契约缔结中必不可少的重要组成部分，由于契约本身并不完备，契约订立中的冲突、摩擦使得管理层在面临利益冲突时有强烈的动机歪曲或调节会计信息，利用自己的信息优势影响和改变会计信息。与股权分散国家的公司治理不同，我国不仅存在着股东与管理层的代理问题，而且广泛存在着第二类代理问题，即大股东与中小股东的代理冲突。在股权集中的制度背景下，大股东往往拥有公司的控制权，直接参与公司经营管理，属于信息优势方，而中小股东则处于信息劣势地位。二者在有关公司决策的信息拥有方面是不对称的，大股东可以便利地进行私利行为，为了掩盖对中小股东的剥夺行为，大股东可能利用其控制权操控信息，如故意隐瞒关键的信息或歪曲盈余信息，使盈余信息朝着对自身有利的方向进行披露，甚至要求管理层粉饰会计信息，默许其盈余管理行为等，最终导致信息误述的发生。

会计复杂性理论(accounting complexity theory)认为,误报的发生是由于会计的复杂性导致管理方判断错误引起的(Kyle, 2008)。会计复杂性指交易或准则反映在财务报告上的不确定性。美国SEC及FASB都认为,会计复杂性才是会计差错发生的首要原因,SEC为此专门成立财务报告顾问委员会,致力于减少会计的复杂性(Plumlee and Yohn, 2010)。会计受交易或准则的影响,管理层需要了解公司的交易和准则指南,以决定合适的会计处理,同时需要理解会计信息如何反映在财务报告上。一般情况下,信息在财务报告上的反映是简单直接的,会计选择较为简单。但某些情况下,二者的映照存在不确定,并导致潜在的利益冲突以及管理层错误的会计选择。难以预期的商业环境、不完美的准则、原则导向与准则导向会计准则的不同规定,以及监管机构周期性地改变会计准则的解释,客观上都使得会计业务与制度越来越复杂,公司很难找到适用于具体业务的会计规定;而应用准则时缺少透明度,以及大量判断的运用也使得会计的复杂性成为一个难以克服的问题。此外,人们认知功能的有限也使得不确定性增加,引起估计与判断的错误。上述因素客观上都导致了误述的发生。此外,会计的复杂性可能被管理层利用以操纵财务报告,因为复杂的会计无疑给经理层提供了管理盈余的机会。

根据会计计量理论,会计核算的基础包括收付实现制和权责发生制,权责发生制被广泛应用于现代企业中。权责发生制下,公司盈余中的应计利润来源于应计项目。由于会计准则赋予了公司管理层一定的会计政策选择空间,具有机会主义动机的管理层偏好利用应计项目调整会计盈余,即利用应计项目进行盈余管理。而应计项目的回转特性决定了当期调整盈余的做法会限制其未来使用类似方式的能力。另一方面,公司这种激进的会计选择会不断累积在资产负债表上,潜在的财务绩效假如没有提高、没有带来相应的经营现金流的增长,则公司的净经营性资产账户会越来越大,引起当期资产负债表的膨胀,即公司的净经营资产NOA(net operating assets)会越来越大,会计价值增加值与现金增加值的背离也越来越多,从而影响其长期稳定性、持续性和未来获利性。当公司净经营资产越来越高时,管理层倾向于修正前期盈余,降低资产负债表膨胀度,这一方面会提高会计盈余的稳健性,另一方面也可以为后期盈余管理提供机会。

战略披露理论(strategic disclosure theory)认为,为了减少负面信息的市场效果,或出于职业和声誉的考虑以及规避事后法律责任的原因,公司管理层会战略性地选择披露的时间、方式，选择法律免责的最低限度披露，如选择特定的时机、方式披露正负事件，隐晦披露负面消息或将负面事件穿插在其他事件陈述中（即捆绑披露），延迟、弱化或避免坏消息的披露等。而信息不对称和代理冲突能够给管理层或大股东提供战略披露的机会（Healy and Palepu，2001）。相关的研究发现，公司经常将负面消息在星期五或交易结束日披露（Bagnoli，Clement and Watts，2005；Doyle and Magilke，2009）。不完美的披露假设（incomplete revelation hypothesis）预测，为了提高或维持股价，公司会在财务报告的脚注中披露坏消息，因为隐晦的披露较难被发现（Bloomfield，2002），即信息的显眼性和在财务报表的放置位置会影响非职业投资者的信息获取成本及投资者对信息的感知。对战略披露提供支持的是印象管理理论和有限注意力理论。印象管理理论属于社会心理学范畴，指人们可以控制他人对自己形成印象的过程，如控制信息披露的方式、语言和内容，当出现不利信息时，采取弱化坏消息传递的方式来披露；披露有自利性归因倾向。有限注意力理论强调，环境中存在大量的信息，但投资者的信息处理能力是有限的，时间和注意力都是有成本的，因此注意力是有选择的，突出表现的信息更易被投资者吸收，即信息的突出性或财务报告的放置位置会影响信息获取或投资者对信息的感知。Hirshleifer 和 Teoh（2003）认为，投资者不仅关心信息的发布，而且关注信息披露的形式，同样内容的披露对投资者的感知具有不同的结果，这取决于披露表达的形式；当公司披露会计差错信息时，考虑到重述可能带来的负面影响，公司会利用投资者的有限注意力实施印象管理，即有选择性地战略披露重述信息。一方面，公司管理者与外部利益相关者之间或大股东与中小股东间的信息不对称是战略披露的基础，当外界对公司的信息不了解时，管理者就更倾向于战略披露；其次，上市公司发布的公告需要以一定的方式进行陈述与披露，从而为管理层战略披露行为提供了空间。

会计中的重大性原则（materiality guidelines）是公司选择信息披露方式的重要考虑因素，公司是否采取及时透明的临时公告形式披露信息主要受重大性因素的驱动。重大性（materiality）也叫重要性或实质性，对达到重要性标准门槛（materiality thresholds）的事件或信息，各国相关法规都要求上市公司以重大事项临时报告的方式进行披露。然而，对重要性标准的确定一直是各国证券立法的难点，管制者不仅要求上市公司披露可能影响投资者作出合理决策的重要信息，同时要避免市场充斥过多的无用信息。对重要性标准的界定和不同理解直接影响了信息披露的透明度，由于缺乏明确的标准，实务中更多地依赖于管理层的主观判断，容易给公司滥用重大性准则操纵盈余提供机会，即管理层会机会主义地放弃性质重大的信息，将其归类为无关紧要，采取不披露或隐晦披露策略。从这个层面上说，会计信息重要性标准的模糊为管理层进行战略性披露选择提供了机会。

为了有效缓解代理问题以及代理冲突所引起的信息误述、战略披露问题，委托人需要建立一个有效的控制和制衡机制，以监督和约束管理层或大股东。代理理论认为，董事会能够有效协调代理冲突，完成受托责任，保护股东的利益。Fama 和 Jensen（1983）认为，股东赋予了董事会控制和监督权力，在监管管理层活动时，董事会是公司最高级别的内部控制机制，其一个重要功能是减少所有权和决策控制权分离产生的成本，董事会将大多数决策管理和决策控制功能委托给高管，但保留对高管的最终控制权，这些控制包括董事会有权力批准和监管重要的决定，选择、解雇和奖励经理层，监督管理层的行为，评价其经营业绩。董事会有责任建立一个合适的控制系统，并监督高管遵从该系统。在信息的披露中，董事会拥有最终决定权，有责任保证财务报告的透明和精确。在与利益相关者的沟通过程中，董事会是形成公司年报披露策略的关键（Gaa，2009）。公司决策程序可以分为决策经营和决策控制两方面，董事会起着决策控制功能，董事构成是董事会发挥有效监管职能的重要因素，应该包括内部人和外部成员，监督管理层的有效性是内部人和外部人共同作用的结果，为了防止董事会被经营者控制，需要代表股东利益的非执行董事加入。因为经理层的全职身份和内部知识，他们拥有大量的信息便利，董事会很容易成为管理层的工具，牺牲股东的利益。高管层在董事会的主导地位会导致合谋和股东财富的转移（Fama，1980）。因此，董事会一般包括外部董事，大多数外部董事是其他公司的经理层或重要决策人，其人力资本价值首先取决于他们在其他组织作为内部决策人的绩效，外部董事的席位意味着他们是决策专家，他们理解决策控制的重要性，他们胜任决策控制工作。作为内部经理层争议的仲裁者，外部董事有动机发展作为决策控制专家的声誉，外部市场会根据他们的表现给出服务价格。因此，外部董事的加入能提高董事会有效监管的能力，缓解所有权和决策控制权分离产生的代理问题。从代理理论的观点看，董事会是重要的内部治理机制，它作为股东的信托人监督管理层以保护股东的利益，而董事会的独立程度被认为是董事会实施监督的首要激励。在股权集中的制度背景下，公司的代理冲突主要是大股东与中小股东的矛盾，大股东常常利用控制地位牟取不正当利益，再加上新兴市场往往外部监督机制较弱，董事会更多地被赋予监督职能，独立董事制度的引入不仅可以有效监督管理层，减轻内部人控制引起的代理冲突，而且可以制约大股东，防止其不正当利益的获取。此外，独立董事往往具有丰富的专业知识和社会经验，能提高董事会决策水平，有利于董事会内部的专业化运作。委托代理理论同时认为，董事长与总经理兼任会使董事会的独立性受损，并导致总经理权力膨胀，不利于董事会监督效率的提高，而两职分离则有利于强化总经理对相关利益体的关注，因此，总经理与董事长应由不同的人担任。

交易成本理论认为，由于人的有限理性和机会主义，使得交易中存在多种成本，如决策成本、监督成本等，要提高经济效率，必须把成本减少到最低。从单纯的市场形式到企业形式，降低了交易成本，要提高企业的运作效率，董事会应运而生，董事会代表着股东利益行使决策和监督职能，是把代理成本和监督成本降低到最小化的组织形式。交易成本同样假定经理层存在机会主义和道德风险，具有有限理性，将董事会视为一种控制工具。与代理理论相同，交易成本理论试图解决同一个问题：如何说服管理层追求股东的利益，以及追求公司或股东利益最大化，而不是他们自己的利益。为董事会治理提供理论支持的另外一个理论是资源依赖理论，资源依赖理论从董事会的交叉任职、新董事的产生方式及董事会的领导权结构等方面进行研究，认为邀请具有丰富知识的专家加入董事会是为了增加公司积聚资本的能力，通过外部董事的社会威望增加公司信誉，从而应付外部环境的威胁；作为与外部环境相连接以获取公司运作资源的机制，董事会可以避免逆境给公司带来的危害；董事会的领导权结果要根据企业面对的环境不确定性状况而定。

本部分根据契约理论分析了会计盈余信息的重要性，依托公司治理理论、信息不对称理论和会计复杂性理论阐述了盈余误述的产生和动机，根据会计计量理论分析了盈余误述被修正的动机，运用战略披露理论和会计重大性原则理论阐明了公司会计信息披露方式的选择，最后基于委托代理理论、交易成本理论和资源依赖理论分析了董事会治理在解决代理冲突、提高会计信息披露方面的监督和决策作用。在上述理论分析的基础上，本研究将董事会、盈余重述和盈余重述披露方式三部分纳入一个统一的分析框架，提出本研究的概念模型，研究董事会治理对年报盈余重述及重述披露方式选择的影响，具体见图 3.2。其中，董事会治理包括董事会构成、独立性和活动水平。

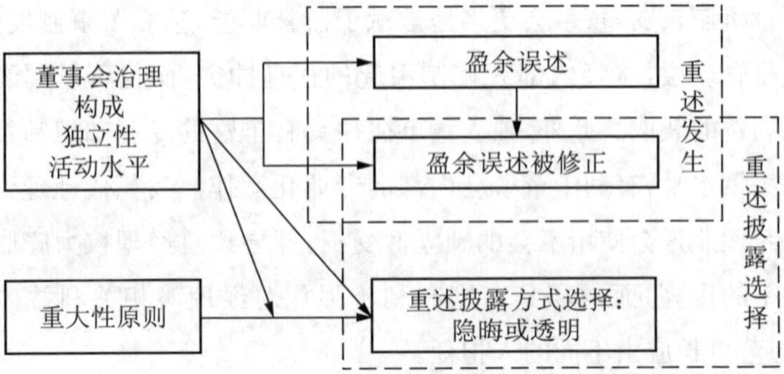

图 3.2 概念模型

3.3 理论分析与研究假设

3.3.1 盈余重述的发生与动机

我们将重述的发生分为两个关键阶段：一是误述发生；二是误述被发现并修正（即重述）。

第一阶段 t，管理层或大股东误述年报盈余；

第二阶段 $t+n(n>0)$，误述没有被发现直到重述发生。

整个过程解释了重述的可能性，重述是两阶段的共同结果。误述的发生与误述被发现并修正发生在两个连续时点上，二者并不相同，除非所有的误述都能被发现并修正。借鉴 Callen、Robb 和 Segal(2008)的研究，我们以 $P(\cdot)$代表事件发生的可能性，以 $P(\cdot/\cdot)$表示条件概率。

RES_{it+n} 表示 i 公司 t 年财务报告盈余在 $(t+n)$ 年被重述；

M_{it} 表示 i 公司 t 年度误述年报盈余；

F_{it+n} 表示 i 公司年报没有被发现并修正，直到 $(t+n)$ 年。

$$P(RES_{it+n})=P(M_{it} \text{ and } F_{it+n})=P(M_{it})*P(F_{it+n}/M_{it}) \quad (3.1)$$

假定公司 t 年度误述年报盈余的可能性与公司可观察到的有助于解释误述发生的特征向量 X_i 是正的线性函数关系，ξ_{it} 符合独立同分布，则 $P(M_{it})$可表达为：

$$P(M_{it})=P(X_{it}\alpha+\xi_{it}>0) \quad (3.2)$$

其中，α 是要估计的参数向量。

同样地，假定 t 年年报盈余误述直到 $(t+n)$ 年被发现并修正的可能性与公司可观察到的有助于解释误述被发现并修正的特征向量 Z_i 是正的线性函数关系，ψ_{it+n} 符合独立同分布，则 $P(F_{it+n}/M_{it})$ 可表达为：

$$P(F_{it+n}/M_{it})=P(Z_{it+n}\beta+\varphi_{it+n}>0) \tag{3.3}$$

其中，β 是要估计的参数向量。

$$\begin{aligned}P(RES_{it+n})&=P(X_{it}\alpha+\xi_{it}>0)*P(Z_{it+n}\beta+\varphi_{it+n}>0)\\&=\Phi(X_{it}\alpha,\ Z_{it+n}\beta)\end{aligned} \tag{3.4}$$

X_i 与 Z_i 为解释重述发生不同阶段的特征变量，X_i 与 Z_i 不包含完全相同的变量。

以往的研究仅从误述的发生方面研究了重述的发生，其模型为：

$$\begin{aligned}P(RES_{it+n})&=P(M_{it})=P(X_{it}\alpha+\xi_{it}>0)\\&=\Phi(X_{it}\alpha)\end{aligned} \tag{3.5}$$

1. 盈余误述的发生

重述源于之前年度报告的误述，我们首先从分析误述的原因来研究重述，即 $P(M)$ 的发生。对于公司管理层会计选择的动机，目前有两种广泛接受的观点：信息观与机会主义观，两种观点对于预测公司未来经营现金流有不同的意义（Badertscher and Collins，2010）。信息观认为，管理层的会计选择揭示了其对未来前景的感知，目的是为了在会计准则的弹性范围内提升会计信息的相关性和可信性，提高预测的有用性。因此，该观点认为，会计信息错报是管理层对一般会计准则的误用或运用错误。机会主义观认为，公司的会计选择是为了掩盖其真实经济状况，维持公司股价或提升管理层的福利，即会计信息的错报是管理层的机会主义行为。与此相对应，重述包含的信息常被用来重估未来现金流和公司的可信性，对于引起重述的潜在或直接原因，研究者也存在截然不同的观点。迈克尔（2004）认为，财务报表的错误表述可以分为两种：一种为错误（errors），为偶然性的不正确，是客观行为；一种为违规（irregularities），为人为故意造成，以利润调节为目的。持错误理论观点的学者认为，财务报表的错误表述由以下原因引起：公认会计原则的错误应用、不正确的判断、会计知识或会计信息的缺乏，不称职的财务人员、个人失误或簿记错误等。上述原因都可归结为基本的公司内部错误，为偶然因素造成，主要由会计和交易的复杂性引起。一方面，难以预期的商业环境、不完善的准则、不完全的交易信息使得会计和交易不确定性增加；另一方面，监管机构周期性的改变会计准则的解释，新准则不断出台、会计应用指南不断增多，使得会计的复杂性成为一个非常强大、难以克服的问题。持操纵观点的学者则认为，财务重述源于前期年报的误述，是管理层有意识的盈余管理行为，主要由契约动因和资本市场压力造成。一方面，以盈余为激励基准的补偿契约会加大不实财务报告的可能性，接近债务契约背离边界的公司有动机高估报告期盈余；另一方面，管理层面临强大的资本市场压力，如较低的融资成本，持续的盈余增长，不断提升公司价值，达到财务分析机构的盈余预测目标以防止市场的负面反应等，这些都可能使得公司采纳激进的会计政策并最终导致财务报表误述。

中国经济的飞速发展给会计实践带来了重大的影响。一方面，公司面临的经济环境越来越不确定，经济交易如并购、重组等越来越复杂，很难找到完全适用的会计标准与制度进行披露；另一方面，随着我国会计准则与国际会计准则的日益趋同，会计制度自身也发生了较大的变化。这些都对会计的确认与计量带来了较大的挑战，客观上导致了盈余误述的不断增多。从统计结果来看，许多上市公司都将财务报表的错误归咎于采纳新会计准则、会计制度理解偏差、计算失误等内部错误问题。事实是否如公司重述公告所言？有没有受到其自身披露特点与自利性归因倾向的影响？究竟是错误还是操纵动因主导了我国上市公司的盈余误述呢？本部分试图通过研究误述的动机进行回答。

中国现有的制度背景下，上市公司管理层要承受来自资本市场的压力，取得上市资格、进行权益融资均需满足监管机构规定的盈余基准，以会计盈余指标衡量的公司经营绩效会显著影响管理层的薪酬及职业前景（赵震宇、杨之曙和白重恩，2007）。当公司经营状况不佳发生亏损时，为了保住上市资格或稳定投资者的信心，也为了个人职位安全的考虑，管理层可能利用会计差错操纵盈余，通过高报或低报收益达到盈余目标（张为国和王霞，2004）。从这个层面来说，盈余误述存在显著的盈余管理动机。另一方面，与欧美国家分散的股权结构不同，我国上市公司股权高度集中，存在显著的一股独大现象，大股东与中小股东的代理冲突成为公司治理的主要问题，大股东普遍具有剥夺公司资源、侵占中小股东利益的自利动机。为了掩盖其控制权收益，大股东有强烈的动机操控财务报表的编制与披露，隐藏不利信息（纪信义和曹寿民，2010），甚至会通过盈余管理活动粉饰公司财务报告，以误导中小投资者。再加上大股东往往有其他的渠道获得信息，年报信息对其相对不重要，所以他们并不鼓励透明的信息披露。因此，盈余误述主要由两方面原因引起：一方面是管理层面临绩效问题不得不承受来自资本市场的压力；一方面是由于控股股东享受私人控股权收益的需要。由于许多上市公司为国有公司,管理层由大股东任命,而经理人的外部劳动力市场在中国这样的新兴市场中是无效的,不能对公司管理层产生实质影响。服务于大股东的利益成为经理人的首要目标,高管层实际是大股东的代言人,要维持大股东的私人控制权收益;大股东也有动机达到证券监管部门规定的各种盈余基准。从这个层面来说,公司管理层或大股东误述盈余主要是为了满足资本市场的需要。

管理层主要面临两种资本市场压力:一是避免亏损以避免被除名;二是在资本市场融资。由于资本市场尚不成熟,上市公司满足财务分析师盈余预期的动机不足,管理层的补偿计划很少建立在期权激励基础上,其操纵盈余提高股价的动机也欠缺,再加上公司债务背离的压力也较小,因此,西方国家的契约动机在我国并不显著。在中国,上市公司的融资尤其是权益融资需求很大,上市公司进行财务包装往往发生在公司权益发行前;而为了避免连续亏损,防止被特别处理,公司管理层也倾向于误述年报。通过检验上市公司的盈余增长、亏损以及配股情况,张为国和王霞发现会计差错公司主要面临再融资、保壳等资本市场压力;Wu(2008)的调查表明,中国上市公司误述年报盈余主要是为了避免亏损保住上市资格,从而在资本市场上生存。Firth、Rui 和 Wu(2011)研究了中国上市公司被重述年度错报的动机,发现公司操纵盈余主要动机是股票增发以及避免被证监会除名。基于以上分析,我们提出以下假设:

假设 1:避免连续亏损的公司易发生盈余误述。

假设 2:有股票增发动机的公司易发生盈余误述。

2. 盈余误述的修正与披露

盈余误述的修正与披露是盈余重述发生的最关键阶段,即 $P(F/M)$阶段。在前期年报存在错弊的情况下,公司重述盈余的决策受以下因素影响:

对公司声誉的考虑。公司主动披露负面消息多是出于法律责任,以降低预期的诉讼成本,重述信息的披露往往会引起法律诉讼,尤其是涉及核心业务时(Palmrose and Scholz, 2004)。当公司发现前期年报差错时,出于降低诉讼风险的考虑,倾向于不修正或披露误述。我国上市公司较少因会计信息收到法律诉讼,对高管层的责任追究制度直到 2010 年才正式建立,因此该因素对重述选择的影响相对较弱。

前期年报盈余存在违规,监管机构要求修正并披露。当外部监督力量如财政部、证监会、审计署等发现公司错弊时，会迫使公司被动修正和披露前期年报盈余差错。由于该因素只有公司重述才能衡量，无法在重述与非重述公司间进行比较，我们不考虑该因素对重述选择的影响。

降低资产负债表膨胀度（balance sheet bloat），提高未来获利能力的持续性或以后期间盈余管理的空间。我国大多数盈余误述为高报之前年报盈余，且主要通过调高应计项目进行盈余管理（陈丽英和李婉丽，2011），而资产负债表与损益表之间的传导使得反映在盈余上的应计同时会反映在净资产上，公司的激进会计选择会随时间累积在资产负债表上（陈丽英和李婉丽，2011）。如果潜在的财务绩效没有提高，没有带来相应的经营现金流的增长，公司的净经营性资产账户会越来越大，从而引起当期资产负债表的膨胀。资产负债表膨胀度等于累积的经营性应计与投资的和，衡量了净经营收益与自由现金流之间的累积差异，同时衡量了会计价值增加值与现金增加值的背离，较高的资产负债表膨胀水平预示着未来获利性的非持续性，减弱了公司以后期间的盈余增长能力（Hirshleifer, Hou and Teoh, et al., 2004），长期来看，会影响其稳定性、持续性和未来获利性。从应计会计选择来看，应计会计的反转特征使得管理层当期作出的偏离价值的估计和判断减少了他们下一期做出相似估计和判断的能力。应计的操纵结果不断地累积在资产负债表上，成为以后盈余管理的限制，即管理层以后期间向上调整盈余的能力会随着净经营资产被高估的程度而不断下降。因此，资产负债表膨胀水平同时决定和限制了本期及以后期间的盈余管理空间。当公司资产负债表膨胀度较高时，为了提高公司未来期间的盈余增长能力，或者扩大以后期间的盈余管理空间，公司倾向于通过盈余重述修正前期年报，从而降低资产负债表膨胀水平，一方面提高会计盈余的稳健性，另一方面也可以为后期盈余管理提供机会。基于此，我们提出以下假设：

假设3：在前期年报盈余存在误述情况下，资产负债表膨胀度高的公司倾向于修正和披露前期盈余误述。

3.3.2 董事会治理对年报盈余重述的影响

当前制度背景下，我国不仅存在着股东与经理之间的代理问题，而且存在着大股东与小股东之间的代理冲突，中心代理问题是控股股东对上市公司资源的剥夺。盈余误述的产生主要由两方面原因引起：一方面是管理层面临绩效问题出于资本市场压力的考虑；一方面是由于控股股东享受私人控股权收益的需要。现有制度下，监管机构常依赖会计数字治理公司。上市公司的上市、配股等条件多以盈余为基准，大股东会利用自身的信息优势侵害中小股东利益。在公司业绩不佳时，控股股东有动机掩盖公司的真实绩效与私人控股权收益，以满足资本市场的需要。当前期年报存在错弊时，大股东和管理层具有满足自我利益的动机，不想从主业转移精力，往往不愿投入时间和资源修正差错；由于大股东往往通过其他渠道获得信息，年报信息对其相对不重要，透明披露前期盈余差错的积极性不高。

要解决代理冲突，减少盈余误述，提高信息披露的透明度，不仅需要一套有效的公司治理结构，更需要治理机制的有效运作。我国现有治理体系中，外部监督机制较弱，缺乏有效的机构投资者和成熟的职业经理人市场；内部治理结构中，监事会被赋予检查财务活动、监督管理层和董事会的权力，但由于监事会不参与公司重大决策，主要是事后了解财务情况，监督力较弱，许多监事为非专业人士，不具备履行职能的能力，再加上监事与公司存在利益关系，受制于公司管理层，往往很难代表中小股东的利益，因此其监督职能极度弱化，不能有效地发挥制衡作用。

作为公司治理的核心，董事会治理的作用日益凸显。董事会治理致力于提高董事会决策的水平和监督能力，作为公司的最高决策机构，董事会同时也是公司最重要的内部控制机制，对公司整个运作负有最终责任，也是形成年报策略的关键，不仅对公司的整个商业战略和控制活动负责任，而且影响和决定着公司的信息披露行为。Rezaee(2005)在回顾了公司不实信息披露的行为后发现，公司违规披露的主要原因是缺乏负责任的董事会。董事会是沟通公司内外利益相关者的桥梁，由内外部董事及各专业委员会构成，其独立董事致力于监督和制约内部人与大股东的操纵行为，能够减轻和缓和大股东与中小股东的代理冲突，专业委员会能起到决策咨询与强化监督的作用，有助于确保董事会受托责任的履行。

董事会治理对盈余重述有两方面的作用：一是高效的董事会监督能够通过降低代理成本减少经理人员和大股东误述年报盈余的机会主义行为；二是科学的董事会决策通过改善公司披露行为提高重述披露的透明度。具体来说，有效的董事会通过治理机制产生治理强度，对管理层施加压力从而阻止盈余误述的发生；当年报存在错弊时，由于董事会具有更换管理层的权力，能够通过职位变更影响管理层，迫使其修正前期差错从而提高重述披露的透明度。另一方面，我国高度集中的股权制度背景下，公司主要的代理问题是大股东与中小股东的利益冲突，董事会治理作用的发挥会受到大股东权力的影响，当大股东权力过大时，会影响并决定公司董事的选任和提名机制，影响董事的知情权，从而制约董事会的治理效率，削弱董事会治理对盈余重述的影响。董事会治理对盈余重述的影响如图 3.3 所示：

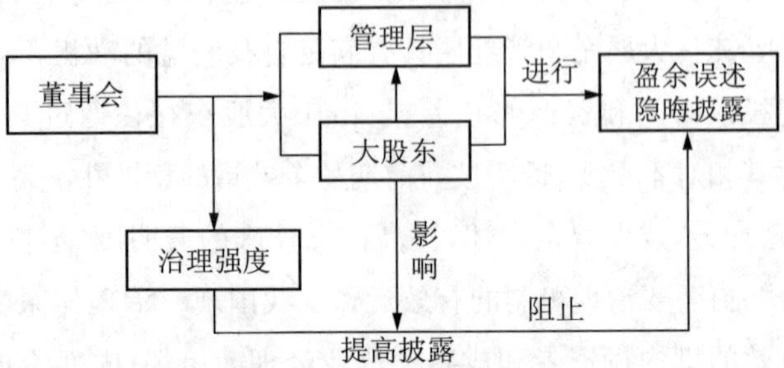

图 3.3 董事会治理影响盈余重述作用机理

1. 董事会治理与盈余重述

董事会治理的核心包括决策的科学化和监督机制的有效性，其关键是有效的董事会治理结构和治理机制的有效运作，包括董事会的构成以及董事会如何才能有效地行使权力。美国 SEC 强调，"有效率的董事会治理机制应该是专业的、独立的（independent）、积极的（active）"。因此，我们从董事会的构成、独立性与活动水平具体分析董事会治理特征对年报盈余重述的影响。如上节所述，盈余重述的发生需具备两个前提：一是前期的财务报告存在盈余误述；二是误述被发现、修正并披露，即重述。第二种前提也是盈余重述发生的核心因素。有效的董事会治理能够阻止年报盈余误述的发生：在年报盈余存在错弊的情况下，公司是否修正和披露很大程度上取决于管理层与控股股东的选择，而董事会对公司重述披露与否的决策有着重要影响，甚至起着与盈余误述完全不同的作用。

（1）董事会构成与盈余重述。

从董事会构成来看，影响盈余重述的主要是董事会的规模与其下属审计委员会。董事会规模可以反映董事会履行职责的能力，是制约董事会治理效率的一个关键性因素。资源依赖理论（resource dependence theory）认为，较大的组织规模有利于内部专业知识的互补，从而获得必要的资源。对董事会来说，扩大规模可以提升组织身份，使得成员背景多元化，提高决策价值。会计与财务事件的日趋复杂需要大量的董事资源，人数多的成员代表更广泛意义上的利益相关者，具有较高的专业素养和治理视野，增加了大股东操控的难度以及内部人士的合谋舞弊成本。规模小的董事会无法集思广益，加大了董事的工作负荷，使其难以有精力履行监督信息披露的义务。另一方面，董事会规模大常因独立董事的增加，增加的独立董事可以强化监督，降低代理成本。代理理论则认为，董事会的规模会影响公司治理，其监督权力随董事协调组织过程中的损失而降低，因此，规模大的董事会不如小的有效(Lipton and Lorsch，1992)。Jensen(1993)认为，当董事超过7人或8人时，董事会易受CEO的控制，难以发挥应有作用。此外，董事会规模太大，容易导致成员的“搭便车”行为，使得治理效率和沟通效率下降，成员间交流时的理解偏差与表达分歧会抵消知识互补带来的好处，内部的利益冲突和协调成本较高，其监督效率会降低，难以就争议达成一致，独立董事难以及时发表不同意见，集体智慧常让位于遵从。因此，适当的规模才能提高董事决策的独立性和科学性。与国外公司相比，我国公司的董事会规模相对于公司规模略显臃肿，国内学者的研究普遍表明，董事会规模较大一定程度上阻碍了董事会的决策效率(沈艺峰和张俊生，2002；何卫东和张嘉颖，2002)。当公司有意或无意误述了年报时，大股东在信息披露方面处于优势，规模较大的董事会由于机能障碍无法及时客观地阻止不实信息的披露。在公司以前期间年报盈余存在误述情况下，太大规模的董事会难以就以前年报的差错统一各方意见，难以有效监督信息披露，易导致信息披露程度较低。胡立新和令钊(2008)的研究表明，董事会规模越大，公司自愿披露的会计信息越少。大的董事会规模使得董事难以坦率批评经理之前年报的错误，面对会计差错犹豫迟疑，无法直率地作出修正披露的决策。

审计委员会是董事会中专门从事财务监督职能的专业委员会，最初成立的原因始于公司舞弊案，目的是在董事会中寻求一支独立的监督力量，加强财务报告的完整性与可靠性。审计委员会审核公司的财务信息与披露，确保信息披露的真实性和完整性，负责内外部审计之间的沟通，通过与外部审计师交流监督外部审计的过程和结果，提高外部审计的独立性和会计的整体稳健性。审计委员会成立后，董事会可以依靠审计委员会监督受托责任的履行或解除，能减少代理成本，提高董事会的决策效率，加强公司内控建设。因此，审计委员会是董事会的一种解决或补救方案，以加强对公司财务方面的控制与监督，协助董事会在内部控制、风险管理和审计方面履行职责。审计委员会的成立，能够形成董事会、总经理、外部审计师互相交流的体制，可以有效检查公司的财务年报，督促外部审计师忠实履行义务，减少审计失败。审计委员会的成立还可以改善财务信息透明度，减少大股东与高管层对外部审计的干涉。我国在2002年发布的《治理准则》中建议上市公司设立审计委员会，以确保内部控制、会计系统的有效运行及财报质量。谢德仁(2006)认为，需要设置独立于经理人的审计委员会行使外部会计事务，审计委员会的本质是代表股东利益直接负责外部会计事务。审计委员会主要通过两种方式影响重述。一是与内部管理层和审计师开会，了解公司的会计和审计事务，当公司有重大差错发生时，及时与内部审计师交流，并影响他们的意见。内部审计师直接向审计委员会报告，有利于加强内审功能的独立性和有效性，使得内部审计师审计与评估更客观，有助于减少盈余差错的幅度；与内部审计师的交流提升了内审的地位，由于更好地进行内部控制，可及时发现和修正误述。二是及时与外部审计师交流并解决问题，减少年终时间紧不得不屈从外部审计师意见的审计压力，减少当期的会计差错，从而减少以后重述的可能性。国内诸多研究表明，现有负责检查财务事件、监管财务报表的监事会监督流于形式(李爽和吴溪，2003)，而审计委员会的成立可以减少财务失败(杨忠莲和杨振慧，2006)。现有代理冲突下，设立审计委员会即使不能直接阻止大股东的利益掠夺行为，但可以通过阻止年报误述、提高会计信息质量增加其掠夺的成本，减少中小股东的损失，从而降低代理成本。当公司之前年报盈余存在误述的情况下，审计委员会能够有效检测出年报的疏漏，通过沟通协调职能消除内部管理层与外部审计师的意见分歧，督促公司客观公正地修正年报差错。

(2) 董事会独立性与盈余重述。

董事会治理有效性的核心思想是董事会的独立性，包括独立董事制度以及公司领导权结构的分离。在中国股权高度集中、一股独大的制度背景下，大股东与经理层的利益趋于一致，大股东控制着信息的生产和披露。当公司业绩不佳，公司面临资本市场压力时，控股股东缺乏对外真实披露财务信息的动机。为了遏制经理层与控股股东对中小股东利益的侵占，提高董事会的监督效率，应该在董事会中引入代表中小股东利益的独立董事，让处于信息劣势的中小股东完整了解企业的信息。我国在2001年发布的《指导意见》中也明确要求上市公司建立独立董事制度，并强调独立董事要在公司决策的过程中预防或制止大股东损害中小股东利益的职责。独立董事制度的建立有利于外部董事独立于大股东与高管层自主进行决策，确保董事会完成使命。独立董事代表了多方利益相关者的利益，能为董事会提供多角度、多领域的建议，并借助其声誉搭建公司与外界的桥梁，使公司获得发展资源。董事会治理效率是其独立性的增函数，其监督作用随独立性的增强而加强。独立董事的介入能够增强董事会活力，降低管理层合谋的可能性，降低管理层对剩余权益的索取。独立董事能够站在客观公正的立场对经理层与大股东的行为监督、评价，提高其提供虚假财务报告的成本，抑制其误报企图。而要让独立董事发挥作用，在董事会中拥有决策权，应该扩大独立董事的比重，增加其话语权，从而减轻信息不对称程度。独立董事在董事会中占多数，有利于董事会对公司事务独立判断，有利于独立董事在利益博弈与决策中占据优势，维护中小股东的利益。国内外学者的研究也发现，提高独立董事在董事会的比例，能够减少财务舞弊与盈余管理行为，确保财务报告真实、可靠（杨清香、俞麟和陈娜，2009）。此外，对于发现的盈余误述，独立董事有权质询、否决，督促管理层及时修正年报盈余差错，为董事会提供决策帮助，因此独立董事的引入有利于减少信息披露决策受到大股东的影响，督促管理层遵守披露要求，提升信息披露质量。国内外研究都发现，独立董事的比例与公司自愿披露和披露质量正相关（王怀明和宿金香，2007）。

作为公司财务行为的监管者，独立董事职能的发挥需要成员具备胜任能力，即成员应具有专业性。其中，独立董事的个人知识和能力成为履责的保障，其行业专长能让他们从专业角度更好地为董事会提供决策建议，其专家技能有助于解决问题，提高战略决策的科学性。因此，要及时发现和阻止年报的错弊，独立董事成员需要具备丰富的财务、会计理论基础和实践经验，即应为财务专家。一方面，独立董事工作繁忙，审阅年报的时间短暂，只有财务专家能在较短的时间内发现错误，并依赖其专业知识背景给予公司专业、合理的建议；另一方面，独立董事外部劳动力市场的竞争压力对其行为有一定约束力，对声誉资金的考虑会让财务专家更尽责地履行监管义务。此外，财务专家独立董事在进入公司董事会前往往会调查公司的财务经历，只有质量合格的公司才会考虑加入，而邀请财务专家做公司独立董事往往也意味着公司愿意从财务专家那里得到更好的建议和意见，以提高信息披露的透明度。已有的研究发现，当独立董事中有一名财务专家时，公司重述的风险较低，财务专家对监管公司年报是有价值的（Abbott, Parker and Peters, 2004; Agrawal and Chadha, 2005）。西方财务丑闻后，管制者也建议有必要让更多的财务专家加入董事会，财务专家会影响公司决策，如更精确的披露和更好的董事会绩效（Guner, Malmendier and Tate, 2008），财务专家之前的职业经历和对声誉的考虑使得他们的会计选择更稳健。我国 2001 年的《指导意见》指出，董事会应当聘任适当人员担任独立董事，其中至少包括一名会计专业人士。实务中，上市公司聘任的具有财务背景的独立董事多为财经院校的教授及注册会计师，他们具有广博的财务理论知识和丰富的会计实务经验,能在一定程度上提高董事会的监督能力,协助董事会检查财务报告,判断年报是否存在错弊,辨识可能的虚假状况,及时阻止错误年报的披露。当公司之前期间年报盈余存在错弊时,财务专家不仅有助于发现差错,而且会凭借专业知识和经验独立判断并发表意见,督促管理层修正和披露差错。

董事会包括一元领导权结构和二元领导权结构。现代管家理论(stewardship theory)对一元领导权结构提供了支持,认为董事长和总经理都是公司资产的"管家",两职合一有助于决策稳定性,有利于公司实施长期战略,能提高公司的创新和开拓能力,为公司提供更统一的方向,实施更强有力的控制(Boyd, 1995)。委托代理理论则认为两职应该分离,董事长与总经理的关系体现了董事会的独立性,二者是监督与被监督的关系,兼任会引起代理问题,使得董事会独立性受损,监督机制失灵,因此有效的监督应是两职分离的。与以上两种理论不同,资源依赖理论认为,环境不确定性是影响董事会治理作用的重要因素,有效的董事会应随环境改变而改变,即根据企业具体的环境确定合适的领导权结构。我国当前制度背景下,总经理多为大股东委派,两职合一会形成高度集中的决策机制,缺乏权力制衡,使得董事长成为内部管理层和大股东利益的代言人,在协调股东与管理层矛盾方面作用非常有限,从而加重对中小股东的掠夺。由于董事长权力过大,会削弱董事会的独立性,使监督和约束难度增加,中小股东很难有话语权,大股东对财务报表的操控力度更大,而大股东对治理信息披露的动力不足,不利于提高公司自愿披露信息的积极性。董事长拥有决策制定和监督的双重权力,易导致经理层的机会主义行为,不利于其披露盈余误述等不利信息。因此,我国证券监管机构也将董事长与总经理两职分离作为完善治理结构的重要措施。国内外学者 Chen、Firth 和 Gao (2006)、陈关亭(2007)的研究证明,在中国,董事长与总经理两职兼任与财务舞弊行为正相关;两职合一的领导权结构下,公司董事会易被经理人员控制,倾向于不对外披露不利信息,会加剧信息不透明度,阻滞内幕信息向资本市场的合理流动,降低公司信息披露水平(Gul and Leung, 2004;钟伟强、张天西和张燕妮,2006)。因此,只有两职分离,才能防止信息不对称下大股东的败德行为,降低代理成本,有利于董事会内部信息充分沟通,更好地监控大股东与管理层的机会主义行为,提高公司信息披露的透明度;当公司发现前期年报盈余存在误述时,两职分离领导权结构下的公司倾向于修正和披露盈余差错,以提高信息披露的透明度。

(3) 董事会活动水平与盈余重述。

除了专业性与独立性，有效的董事会治理还应是积极、活跃的，主要体现在董事会的运作即活动水平上。我们从董事会的议事情况与董事持有的席位数两个方面衡量董事会的活动水平。董事会年度会议的次数表明了董事的勤恳度，即董事的活跃性和努力程度，衡量了董事会的行为强度和监督效率。大多数董事面临的问题是缺乏足够的时间履行职责，因此工作时间是董事履行监管职能的基本条件，由于董事履行职责常采用会议决议的方式执行，故会议频率关系到治理效果。Lipton 和 Lorsch(1992)认为，董事会应至少每两个月开一次会，会议次数越多，说明董事会越积极有效，会议时间在提高董事会效力方面很重要。但 Jensen(1993)认为，董事会只有在公司出现问题时才积极，董事会会议是一种被动行为，是公司业绩下滑的一种反应，因此董事会会议是一种"灭火装置"而非改善公司治理的措施。在我国，董事会每年召开会议的次数普遍不多，当公司年报存在误述或有误述倾向时，较多的董事会议能表明董事勤勉履责，董事间有更多的时间交流，能更好地监督大股东和管理层，对财务报表的监督水平也会更高。同时，经常开会预示着董事会对不实信息披露提高了警觉，预示着更好的监管，能及时发现前期年报的差错，有利于盈余误述的修正与披露。

董事的兼职家数衡量了董事的繁忙程度，也从侧面反映了董事对公司事务的参与程度或履职情况，即对公司活动是否积极。公司董事尤其是外部董事多为社会名流或企业精英，社会事务繁多，董事兼职的家数太多，而其精力有限，无法保证对公司事务的关注和投入；董事兼职太多使得其分散延伸，易成为连锁董事；再加上董事获取公司信息的渠道主要依赖于公司提供的资料，也限制了其职能的发挥。从这个层面上说，董事兼职家数太多，将无法有效监管公司信息披露行为，当公司误述年报盈余时，董事会无法有效地阻止。当前期年报盈余存在差错时，身兼数家公司董事职位的董事尤其关心自身的声誉，往往不愿意修正之前年报的盈余差错。其主要原因在于，当公司披露重述后，外部董事和公司高管的声誉资金会受损，往往面临严重的劳动力市场的惩罚。Desai、Hogan 和 Wilkins(2006)发现，重述公告会使公司高管受到声誉惩罚，发生职位变更，以后的就业前景也较差。Marne、Arthaud-Day 和 Trvis 等(2006)的研究也表明，当公司披露财务重述后，董事会成员的变更率高于非重述公司，外部董事同时会失去其他公司的董事职位。Hunton 和 Rose(2008)利用实验法研究了在发现公司以前期间年报存在重大差错的情况下董事会成员是否会接受重述建议，发现持有席位越多的董事越不愿接受审计师的重述建议，以减少重述对声誉的负面影响。2010 年我国证监会要求所有上市公司制定并发布企业的年报重大差错责任追究制度，大多数公司在披露《年报重大差错责任追究制度》的过程中，明确公司董事、高管、控股股东等对年报重大差错负责，当发生重大差错时，会给予以上人员通报、停职等惩罚。对身兼数家职位的董事来说，为了自我利益，他们会不愿修正和披露盈余误述，以减少重述披露可能带来的劳动力市场的惩罚。

以上我们从董事会的构成、独立性与活动水平三个方面分析了董事会治理对年报盈余重述的影响。基于以上分析，提出以下两个假设：

假设 4：有效的董事会治理能够阻止年报盈余误述的发生。

假设 5：在前期年报盈余存在误述前提下，有效的董事会治理有助于年报盈余误述的修正和披露。

2. 大股东影响、董事会治理与盈余重述

大股东与中小股东的代理冲突是我国转型经济制度背景下的主要治理问题，董事会制度进入中国不可避免地要遭遇“一股独大”“内部人控制”等问题，其行权和履职问题会受到大股东权力的影响，董事会的治理效率也可能被削弱（Liu and Lu, 2007）。已有的研究表明，董事会治理发挥作用会受到公司领导权的影响，在股权分散的国家主要受 CEO 权力大小的影响，过高的 CEO 权力会导致负的经济效果，而在股权集中的制度下则受到大股东或控股股东过大权力（excessive power）的影响（Lisic, Neal and Zhang, 2011; Carcello, Neal and Palmrose, et al., 2011）。董事的选任机制是影响其监督职能发挥的重要因素，董事尤其是独立董事的任命决定了董事会治理的有效性，但当拥有控制权的大股东决定董事的任免时，会制约独立董事的监督制衡作用，削弱董事会的控制职能。现有的《指导意见》明确指出，公司董事会、监事会或持有（单独或合并）公司已发行股份 1%以上的股东有独立董事候选人的提名权，表面上看股份权重较低的中小股东可以提名独立董事候选人，但在资本多数决定的原则下，董事的产生多由上市公司大股东提名，后经股东大会通过，大股东会依赖其权力选择合意的独立董事，董事的提名和选择主要体现了大股东的意愿。由于董事的提名、聘任权力掌握在大股东手里，董事会独立性受损，其治理效率会受到影响。唐清泉和叶艳芬（2006）的一份调查问卷表明，约 61%的受访者认为提名程序会影响独立董事独立性，46%的独立董事认为大股东影响了其监督作用的有效发挥。国外研究也表明,大多数CEO都想影响董事的选任,不愿放弃对董事选择过程的控制,CEO参与董事的提名会弱化董事会的治理效果,表现在独立董事对财务报告的监督质量会降低。Carcello、Neal和Palmrose等(2011)的研究表明,当CEO参与董事成员的选择过程时,审计委员会的有效性会降低,独立董事实质上不独立。Lisic、Neal和Zhang(2011)发现,当CEO权力较小时,审计委员会财务专家与重述的发生负相关,但当CEO权力足够大时,二者负相关的关系会消失,即审计委员会财务专家的监管效果取决于公司高管的权力。因此,从选任机制来看,大股东主导下的独立董事的选择和提名机制是影响董事会治理监督作用充分发挥的关键。从提高董事会治理水平上看,董事的提名比选举重要,根据美国的经验,独立董事由董事会的提名委员会负责,而该委员会全部或主要由独立董事构成,能够保证独立董事独立监管作用的发挥,最大限度地保证董事会治理效率,使董事会远离大股东意志的影响,提高年报盈余质量。

董事会治理作用发挥的一个必要条件是保证董事尤其是外部董事信息的获取。当大股东权力较大,在公司治理体系中起关键作用时,会影响董事信息的知情权,最终决定董事会治理是否有效。由于外部董事决策所依赖的信息主要来自管理层,双方信息获取上的不平等会制约独立董事的监督职能。大股东会与管理层合谋,以避免被监管,并提供不完全或有意歪曲的信息,干扰独立董事的判断。

大股东权力过大导致董事会治理失效的重要原因是股东缺乏制衡。我国有着独一无二的所有权结构,而不同的所有权结构有不同的动机去控制和监管公司管理层:分散化的股权对管理层的制约效果差,而高度集中的所有权易导致信息不对称,影响管理层的会计选择(Chen, Firth and Gao, et al., 2006)。缺乏制衡的大股东权力会渗透到董事的需求、聘用、履职各个环节,此时董事会治理降低代理成本的能力,常常取决于其参与公司博弈的能力。大股东受到的制衡越低,董事会履职的难度越大,其对盈余重述及其披露的影响就越小。如果公司有多个大股东存在,则能相互监督和制衡,降低其对董事会治理过程的干扰,从而减少财务报告中存在的各种问题。

基于以上分析,我们提出以下假设:

假设6:大股东权力会削弱董事会治理对盈余重述的影响。

3. 董事会治理与盈余重述消息性质

依据重述的方向不同,盈余重述可分为高报盈余的重述、低报盈余的重述及对盈余无影响的重述三种。高报盈余的重述指以前年度财务报告会计收益高报，重述公告中调低之前年度盈余；低报盈余的重述指以前年报盈余低报，重述公告中调高之前年度盈余。高报盈余的重述往往被投资者列为坏消息，预示着前期运营或公司前景可能存在问题，说明管理层试图掩盖盈余下降，是一种机会主义行为，意味着公司前期会计行为较为激进，面对保盈、摘帽、配股等一系列压力，正向调整盈余的动机较强(Callen, Livnat and Segal, 2005)。而低报盈余的重述往往是好消息，是对不利信息的修正，能够提高公司盈利水平，常常被认为是公司稳健披露的表现。从不同重述的经济后果来看，市场对高报盈余的重述更为敏感，有显著为负的反应，而对低报盈余的重述关注度不够(魏志华、李常青和王毅辉，2009)。此外，高报盈余的重述更易受到投资者的诉讼，公司董事易被解聘，承受来自劳动力市场的惩罚(Srinivasan, 2005)。

由于高报盈余的重述较为激进，性质更为严重，公司董事会及其他治理层也更为关注。Nelson、Elliott 和 Tarpley(2002)发现，外部审计师会限制更多的收益增长的盈余管理行为，对增长的异常应计的调整率高于下降的应计。类似的研究发现，出于“怀疑论”的职业习惯，审计委员会更关注调高收益的盈余管理行为，信息不对称环境下，他们更信任负向的盈余管理行为，而质疑正向的盈余管理(Myers、Myers and Omer, 2003；王雄元、张鹏和顾俊，2009)。Bedard、Chtouron 和 Courtear(2004)将这种现象称为“非对称损失函数”(asymmetric loss function)，并认为有效的董事会治理对收益增长的盈余管理行为的影响会大于收益下降的盈余管理行为，其研究结果表明，审计委员会对两个方向的盈余管理行为都很关注，财务专家在减少下降的应计盈余管理行为方面更有效。我国上市公司的盈余重述绝大多数为高报盈余，且存在明显的盈余操纵动机，已引起证券监管部门的关注(陈丽英和李婉丽，2011)。2010 年我国证监会要求所有上市公司披露《年报重大差错责任追究制度》，明确公司董事、高管、控股股东等对年报重大差错负责。对公司董事来说，他们更关注高报盈余的重述，以减少可能的声誉损失。基于以上分析，我们提出以下假设：

假设 7：董事会治理对高报盈余重述的影响大于低报盈余的重述。

4. 董事会治理的变化与盈余重述

当公司重述财务报告时，意味着公司承认已发布的年报存在实质性错误或违规行为。重述的发生需要跨越误述期与重述期两个前后不同的时期，其间公司治理特征会发生较大的变化，尤其是我国这样一个新兴且处于转轨期的国家，独立董事和审计委员会等董事会制度正处于逐步推进和不断完善的阶段,董事会有效性的提高对公司财务信息的披露有着较大影响。以上部分我们研究了误述期与重述期董事会的治理特征,本部分将通过检验两个期间董事会治理的变化,验证是否董事会治理的变化导致了盈余误述的发现、修正和披露,即研究盈余重述是否归因于公司治理状况尤其是董事会治理的改善。通过研究董事会治理的变化在盈余误述修正与披露过程的作用,可以检验董事会治理的改善是否影响公司的披露战略。基于以上分析,我们提出以下假设:

假设 8:董事会治理从误述期到重述期的变化会影响盈余重述的发生。

3.3.3 董事会治理对盈余重述披露方式选择的影响

在盈余重述的披露决策中,最重要的决策是当差错存在时是否重述以及如何重述的选择,主要依赖于高管层的判断与选择。现有会计制度及相关的披露制度都给企业的会计选择一定的弹性空间,从而为公司战略性披露信息提供了机会。上一小节我们讨论了公司重述披露与否的决策,本部分研究公司如何重述即重述披露方式的问题。

已有的研究发现,公司在宣告重述时,倾向于采取隐晦的方式进行披露,如秘密重述、捆绑披露等,以降低重述可能带来的负面影响(Files, Swanson and Tse, 2009)。"华尔街最大的公开秘密之一,是公司努力使其重述隐藏在雷达下,使得投资者较难发现"(Turner and Weirich, 2006)。在规范重述披露、提高重述披露透明度方面,公司治理起着至关重要的作用。由于重述即会计差错的更正最终需要董事会的批准才能对外宣告,故有效的董事会对公司盈余重述披露方式的选择有着重大影响。

1. 重大性原则与盈余重述披露方式选择

我国的相关制度规定,自 2003 年后,上市公司更正前期定期财务报告会计差错的,应以重大事项临时报告的方式进行披露,以提高披露的透明度,引起投资者的关注。然而,实证统计却发现,大多数公司并没有以临时公告的形式披露重述,而是以隐晦的方式仅在年报的附注中披露差错更正相关的信息,将重述信息与年报信息放在一起披露,西方学者将其称之为捆绑披露,即"bundling restatement announcements with earnings news",以淡化投资者对重述的关注。两种不同的披露方式中,重述信息容易被投资者获取和使用成为辨别透明度的重要标准,以 8-K 等临时公告形式进行的披露往往被称为透明的披露方式；而没有以临时公告形式宣告，安静地在年报中披露或以最小的公开性披露的重述被定义为秘密重述（restating under the radar/stealth restatements）。秘密重述会令投资者困惑，被认为是公司有意试图隐藏，以避免投资者发现。

对公司重述披露方式选择起重要推动作用的是会计的重大性（Materiality）原则，研究发现，公司是否采取临时公告形式披露重述主要受重大性因素的驱动（Plumlee and Yohn，2009）。即当重述的严重性（severity）达到重大性门槛时，管理层会通过 8-k 等临时公告的正式形式，宣告重述的幅度及对年报的影响；对于无关紧要的重述，如果需要修正，则采取年报附注或脚注的形式披露。因此，判断重述是否重大，成为解释管理层重述披露方式选择的重要标准。重大性也叫重要性或实质性，是会计差错判断的一个重要法则。FASB 将其定义为："在特定环境下会计信息误述的幅度可能使得依赖该信息作出的判断发生改变或影响"。实务中并没有相关的会计和审计准则等明确的标准来度量重大性，更多地依赖于管理层的主观判断。管理层在判断重述的重大性时，需要通盘考虑所有可能影响投资者决策的相关因素，包括定量与定性方面。

由于重大性决策偏主观，管制者担忧公司会利用重大性原则进行战略性披露选择，即管理层会机会主义地放弃性质重大的误述，将其归类为无关紧要。已有的研究也发现，当管理当局有机会和动机高报盈余时，重大性门槛的不确定为其提供了机会，公司倾向于秘密披露对其不利的信息，以减弱负的市场反应（Myers，Scholz and Sharp，2009）。虽然披露重大信息是公司的责任，但公司往往会考虑重述的特定背景，当披露重大性重述的成本大于收益时，公司倾向于模糊重述的披露。不完美的披露假设也预测，当公司试图提高股价时，往往会违背重大性披露原则，模糊披露负面信息，如将坏消息在脚注披露，而将有利信息披露在显眼位置，以影响投资者的信息获取成本及投资者在不同信息间的权衡（Bloomfield，2002）。投资者主要基于两个原因背离或利用重述的重大性原则。一是重述宣告后所引起的市场反应，突出显示的信息往往会影响用户对因果关系或信息重要性的判断，投资者对放置在不同位置的信息反应不同，重述披露的方式越显眼，市场负向反应越大，公司所面临的诉讼风险也越高，而模糊披露往往会减弱市场的负面反应（Files，Swanson and Tse，2009；Myers，Scholz and Sharp，2009）。国内研究也表明，以补充更正公告形式披露的重述具有微弱的负面市场反应，坏消息市场反应显著为负

(魏志华、李常青和王毅辉,2009)。为了减弱重述披露对市场价值的影响,公司具有隐晦披露重大重述的动机。二是重述往往引起公司高管层的变更,以临时公告形式披露的重述透明度较高,易受到监管部门的制裁和货币惩罚,高管层会被更换,受到劳动力市场的惩罚(Files, 2009; Desai, Hogan and Wilkins, 2006;翟华云,2010),出于保护自身职业和声誉的考虑,管理层有动机秘密重述。此外,现有会计制度缺乏对重大性标准的细致规定,重述违规操作较少有诉讼风险,以及尚不完善的年报披露重大差错责任追究制度,都为公司秘密披露重述信息提供了机会。因此,盈余重述越严重,公司越倾向于隐晦披露重述,以掩盖重述意图,降低可能的经济后果。

对重述重大性的判断需要财务人员与外部审计师的职业判断,且需要考虑定性与定量的多重因素。盈余重述是对之前年度盈余的修正,对其的衡量最重要的就是盈余基准,由于相关的准则并没有给出明确的定量门槛,实务中常以经验法则来衡量,如以被重述盈余额度占净收益或资产、收入的5%来衡量。美国CIFR建议简化重述重大性的判断,对于那些对投资者影响幅度小、一次性发生不影响关键趋势、没有引起公司价值下降的重述,应认为是无关紧要的(Acito, Burks and Johnson, 2009)。已有的研究发现,现有实务中过多依赖定量的标准,如误述的幅度,常常忽略重述的定性特征,因此应考虑重述的定性特质,如是否改变盈余趋势,消息的性质,是否涉及多科目错误,是否降低了股价,是否涉及造假等方面(Acito, Burks and Johnson, 2009; Files, 2009)。更进一步的研究表明,信息的方向、股价的敏感性、对违约风险的影响会影响会计信息重大性的门槛。当公司盈余重述为高报盈余,对收益累积影响幅度较大,涉及收入项目或存在内控缺陷、造假,影响多个科目或年度周期时,重述性质较为严重,所受的市场损失较大,易受到监管部门调查或制裁(Myers, Scholz and Sharp, 2009),其隐晦重述披露的动机也更为强烈。

基于以上分析,我们提出以下假设:

假设9:盈余重述越重大,公司越倾向于仅在年报附注中披露重述。

2. 董事会治理、重大性原则与盈余重述披露方式选择

信息披露是资本市场运作的基石,一个有效运转的资本市场要有与之相匹配的高质量财务信息,生成高质量的财务信息需要大力完善与之相配套的治理环境。会计信息的披露中,会计差错的修正决策会影响财务报告的信息性和可信性,因此,盈余重述的披露选择对资本市场的参与者有着重要意义,不透明的披露方式会

降低市场的感知，令外部监管难度增加，只有有效的内部公司治理才能降低机会主义披露行为，提高财务报告披露的质量。上一小节的研究表明，董事会对年报的披露起着决定作用，董事会治理会影响重述披露与否决策，从而影响重述披露方式的透明度。已有的研究发现，代理问题与信息环境会影响信息透明度，而强大的公司治理尤其是有效的董事会治理可以阻碍公司重述中捆绑披露等行为，令公司遵从会计准则，选择更为透明的披露方式（Myers，Scholz and Sharp，2009）。

董事会治理中，影响盈余重述披露方式的主要是董事会的独立性及其下属审计委员会。对独立董事来说，因为其获取信息的渠道有限，往往要求重述披露更高的透明度，以加深其对公司的了解，提高其监管的有效性；独立董事不在公司任职，没有动机帮助公司隐藏重大的盈余重述，对声誉资本的考虑以及外部劳动力市场的竞争压力使得其希望公司能够遵从现有的会计规定，减少机会主义行为；独立董事对财务年报的监管能起到正面贡献，其作用的发挥有助于逐出不合适的高管，从而对现有高管层产生压力，促使其提高信息披露透明度。近年来的趋势也越来越要求董事会大部分由外部董事组成。独立董事作用的发挥离不开其财务专家，财务专家熟悉国家的会计制度与相关披露规定，理解企业运行中的各种财务和运营问题，能够为董事会提供好的财务披露方面的建议。此外，董事会的领导权结构会影响其独立性，两职合一的董事会结构不利于盈余重述透明信息的披露，两职分离能将管理层置身于一个更高水平的监管环境中，构建管理层与股东的信任关系，从而减少代理成本和信息不对称。Myers、Scholz 和 Sharp（2009）的研究表明，公司内部管制的干涉会提高重述披露的透明度，董事长与总经理两职合一不利于公司公开以 8-K 临时公告的形式披露重述，独立的审计委员会与董事会有利于公司坚持透明的披露方式，管理层很难通过捆绑披露的方式宣告重述。审计委员会负责监督财务报告的过程，是管理层与外部审计师间的主要联络人，能够解决二者的冲突，有利于管理层听从外部审计师的合理建议，提高重述披露的透明度。审计委员会作用的发挥离不开其独立性和财务专家，拥有专业知识的财务专家不会同意公司隐晦披露重述。

基于以上分析，我们提出以下假设：

假设 10：董事会治理会影响公司盈余重述披露方式的选择。

董事会治理会影响公司盈余重述披露方式的选择，而盈余重述披露方式的选择会受到重大性原则的驱动，因此，董事会治理不可避免地会影响盈余重述披露方式与重大性水平的关系。如前所述,公司倾向于隐晦披露对其不利的信息,滥用重大性准则操纵盈余的现象非常普遍。当盈余误述幅度较大,性质恶劣,达到重大性水平时,为了降低重述的市场负面反应,保住高管层的职位,公司管理层倾向于利用重大性水平不确定的特点模糊重述的披露,在年报附注中宣告重述。上市公司这种披露方式试图掩盖重述意图,会加重中小股东所处的信息劣势地位,增加代理冲突。而有效的董事会治理应该及时纠正重大性决策中的偏颇行为,督促公司以合适的方式披露盈余重述。由于缺乏明确的衡量重述重大性水平的定量与定性标准,主要依赖管理层与审计师的主观判断,独立性强的董事会有助于影响管理层的判断。独立董事多为社会精英,具有丰富的实践经验和较强的专业技能,其独立身份有助于客观公正地评价管理层对重大性水平的判断,及时纠正管理层利用重大性水平操纵盈余的行为,而独立董事中的财务专家能从专业的角度发现重大性判断中的不当行为,提高公司信息披露水平。公司领导权结构能够体现董事会的独立性,两职合一由于缺乏权力制衡,易造成决策风险,可能纵容管理层与大股东对重述重大性决策的操纵。审计委员会主要负责对外财务信息的披露,能够帮助公司形成内部管理层与外部审计师交互作用、互相交流的体制,有利于保证外部审计师的独立性,促使公司采纳外部审计师对重大性水平判断的正确建议。审计委员会作用的有效发挥离不开其独立性与财务专家的存在,重大性水平的复杂判断需要财务专家进行协助。

基于以上分析,本部分提出以下假设:

假设 11:有效的董事会治理有助于改善重大性水平对盈余重述披露方式选择的影响。

3.4 本章小结

本章首先详细阐述了董事会治理、盈余重述和盈余重述披露方式三个模型要素的内涵和本质。其中,从董事会的构成、独立性和活动水平三个方面分析了董事会的治理特征,将董事会治理具体化为董事会规模、审计委员会、董事会独立性、独立董事财务专家、领导权结构、董事会会议频率及董事兼职家数等几个方面,将盈余重述划分为误述、误述的修正和披露两个阶段进行分析;将盈余重述披露方式分为以重大事项临时公告方式披露和在年报附注中披露。其次,从理论上对董事会治理、盈余重述与重述披露方式选择的关系进行了详细的探讨，构建了反映三者之间逻辑关系的概念模型。最后，深入分析各模型要素之间的内在逻辑关系，结合概念模型提出了本书的研究假设。本章所提的 11 个具体假设如表 3.1 所示。

表 3.1 研究假设汇总表

编号	研究假设
H1	避免连续亏损的公司易发生盈余误述。
H2	有股票增发动机的公司易发生盈余误述。
H3	在前期年报盈余存在误述情况下，资产负债表膨胀度高的公司倾向于修正和披露前期盈余误述。
H4	有效的董事会治理能够阻止年报盈余误述的发生。
H5	在前期年报盈余存在误述前提下，有效的董事会治理有助于年报盈余误述的修正和披露。
H6	大股东权力会削弱董事会治理对盈余重述的影响。
H7	董事会治理对高报盈余重述的影响大于低报盈余的重述。
H8	董事会治理从误述期到重述期的变化会影响盈余重述的发生。
H9	盈余重述越重大，公司越倾向于仅在年报附注中披露重述。
H10	董事会治理会影响公司盈余重述披露方式的选择。
H11	有效的董事会治理有助于改善重大性水平对盈余重述披露方式选择的影响。

4 实证研究设计

第 3 章中，本书构建了董事会治理、盈余重述、盈余重述披露方式选择三者关系的概念模型，对具体变量间的逻辑关系进行了深入的分析，并提出了本书的研究假设。本章将介绍如何利用中国证券市场上市公司的数据实证检验进行具体的研究设计。为此，首先对研究样本选取和数据收集过程进行详细说明，在借鉴以往研究成果的基础上，介绍了本书相关研究变量的选取和测度方法，最后对实证研究中使用的假设检验方法和实证模型进行了介绍。

4.1 数据收集

4.1.1 样本选取

本书研究董事会治理对盈余重述的影响，关注的对象是盈余重述公司，因此样本的选取受董事会制度与重述制度的双重影响。国内重述制度始于会计差错概念的提出，并且是在会计差错更正相关会计处理与会计实践不断完善的基础上发展并确立的。参照国内学者张若钦和刘炳福(2008)、于鹏(2007)等人的观点，我国重述制度的发展可分为三个时期：1999—2002 为会计差错信息出现时期，以《企业会计准则——会计政策、会计估计变更和会计差错更正》的出台为标志，不仅明确了会计差错的概念，而且要求上市公司在会计报表附注中对会计差错进行披露；第二阶段为 2003—2006 年，证监会于 2003 年 12 月 1 日发布《公开发行证券的公司信息披露编报规则第19号——财务信息的更正及相关披露》,首次提出了公司应当以重大事项临时公告的方式及时披露更正后的财务信息;第三个时期为2007年至今,以2006年发布的新会计准则第28号为标志,28号准则对会计差错更正的会计处理进行了修订,提出了“追溯重述”的概念,明确规定当发现前期会计差错时,上市公司应在可能的情况下重新编报前期财务报表,从而正式建立了财务重述制度。另一方面,我国董事会制度发展较晚,2001年证监会颁布的《指导意见》才明确要求公司建立独立董事制度,2002年发布的《治理准则》建议公司设立审计委员会。考虑到重述制度与董事会制度的发展,以及不同重述披露方式的比较,本书的重述研究样本始于2003年年报,重述公告取自2004年至2010年,由于重述是对前期会计年报进行修正,最后得到的被重述区间即误述期间为1999—2009年。

为了更好地研究问题,本书选择配对的方法进行研究,选取误述前与误述公司同行业,资产相近,在同一交易所上市且重述期仍存在的未发生重述的公司作为对照样本。

本书将盈余重述定义为公司对前期年度财务报告盈余或与损益相关的科目更正并披露的行为,同时结合我国上市公司的实际,将公司对经常性和非经常性损益项目的划分及金额的修正也作为盈余重述行为。这主要是因为,非经常性损益会影响公司真实公允地反映正常盈利能力,公司对非经常性损益项目划分及金额修正虽不影响公司净利,但可能影响公司发行新股、再融资及ST公司摘帽,容易成为公司盈余管理工具。盈余重述样本通过以下两种方式获得:一是查阅上市公司年报,在年报附注中披露会计差错更正项目且更正内容涉及以前年度盈余的公司;二是利用上海和深圳证券交易所网站以及中国资讯行的上市公司文献库,检索2004—2010年发布的标题含有“差错更正”字样的重大事项临时公告,将差错更正内容或原因涉及前期年度财务报告损益的样本作为盈余重述公司。如果一份重述公告更正了多个历史年度盈余,则以重述调整幅度最大的年份数据作为研究对象。

在上述界定基础上,进一步按照以下标准筛选研究样本:(1)剔除金融保险类公司,因为该类行业公司经营业务较为特殊,与其他行业具有本质差异;(2)剔除B股公司样本,发行B股的公司所处的境外监管环境与A股公司存在较大差异,为了保证样本的可比性,本书将上述样本剔除;(3)剔除在中小企业板和创业板上市的公司,由于中小企业板和创业板上市条件不同于A股上市条件,面临的监管环境差异也较大,为了样本选取的一致性,将中小企业板和创业板公司样本剔除;(4)为了反映重述公司盈余误述的目的，本研究不考虑因数据遗漏、填列错误等原因引起的重述；(5)在重述样本上，剔除未披露盈余重述具体数据或相关财务数据无法获得以及停牌期间发布重述公告的公司，非重述样本中，剔除资料不全或主要变量数据缺失的样本。通过以上筛选过程，最后获得有效样本 1 570 个，其中重述公司 785 个，重述公告 967 个。非重述公司样本 785 个。

表 4.1 样本公司年度分布情况

年 度	重述样本		非重述样本	样本总数	各年样本比例(%)
	重述公司	重述公告			
2004 年	113	133	113	226	14.39
2005 年	133	172	133	266	16.94
2006 年	135	171	135	270	17.20
2007 年	112	137	112	224	14.27
2008 年	91	111	91	182	11.59
2009 年	126	149	126	252	16.05
2010 年	75	94	75	150	9.56
合 计	785	967	785	1 570	100

从重述样本年度分布上看，2004—2010 年样本公司数分别是 113 个、133 个、135 个、112 个、91 个、126 个、75 个。各年样本公司数占所选样本的比例分别是 14.39%、16.94%、17.20%、14.27%、11.59%、16.05%、9.56%。整体来看，盈余重述总体呈下降趋势，这与新会计准则中重述制度的建立即我国重述制度的不断完善与发展有紧密的关系，说明上市公司财务信息的披露行为越来越规范。另一方面，也反映出上市公司盈余重述现象具有普遍性，如最严重的 2006 年，重述公司数量大约占到了样本上市公司的 17.20%，给资本市场带来了较大的冲击。重述公司最少的年份为 2010 年，占到了当年样本公司的 9.56%，这与 2010 年证监会发布的《关于制定上市公司年报信息披露重大差错责任追究制度的通知》有关，该通知明确要求所有上市公司建立并披露年报重大差错责任追究制度，一定程度上减少了重述的发生。

4.1.2 数据来源

本书研究所需的重述样本来自上海证券交易所网站（www.sse.com.cn）、深圳证券交易所网站（www.szse.cn）和中国资讯行上市公司文献库（www.infobank.cn/

Irisbin)以及上市公司年报。研究中涉及的重述相关的数据来源于公司发布的临时公告和年报,通过手工收集而来;研究中涉及的董事会治理及其他财务数据来源于香港理工大学和深圳市国泰安信息技术有限公司开发的中国股票市场研究数据库(CSMAR2011),以及北京聚源锐思数据科技有限公司开发的锐思金融研究数据库(RESSET)。根据中国证监会 2001 年颁布和实施的《上市公司行业分类指引》,上市公司共分为 13 个大类行业,由于剔除了金融保险类公司,最后按照 12 个行业对样本进行分类,即农林牧渔(行业代码 A),采掘(B),制造(C),电力、煤气及水的生产和供应(D),建筑(E),交通运输、仓储(F),信息技术(G),批发和零售贸易(H),房地产(J),社会服务(K),传播与文化产业(L),以及综合类(M)行业。表 4.2 列示了重述与非重述样本具体行业分布情况。

表 4.2　重述样本公司行业分布情况

年　度	A	B	C	D	E	F	G	H	J	K	L	M
2004 年	3	1	58	7	2	4	10	12	6	3	0	6
2005 年	4	1	73	6	2	3	9	14	11	4	0	5
2006 年	4	0	70	13	2	3	11	11	14	0	1	6
2007 年	2	2	65	7	2	6	7	4	9	2	0	6
2008 年	3	0	52	2	1	4	6	9	9	1	0	5
2009 年	4	3	67	6	4	4	8	4	7	5	1	13
2010 年	2	3	40	6	1	0	7	4	5	3	1	4
合　计	22	10	425	47	14	24	58	58	61	18	3	45

从表 4.2 的行业分布情况来看,所选样本主要分布在制造业,重述样本数为 425 个;其次为房地产业,重述公司有 61 个;分布在传播与文化产业的样本最少,重述公司为 3 个。说明样本行业分布差异较大,上市公司行业分布不均衡。

4.2　变量测度

4.2.1　董事会治理的度量

1. 董事会治理的度量

如前文所述,本书从董事会构成、独立性和活动水平三个方面,用以下七个变量衡量董事会治理水平:董事会规模、审计委员会设立、独立董事比例、独立董事财务专家、董事会领导权结构、董事会会议频率和董事持有的董事席位。

在董事会构成方面，主要考虑董事会规模及其下属审计委员会的设立情况。董事会规模反映了董事会的监督能力和履行职责的能力，也是制约董事会效率的关键因素，合适的规模有助于提高董事会决策的独立性和科学性。董事会成员包括内部董事和外部董事，借鉴大多数学者的意见，我们以董事会成员的总人数(BSIZE)反映董事会规模。

审计委员会是董事会中专门从事财务监督职能的专业委员会。我国的审计委员会制度始于2002年，证监会在发布的《治理准则》中规定，上市公司董事会可以下设审计委员会，审计委员会中独立董事应占多数，且应有会计专业人士。审计委员会可以调节管理层与外部审计师的冲突，加强董事会与外部审计师的交流，在提高内控、加强财务信息披露方面发挥着重要作用。自审计委员会出现以来，上市公司的相关利益方已经接受了审计委员会的角色，约有62%的上市公司建立了审计委员会(Lin, Xiao and Tang, 2008)。尽管理论与实务界对审计委员会在上市公司的运行效果尚存争议，但大多数学者认同审计委员会在提高公司治理方面的作用。审计委员会职能的发挥离不开其独立性与成员的专业才能，由于我们审计委员会制度发展较晚，我们以审计委员会是否设立(AC)方面衡量审计委员会对盈余重述的影响。

在董事会独立性方面，通过三个变量来衡量：独立董事比例、独立董事财务专家和董事长与总经理是否兼任。董事会成员包括内部董事、有关联的外部董事和无关联的外部董事，无关联的外部董事即独立董事。董事会治理效率是其独立性的增函数，董事会中独立董事的引入有利于在公司决策的过程中预防或制止管理层与大股东损害中小股东利益，增强董事会监督作用。要提高董事会独立性，让独立董事发挥作用，在董事会中拥有决策权，应该扩大独立董事的比重，增加其话语权。因此，我们以独立董事在董事会成员中的人数比例(INDEP)来衡量董事会的独立性。

独立董事中的财务专家能够凭专业知识和经验独立判断并发表意见，给予董事会专业、合理的建议，提高战略决策的科学性。对财务专家的定义国内外研究一直存在争议：Bedard、Chtourou 和 Courteau(2004)认为拥有会计或金融类资格证书或有过会计、财务从业经验的人士即可称为财务专家；Abbott、Parker 和 Peters(2004)则将财务专家定义为拥有注册会计师资格，有过投资银行家或风险投资家从业经验，曾担任公司财务主管或类似职位的人士；SEC 认为财务专家应为理解公认会计准则，对准则有评估应用能力，曾编制或审计财务报告的人士；NASDAQ将财务专家的概念进一步细化，将财务专家理解为曾在金融界、会计界任职，具有会计职业资格，有相关教育背景或曾担任公司CFO、会计主管职位人士。可以看出，国外部分研究将财务背景与财务专家混为一谈，McDaniel、Martin和Maines(2002)认为，独立董事财务专家与拥有财务背景完全不同，有财务背景仅表明独立董事能阅读和理解基本的财务报表，仅能发现年报中突出披露的信息，而财务专家更关注年报的相关性和可靠性，能识别更多的会计问题。我国现有的相关制度也要求，董事会中的独立董事至少应包括一名具有高级职称或注册会计师资格的会计专业人士。该制度对会计专业人士的规定太过简单，各公司间不存在差异，无法体现财务人员的专业水准。借鉴已有研究的成果，考虑我国的国情，我们将财务专家(EXPERT)定义为，拥有注册会计师执业资格，曾在中注协发布的综合实力排名前十的会计师事务所任职，曾担任上市公司财务总监、会计主管或曾主管财务工作的人士，以上条件满足其一即可。

董事长与总经理的两职状态反映了公司董事会的独立程度。我国股权结构的特殊性决定了两职分离的领导权结构有利于完善治理结构，提高信息披露透明度。借鉴大多数学者的研究成果，我们以董事长与总经理两职的分离程度(CHAIR)衡量公司领导权结构。

董事会活动水平方面，以董事会年会议次数和董事平均兼职家数来衡量。董事履行职责需要采用会议决议的方式执行，会议时间在提供董事会效力方面很重要，会议频率关系到董事会的治理效果。因此，实践中常用董事会年度开会次数(MEET)来衡量董事的勤恳程度和活跃程度。董事平均兼职家数反映了董事对公司活动投入的时间和精力，足够的工作时间是董事履行监管职能的基本条件，实务中董事尤其是独立董事常常身兼数家公司的董事职位，限制了其对公司事务的投入，且容易成为连锁董事。借鉴Sarkar、Sarkar和Sen(2008)的研究，我们用董事的平均兼职家数(BUSY)衡量董事的繁忙程度。

除上述具体变量外，借鉴Hoitash、Hoitash和Bedard(2009)的研究方法，我们构建了衡量董事会治理的综合指标(BG)，以检验董事会的整体治理效果：当董事会规模、董事兼职家数各小于样本中位数时，BSIZE、BUSY分别取值为1；董事会年会议次数、独立董事比例各大于样本中位数时，MEET、INDEP分别取值1；EXPERT、AC、CEOCHAIR定义同上；BG为以上7个变量值相加的和。

2. 大股东权力的度量

董事会治理效果会受到大股东权力的影响，借鉴已有学者的研究成果，我们从两个方面衡量大股东的影响（POWER）。一是以董事会是否设立提名委员会（NC）来衡量，大股东主要是通过董事的提名和选任机制影响董事会治理效率，如果公司设立了提名委员会，可以负责制定董事和高管层的选择标准和程序，提出提名候选人，评估现有董事及经理人员的工作，决定他们的去留，从而最大限度地减少大股东的影响，维护董事会的独立性。我国2002年的《治理准则》建议上市公司设立提名委员会，并规定该委员会成员全部由董事组成，独立董事应占多数并担任召集人。提名委员会的职责包括制定并建议董事、管理层的选择标准与程序；寻找合适的董事、经理人选；审查董事与经理候选人资格等。以提名委员会是否设立研究大股东的影响可以分析提名委员会在我国的发展状况及治理效果，更直接测度大股东权力对董事会决策的影响。如果董事会没有设立提名委员会，认为大股东权力较大，对董事会治理的影响也较大。

除了提名委员会的设立情况，我们以股权制衡度（BAL）来衡量大股东的权力。已有的研究表明，当股东间制衡较弱时，大股东拥有足够大的权力，使得董事履职难度增大，与公司绩效的关系会变弱（王跃堂、赵子夜、魏晓雁，2006）。缺乏制衡的大股东更容易将权力渗透到董事的提名、选任和聘用，董事会在公司权力博弈中处于不利位置，其治理效率更低，难以提高会计信息的披露质量（王跃堂、朱林、陈世敏，2008）。多个大股东的存在可以互相监督、制衡，减少财务报告中存在的问题。股权制衡度（BAL）以第一大股东与第二到第五大股东持股比例和的比值度量，如该值较大，表明股权缺乏制衡，大股东权力过大。

4.2.2 盈余重述的度量

如上一章所述，我们将盈余重述的发生分为两个关键阶段：盈余误述、盈余误述被发现并修正，重述是两阶段共同作用的结果。如式（4.1）所示：

$$P(RES_{it+n}) = P(M_{it} \text{ and } F_{it+n}) = P(M_{it}) * P(F_{it+n}/M_{it}) \quad (4.1)$$

式中，RES 表示公司发生盈余重述；M 表示公司前期年报盈余被误述；F/M 表示公司前期年报的盈余误述被发现并修正。

误述与误述的发现和修正发生在两个连续时点上，但实务中无法观察到这两个变量，只能用两阶段连续的部分可观测 probit 模型进行估计。实务中能观测到的变量只有最终的重述(RES),因此,我们主要对盈余重述进行度量。

本书将盈余重述定义为公司对前期年度财务报告盈余或与损益相关的科目更正并披露的行为,重述的对象是涉及损益的会计差错,重述的范围是前期已经发布的年度财务报告。在盈余重述样本的选择上,国内学者通常用两种方法选取:一种是以上市公司发布的年报"补丁",即对年报的补充或更正公告作为重述(魏志华、李常青和王毅辉,2009);另一种是以公司披露的会计差错更正作为重述(于鹏,2007)。由于公司发布的补充、更正公告针对的多是当年披露的年报,不符合重述前期差错的定义,再加上补充、更正公告涉及的问题通常直接更正当期的财报即可,不需要运用追溯重述法进行会计处理,因此,本书在研究时参考了后一种方法,以公司发布的前期差错更正代表重述,将涉及年报损益的差错更正作为盈余重述。即当公司通过重大事项临时公告或在年报附注中披露会计差错更正信息,且差错更正内容涉及前期年报盈余时,认为公司发生了盈余重述(RES)。

考虑到盈余重述的方向即重述消息的性质,我们以 RES^+ 代表高报盈余的重述,以 RES^- 代表低报盈余的重述。

针对盈余重述的动机,将盈余重述分为误述、误述修正两个阶段进行分析。对盈余误述,国内外学者对误述动因问题的探讨一直没有停止。早期研究学者认为,误述主要是财务人员失误或簿记错误、GAAP 原则的误用、判断错误,这些都是基本的公司内部错误,主要是由会计准则及会计交易越来越复杂、会计交易不确定性增加引起。另有大多数学者将误述归结为管理层有目的的盈余管理,认为资本市场压力是激发公司采纳激进会计政策的重要因素,如以较低的成本筹集外部资金,宣告持续的盈余增长,达到财务分析师的盈余预测目标,提高管理层的补偿契约,避免违反债务契约等(Ciesielski and Weirich, 2006; Efendi, Srivastava and Swanson, 2007; Dechow and Skinner, 2000)。国内方面,陈丽英和李婉丽(2011)的研究发现,我国上市公司的盈余误述主要由公司有目的的盈余操纵行为引起。Wang 和 Wu(2010)认为,中国上市公司重述盈余是为了避免亏损以及在资本市场生存。Firth、Rui 和 Wu(2011)研究了中国上市公司被重述年度错报的动机,发现公司操纵盈余主要动机是股票增发(SEO)以及避免被证监会除名。参考上述学者的研究成果,结合我国的具体国情,我们选择以下两个变量衡量盈余误述的动机:一是避免连续亏损(*LOSS*),以防止被证监会特别处理或退市,当上市公司误述年度的上一年[即 $(t-1)$ 年]净利润为负时,取值为 1,否则为 0;二是股票增发(*SEO*),当公司在盈余误述发生后的年度[即 $(t+1)$年]进行股票增发时,取值为1,否则为0。

盈余误述修正的动机以资产负债表膨胀度衡量。Ettredge、Scholz 和 Smith(2010)用行业中位数调整的非现金净营运资产(working capital)衡量资产负债表膨胀度,认为营运资金账户更容易成为操纵的目标。Barton(2010)认为这种衡量方法存在缺陷,因为非流动性的经营应计也常常成为公司操控盈余的方式,公司的重述宣告也并非只涉及营运资金账户。我们借鉴以上学者的研究成果,以行业中位数作为基准,用年度和行业中位数调整后的年初净经营性资产(net operating assets, NOA)衡量资产负债表膨胀度。

NOA=(经营性资产-经营性负债)/收入=净经营性资产/收入

净经营性资产=股东权益-货币资金-短期投资或交易性金融资产
+流动负债+长期债务

4.2.3 盈余重述披露方式的度量

1. 盈余重述披露方式

我国现行的有关会计差错更正的会计准则规定,企业应当在年度财务报表附注中披露前期差错的性质,前期财务报表中受影响的项目名称和更正金额等。另一方面,2003年发布的有关财务信息更正及披露的披露规则规定,公司发现前期定期财务报告存在会计差错并决定更正的,应发布重大事项临时公告,在公告中披露会计差错更正的具体信息,包括修正事项的性质、原因,更正后的财务指标,是否对公司财务状况与经营成果造成影响等。综合上述两个规定,可以理解为,监管机构要求上市公司既在年报附注中披露重述,同时应以重大事项临时公告的方式披露重述,以引起投资者的关注。实证调查发现,通过重大事项临时公告宣告重述的公司均同时在年度财务报表附注中披露了重述,另有为数不少的公司仅在年报附注中披露了重述。基于此,我们以透明度衡量盈余重述的披露方式(RESD),将以临时公告形式披露的重述赋值为1;对于仅在年报附注中披露的重述,我们认为透明度较低,将其称为隐晦或秘密重述,赋值为0。

2. 盈余重述重大性水平

对盈余重述披露方式选择起重要推动作用的是重大性原则(materiality),即对达到重大性门槛的前期会计盈余差错,应该以重大事项临时报告的方式进行重述。相关的制度并没有给出精确的判断重大性的准则,而是要求企业综合评估,从金额和性质两个方面衡量会计差错总体及各组成部分错弊的严重程度，从而确定差错的重要性水平。实践中在定量评估重述是否重大时，常采用经验法则（rule of thumb），如采用净收益或净资产的5%作为重大基准。重述性质的判断需要依赖管理层及审计师的职业判断。美国SEC发布的SAB99给出了判断差错重大性的几个定性标准，如错误掩盖了盈余的变化或其他趋势，错误修正后使得公司无法达到分析师的盈余预测，错误提高了管理层的补偿，错误影响了债务契约的遵从或掩盖了非法交易等。

盈余重述重大性水平的判断主要依赖于盈余基准。已有的研究表明，管理层或审计师在判断误述重要性水平时，应考虑以下因素：重述的频率、重述的方向、重述对收益的影响、重述是否改变了审计师对公司的依赖性、重述主观或客观性的表达方式、重述引起的诉讼风险等（Plumlee and Yohn，2010；Myers，Scholz and Sharp，2009；Files，2009）。从重述的经济后果来看，重述调整幅度较大、调低之前盈余、涉及多科目差错、涉及造假或公司核心业务的重述往往引起较大的投资者反应，易受到法律诉讼或监管机构制裁，高管层和外部董事易发生变更，重述的性质最为严重（Akhigbe，Kudla and Madura，2005；Karpoff，Lee and Martin，2008）。借鉴以上学者的研究，我们用以下指标衡量盈余重述的重大性水平：

重述消息性质（NEGATIVE），当重述调低之前年度盈余时，取值为1，否则为0。

重述幅度（MAGNITUDE），以被重述盈余占被重述年度总资产比例的绝对值表示。

重述涉及年份数（PERIODS），一份重述报告可能修正多个年度盈余，以PERIODS表示宣告中所涉及的会计年度数。

重述涉及会计事项数（NUM），前期年报可能存在多处错误，涉及多个会计问题，如既涉及收入确认、成本计提问题，又涉及投资收益问题等，以NUM衡量重述报告中涉及的会计问题的数量。

造假或违规（IRREGULAR），当被重述的年报涉及造假或违规事项时，取值为1，反之为0。以下条件满足其一我们会认定为违规：重述公告的内容中存在“舞弊”“虚构”“欺诈”等字眼；监管机构如财政部、证监会、审计署、税务机关等认为公司会计信息披露不实或会计业务处理不当，要求公司更正会计差错或实施一定的处罚措施。

核心重述（CORE），当重述事项涉及收入、成本费用等核心业务时，取值为1，反之为0。

除了上述指标，我们还设计了一个综合指标反映重述的整体重大性程度（MATERIA），当重述幅度≥5%时，MAGNITUDE取值为1，反之为0；当重述调低之前年度盈余时，NEGATIVE取值为1，反之为0；当重述涉及2个或以上年度时，PERIODS取值为1，反之为0；当重述涉及2个或以上会计事项，NUM取值为1，反之为0；当重述涉及造假或违规时，IRREGULAR取值为1，反之为0；当重述涉及核心事项时，CORE取值为1，反之为0；上述指标值相加所得的总和为MATERIA。

4.2.4 控制变量的选取和测量

研究董事会治理对年报盈余重述及重述披露方式选择的影响时，需要对其他影响因素进行控制。控制变量的选取依据已有文献的分析，并结合本书的研究特点选择。

盈余重述的发生及披露选择，除了受到董事会治理的影响外，还受到其他治理变量与公司特征变量的影响。

1. 其他治理变量

在减少和阻止盈余误述的发生上，公司治理发挥着重要的监管作用。除了董事会以外，其他治理特征对盈余误述有着较大的影响。我国上市公司所有权集中度较高，许多公司为国有性质，易导致信息不对称，影响管理层的会计选择（Chen, Firth and Gao et al., 2006）。于鹏（2007）认为，国有股权对管理层的制约效果差，盈余误述的可能性更高。张俊瑞和马晨（2011）的研究发现，国有股比例高的公司代理问题严重，降低了信息的可信赖度，重述概率高。借鉴以上学者的研究，我们选择股东性质作为控制变量，以控股股东是否国有（STATE）衡量股东的性质。

外部审计师负责公司财务年报的审核，能够有效阻止盈余误述，对审计质量有着直接的影响。已有研究表明，知名会计师事务所提供的审计服务更好，审计的公司较少有内控缺陷，财务披露质量更高，小事务所审计后的年报发生重述的概率是大会计事务所的6倍（Turner and Weirich, 2006）。以往的研究多用是否四大国际会计事务所审计来反映审计质量，考虑到我国的实际，我们选择中注协发布的《会计师事务所综合评价前百家信息》中连续多年排名前十名的会计师事务所（BIG10）作为控制变量，认为这十大会计师事务所代表了较高的审计质量，能有效阻止盈余误述的发生。当公司外部审计师为十大会计师事务所时，取值为1，否则为0。

盈余误述与误述的修正和披露是盈余重述的两个不同阶段，影响盈余误述发生的治理变量同样影响误述的修正，假设股东性质为国有（STATE）的公司倾向于隐晦披露，修正盈余误述的概率低，外部审计师为前十大会计师事务所的公司（BIG10）有利于盈余误述的修正与披露，有利于公司以重大事项临时公告的方式披露重述。

2. 公司特征

已有研究发现，公司基本特征因素会影响年报重述的发生，财务重述公司普遍规模较小、盈利能力较差、负债率较高、成长性较好（Kinney and McDaniel，1989；Ahmed and Goodwin，2007）。这主要是因为财务重述通常发生在公司财务状况不佳，资产运营效率较低，流动性差的时期，而高成长性公司为了筹集所需资金，负债水平较高，容易采取激进的会计政策。因此，为了研究盈余重述的发生，我们控制了以下基本的公司特征变量：

公司规模（$\ln A_{t-1}$），以公司期初总资产的自然对数来衡量。

盈利能力（*ROA*），以资产收益率衡量。

公司负债水平（LEV_{t-1}），以滞后一期的资产负债率衡量。

成长状况（*GROW*），以营业收入的增长率衡量。

行业（*IND*），考虑到不同行业的公司盈余误述可能存在差异，我们设置了行业虚拟变量，当上市公司属于某行业时，该行业虚拟变量取值为1，否则为0。

年度（*YEAR*），考虑到误述样本横跨1999—2009的11年，其间会计准则经历了几次修订，信息披露制度也经历了较大的发展，尤其是2007年实施的新会计准则，正式提出“追溯重述”概念，建立了财务重述制度，本书增加了年度虚拟变量YEAR，以控制年份对财务报告披露的影响。以1999年为基准，当样本观测值属于某个年度时，该年度虚拟变量取值为1，否则为0。此外，研究盈余重述披露方式选择时，由于2003年发布的财务信息更正披露规定才要求公司以重大事项临时公告的方式披露重述，我们的样本区间选择2004—2010年，以2004年为基准，当样本观测值属于某个年度时，该年度虚拟变量取值为1，否则为0。

4.3　假设检验方法和模型构建

4.3.1　假设检验方法

本书主要采用以下假设检验方法来检验前文提出的各项研究假设：

（1）描述性统计分析。

描述性统计是用数学语言表述样本的特征或样本各变量间关联的特征，用来概括和解释样本数据（李怀祖，2004）。通过对董事会特征、盈余重述、盈余重述披露方式相关研究变量的描述，可以直观发现存在的问题，对变量关系有最初的描述和解释。

（2）相关性分析。

相关性分析可以直接考察两个变量之间的相关关系紧密程度。本研究的主要目的就是揭示董事会治理对年报盈余重述及重述披露方式选择的影响，为了能更准确描述研究变量间的线性相关关系，需要通过相关性分析计算相关系数，直观反映变量间的相关程度。相关性分析同时可以与回归分析结果相互验证，增强结论的可靠性。

（3）均值T检验。

均值T检验可以检验两组样本之间的变量均值是否存在差异。同时，该方法也可与多元回归分析结果进行相互验证。

（4）回归分析。

本书主要采用二元probit回归分析和logistic回归分析方法验证研究假设是否成立。二元probit分析用于检验假设1—5，验证因变量部分可观察的两阶段模型。logistic回归分析方法可以检验因变量与多个随机变量间的线性关系。如前所述，影响盈余重述的因素是多方面的，仅考虑本书的研究变量是不充分的，需要对其他影响因素加以控制，以确保研究结论的可靠性。

4.3.2 模型构建

在测度董事会治理、盈余重述发生、盈余重述披露方式选择、盈余重述重大性水平和控制变量的基础上，本研究借鉴已有文献的研究，构建了多个回归模型，采取二元probit回归分析和logistic回归分析方法检验相关假设是否成立。

1. 董事会治理与盈余重述

如式（4.1）所示，我们将盈余重述的发生分为两个阶段：盈余误述、盈余误述的修正与披露，运用两阶段连续的部分可观测probit模型进行研究。

（1）董事会治理与盈余重述。

（a）董事会治理与年报盈余误述。

检验董事会治理对年报盈余误述发生的影响时(假设1、假设2、假设4),本研究采用模型式(4.2)来完成。模型中,$P(M_{it})$表示盈余误述发生的可能性,变量*LOSS*、*SEO*表示盈余误述的动机,即避免连续亏损(*LOSS*)和股票增发(*SEO*)。

如式(3.2)所示,$P(M_{it})=P(X_{it}\alpha+\xi_{it}>0)$,于是:

$$P(M_{it})=P(\alpha_0+\alpha_1 BOARD_{it}/BG_{it}+\alpha_2 LOSS_{it}+\alpha_3 SEO_{it}+\alpha_4 STATE_{it}+\alpha_5 BIG10_{it}+\alpha_6 \ln A_{it-1}+\alpha_7 ROA_{it}+\alpha_8 LEV_{it-1}+\alpha_9 GROW_{it}+\sum_{j=1}^{12}\alpha_{(9+j)} IND+\sum_{k=1}^{11}\alpha_{(21+k)} YEAR+\varepsilon_{it}) \tag{4.2}$$

模型式(4.2)中,符号α表示回归系数,ε表示误差项,i表示公司,t表示盈余误述期间。*BOARD*为衡量董事会治理的具体变量,我们从董事会规模(*BSIZE*)、审计委员会设立(*AC*)、独立董事比例(*INDEP*)、独立董事财务专家(*EXPERT*)、董事会两职分离程度(*CHAIR*)、董事会年会议次数(*MEET*)、董事平均兼职家数(*BUSY*)七个方面来衡量。*BG*为衡量董事会整体治理水平的变量。

(b) 董事会治理与盈余误述的修正和披露。

在前期年报存在盈余误述前提下,检验董事会治理对盈余误述修正披露决策的影响时(假设3、假设5),本研究采用模型式(4.3)来完成。模型中,$P(F_{it+n}/M_{it})$表示t年度盈余误述在$(t+n)$年度被发现、修正和披露的可能性,变量*NOA*衡量重述宣告前盈余误述的水平。

式(3.3)表明,$P(F_{it+n}/M_{it})=P(Z_{it+n}\beta+\varphi_{it+n}>0)$,于是:

$$P(F_{it+n}/M_{it})=P(\beta_0+\beta_1 BOARD_{it+n}/BG_{it+n}+\beta_2 NOA_{it+n-1}+\beta_3 STATE_{it+n}+\beta_4 BIG10_{it+n}+\beta_5 LOSS_{it}+\beta_6 SEO_{it}+\sum_{j=1}^{12}\beta_{(6+j)} IND+\sum_{k=1}^{7}\beta_{(18+k)} YEAR+\varphi_{it+n}) \tag{4.3}$$

模型式(4.3)中,符号β表示回归系数,φ表示误差项,i表示公司,t表示误述期间,$(t+n)$表示盈余重述期间,$n>0$,表示盈余误述与重述期间间隔的年数。

在计算最终的重述概率时,用式(4.1)来完成:

$$P(RES_{it+n})=P(M_{it})*P(F_{it+n}/M_{it})$$

(2) 大股东影响、董事会治理与盈余重述。

考虑大股东对董事会治理效果的影响时,由于模型过于复杂会导致计算结果收敛性较差，我们采取了传统的一阶 logistic 模型，考察了董事会治理在阻止盈余重述发生时的作用。

$$\begin{aligned}\text{Prob}(RES_{it+n}=1)=&\alpha_0+\alpha_1 BG_{it}+\alpha_2 POWER_{it}+\alpha_3 BG_{it}\times POWER_{it}+\alpha_4 LOSS_{it}\\&+\alpha_5 SEO_{it}+\alpha_6 NOA_{it+n-1}+\alpha_7 STATE_{it}+\alpha_8 BIG10_{it}\\&+\alpha_9\ln A_{it-1}+\alpha_{10}ROA_{it}+\alpha_{11}LEV_{it-1}+\alpha_{12}GROW_{it}\\&+\sum_{j=1}^{12}\alpha_{(12+j)}IND+\sum_{k=1}^{11}\alpha_{(24+k)}YEAR+\varepsilon_{it}\end{aligned}\tag{4.4}$$

模型式(4.4)中，符号 RES_{it+n} 衡量 i 公司 t 年财务报告盈余在 $(t+n)$ 年是否被重述，*POWER* 为衡量大股东权力的变量，从提名委员会设立（*NC*）、股权制衡度（*BAL*）两个方面度量。其他同上。

(3) 董事会治理的变化与盈余重述的发生。

重述的发生需要跨越误述期与重述期两个前后不同的时期，其间董事会治理特征会发生较大的变化，本部分将验证是否董事会治理的变化导致了盈余重述的披露，即研究盈余重述是否归因于公司治理状况尤其是董事会治理的改善。本研究采用模型式(4.5)来完成。

$$\begin{aligned}\text{Prob}(RES_{it+n}=1)=&\beta_0+\beta_1\Delta BOARD_{it+n}/\Delta BG_{it+n}+\beta_2 LOSS_{it}+\beta_3 SEO_{it}\\&+\beta_4 NOA_{it+n-1}+\beta_5\Delta POWER_{it+n}+\beta_6\Delta STATE_{it+n}\\&+\beta_7\Delta BIG10_{it+n}+\beta_8\ln A_{it-1}+\beta_9 ROA_{it}+\beta_{10}LEV_{it-1}\\&+\beta_{11}GROW_{it}+\sum_{j=1}^{12}\beta_{(11+j)}IND+\sum_{k=1}^{11}\beta_{(23+k)}YEAR\\&+\varphi_{it+n}\end{aligned}\tag{4.5}$$

模型式(4.5)中，i 表示公司，t 表示误述期间，$(t+n)$ 表示盈余重述期间，$n>0$，表示盈余误述与重述期间间隔的年数。符号 RES_{it+n} 衡量 i 公司 t 年财务报告盈余在 $(t+n)$ 年是否被重述，β 表示回归系数，φ 表示误差项。$\Delta BOARD$ 表示盈余误述期到重述期间董事会治理的变化，用董事会规模变化（$\Delta BSIZE$）、审计委员会设立与否的变化（ΔAC）、独立董事比例的变化（$\Delta INDEP$）、独立董事财务专家存在与否的变化（$\Delta EXPERT$）、公司领导权分离与否的变化（$\Delta CHAIR$）、董事会年会议次数的变化（$\Delta MEET$）、董事平均兼职家数变化（$\Delta BUSY$）七个方面衡量；ΔBG 为衡量董事会整体治理水平变化的变量；$\Delta STATE$ 表示误述期到重述期间控股股东性质的变化；$\Delta BIG10$ 表示误述期到重述期间外部审计师是否十大的变化；$\Delta POWER$ 为衡量大股东权力或影响变化的变量。

2. 董事会治理与盈余重述披露方式关系的验证

(1) 盈余重述重大性水平与重述披露方式选择。

前期年报盈余误述的重大程度直接影响着公司重述披露方式的选择，为了降低重述宣告引起的经济后果，管理层倾向于隐晦披露重大程度高的盈余重述。验证重述重大性水平与重述披露方式选择的关系时，本研究采用模型式(4.6)来进行。

$$\begin{aligned}\mathrm{Prob}(RESD_{it}=1)=&\beta_0+\beta_1 MAGNITUDE_{it}+\beta_2 NEGATIVE_{it}+\beta_3 PERIODS_{it}\\&+\beta_4 NUM_{it}+\beta_5 IRREGULAR_{it}+\beta_6 CORE_{it}+\beta_7 \ln A_{it-1}\\&+\beta_8 ROA_{it}+\beta_9 LEV_{it-1}+\beta_{10} GROW_{it}+\sum_{j=1}^{12}\beta_{(10+j)} IND\\&+\sum_{k=1}^{7}\beta_{(22+k)} YEAR+\varphi_{it}\end{aligned}\tag{4.6}$$

模型式(4.6)中，i 表示公司，t 表示盈余重述期间，符号 $RESD_{it}$ 衡量 i 公司 t 年度是否以临时公告形式披露盈余重述，β 表示回归系数，φ 表示误差项。变量 $\ln A$、*ROA*、*LEV*、*GROW* 以及 *IND*、*YEAR* 为控制变量。

(2) 董事会治理、盈余重述重大程度与重述披露方式选择。

检验董事会治理对盈余重述披露方式选择的影响及董事会治理是否有助于改善重大性水平对盈余重述披露方式选择的影响关系时，本研究用模型式(4.7)来完成。

模型式(4.7)中，i 表示公司，t 表示盈余重述期间，符号 $RESD_{it}$ 衡量 i 公司 t 年度是否以临时公告形式披露盈余重述，β 表示回归系数，φ 表示误差项。变量 *MATERIA* 为反映盈余重述整体重大性程度的综合指标；*BOARD* 为衡量董事会治理的变量。模型中的交叉项衡量董事会具体治理特征是否有助于改善重大性水平对盈余重述披露方式选择的影响。

$$\begin{aligned}\mathrm{Prob}(RESD_{it}=1)=&\beta_0+\beta_1 MATERIA_{it}+\beta_2 BOARD_{it}/BG_{it}\times MATERIA_{it}\\&+\beta_3 POWER_{it}+\beta_4 STATE_{it}+\beta_5 BIG10_{it}+\beta_6 \ln A_{it-1}\\&+\beta_7 ROA_{it}+\beta_8 LEV_{it-1}+\beta_9 GROW_{it}+\sum_{j=1}^{12}\beta_{(9+j)} IND\\&+\sum_{k=1}^{7}\beta_{(21+k)} YEAR+\varphi_{it}\end{aligned}\tag{4.7}$$

4.4 本章小结

本章对董事会治理与盈余重述发生、盈余重述披露方式选择间关系的实证研究进行了详细设计，以检验第 3 章所提的各项假设。本章首先详细说明了研究对象的样本选取、数据来源和收集过程；其次，在借鉴和参考以往学者研究成果的基础上，细致介绍了董事会治理、盈余重述、盈余重述披露方式以及控制变量的选取和测度方法；最后，说明了相关假设所运用的实证检验方法，构建了假设检验模型。表 4.3 汇总了研究中主要变量的类型、名称、标识、定义或计算过程：

表 4.3 变量说明表

变量类型	变量名称	变量标识	定义或计算公式
董事会治理	董事会治理	*BOARD*	董事会治理
	董事会构成	*BSIZE*	董事会成员总人数
		AC	设立审计委员会取值为 1，否则为 0
	董事会独立性	*INDEP*	独立董事人数/董事会总人数
		EXPERT	独立董事成员有 1 名以上财务专家时，取值为 1，否则为 0
		CHAIR	董事长与总经理两职分离取值为 1，否则为 0
	董事会活动水平	*MEET*	董事会年开会次数
		BUSY	董事平均兼职家数
	董事会治理综合指标	*BG*	当董事会规模、董事兼职家数各小于样本中位数时，*BSIZE*、*BUSY* 分别取值为 1；董事会年会议次数、独立董事比例各大于样本中位数时，*MEET*、*INDEP* 分别取值 1；*EXPERT*、*AC*、*CEOCHAIR* 定义同上；*BG* 为以上 7 个变量值相加的和。
盈余重述	盈余重述	*RES*	披露前期盈余差错更正信息时，取值 1，否则为 0
	重述消息性质	RES^+	高报盈余的重述
	重述消息性质	RES^-	低报盈余的重述
	非重述公司	*NO-RES*	控制样本，非重述公司
盈余重述动机	避亏	*LOSS*	上一年净利润为负时，取值为 1，否则为 0
	股票增发	*SEO*	下一年度进行股票增发时，取值为 1，否则为 0
	降低资产负债表膨胀度	NOA_{t-1}	年初净经营资产/收入

续表

变量类型	变量名称	变量标识	定义或计算公式
盈余重述重大性水平	重述幅度	*MAGNITUDE*	被重述盈余占被重述年度总资产比例的绝对值 被重述盈余 = 重述后净利润 − 重述前净利润
	消息性质	*NEGATIVE*	重述调整之前年度盈余时，取值为 1，否则为 0
	涉及年份	*PERIODS*	重述宣告中涉及的会计年份数
	会计事项数	*NUM*	重述宣告中涉及的会计问题的数量
	造假或违规	*IRREGULAR*	当被重述年报涉及造假或违规时，取值为 1，否则为 0
	核心重述	*CORE*	重述涉及收入、成本等核心业务时，取值 1，否则为 0
	整体重大性程度	*MATERIA*	当重述幅度≥5%，或调低之前年度盈余，或涉及 2 个及以上年度，或涉及 2 个及以上会计事项，或涉及造假、违规，或涉及核心事项时，取值为 1，否则为 0；上述指标值相加所得总和为 *MATERIA*。
盈余重述披露方式	重述披露方式	*RESD*	以重大事项临时公告方式披露的重述取值 1，否则为 0
大股东权力	大股东权力	*POWER*	大股东权力
	提名委员会设立	*NC*	未设立提名委员会取值为 1，否则为 0
	股权制衡度	*BAL*	第一大股东持股比例/第二到第五大股东持股比例和
	股东性质	*STATE*	控股股东为国有性质时取值 1，否则为 0
控制变量	十大会计师事务所	*BIG*10	外部审计师为十大会计师事务所时，取值 1，否则为 0
	公司规模	$\ln A_{t-1}$	ln(期初总资产)
	盈利能力	*ROA*	资产收益率
	负债水平	LEV_{t-1}	上年资产负债率
	成长状况	*GROW*	营业收入增长率
	行业虚拟变量	*IND*	控制行业因素
	年度虚拟变量	*YEAR*	控制年度因素

5 实证检验结果

在前文理论分析和研究假设提出及实证研究设计的基础上，本章运用 SPSS 软件和 STATA 软件，运用描述性统计分析、相关分析和多元线性回归分析等统计方法，从董事会治理与年报盈余重述间的关系、董事会治理与盈余重述披露方式选择间的关系等方面对各项假设进行实证检验。

5.1 董事会治理与年报盈余重述之间关系的验证

本节我们将研究董事会治理对年报盈余重述的影响，探讨盈余重述发生的动机，分析董事会在盈余误述、误述的修正与披露阶段的不同作用，及大股东权力对董事会治理效果的影响，同时研究董事会治理对不同性质重述的影响，比较误述期与重述期两个前后不同的时期董事会治理的变化对盈余重述的影响。

5.1.1 董事会治理与盈余重述的发生

1. 描述性统计与均值 T 检验

(1) 盈余重述原因统计。

研究盈余重述动机时，我们需要研究重述的原因，分析重述涉及的会计问题是否涉及核心业务，是否有造假等违规行为，因此我们首先对盈余重述进行分类，把会计差错更正引起的盈余重述按原因分为 13 类：收入确认问题，指主营业务收入由于确认时间不合适、确认方法不当或确认金额错误引起的重述；不恰当的成本费用处理，指由于少计或多计成本费用、成本费用的摊销、跨期确认问题引起的重述；造假、欺诈；资产减值损失；持股公司调整，指由于子公司、联营公司进行会计调整引起的重述；或有负债、诉讼等不确定事项；补贴收入、资产盘亏处置等影响营业外收支的事项；税款补缴、返还与减免；合并报表范围、内部抵消错误；债务重组、资产置换等复杂交易处理不当；对外投资、股权转让等影响投资收益的事项；非经常性损益项目划分及金额错误；其他或未知。可以看到，盈余重述的原因也是盈余重述的内容。

表 5.1 为盈余重述的具体原因（内容）统计表。可以看到，盈余重述的主要原因是不恰当的成本费用处理和收入确认问题，分别占到了重述原因的 29.05%和 17.71%，与西方国家相同，收入确认和成本费用等核心业务问题引起的重述在我国比较显著。除此以外，对盈余重述影响较大的依次为税款相关、持股公司调整及资产减值损失问题。税收问题是上市公司重述的重要原因，不少公司都存在少计、漏计税款、逃避税收的不规范行为。资产减值损失占到了重述原因的 7%。

表 5.1 盈余重述原因统计表

重述原因（内容）	样本量	比 例
收入确认问题	200	17.71%
不恰当的成本费用处理	328	29.05%
造假	31	2.75%
资产减值损失	79	7.00%
持股公司调整	89	7.88%
或有负债等不确定事项	26	2.30%
补贴收入、资产盘亏处置等影响营业外收支的事项	46	4.07%
税款补缴、返还、减免	155	13.73%
合并报表范围、内部抵消	28	2.48%
债务重组、资产置换等复杂交易引起	29	2.57%
对外投资、股权转让等影响投资收益的事项	61	5.40%
非经营性损益项目划分及金额差错	20	1.77%
其他或未知	37	3.28%
合计	1 129	100.00%

注：一份重述公告可能由多种原因引起，因此重述原因数量大于重述公告数。

（2）董事会治理描述性统计与均值 T 检验。

本部分首先对误述期与重述期的董事会治理相关变量进行了描述性统计，结果如表 5.2、表 5.3 所示。

表 5.2 误述期变量描述性统计与均值 T 检验结果表

变 量	公司类别	最大值	最小值	中位数	标准差	均 值	均值差
BG	1	7.000	0.000	2.000	1.540	2.372	−0.918***
	0	7.000	0.000	3.000	1.292	3.290	(−13.509)
BSIZE	1	19.000	8.000	10.500	2.902	11.360	2.171***
	0	14.000	3.000	9.000	1.879	9.190	(18.507)
AC	1	1.000	0.000	0.000	0.483	0.370	0.006
	0	1.000	0.000	0.000	0.481	0.360	(0.277)
INDEP	1	0.600	0.000	0.333	0.096	0.280	−0.047***
	0	0.667	0.000	0.333	0.090	0.327	(−10.618)
EXPERT	1	1.000	0.000	0.000	0.409	0.210	−0.267***
	0	1.000	0.000	0.000	0.500	0.480	(−12.148)
CHAIR	1	1.000	0.000	1.000	0.493	0.580	−0.285***
	0	1.000	0.000	1.000	0.340	0.870	(−14.010)
MEET	1	31.000	1.000	8.000	3.171	8.280	0.231
	0	25.000	3.000	7.000	3.096	8.050	(1.528)
BUSY	1	16.000	0.000	1.330	2.286	2.280	0.764***
	0	8.140	0.000	1.250	1.099	1.515	(5.878)
LOSS	1	1.000	0.000	0.000	0.426	0.250	0.128***
	0	1.000	0.000	0.000	0.316	0.120	(6.991)
SEO	1	1.000	0.000	0.000	0.150	0.030	−0.011
	0	1.000	0.000	0.000	0.185	0.040	(−1.526)
NC	1	1.000	0.000	1.000	0.449	0.720	0.086***
	0	1.000	0.000	1.000	0.482	0.630	(3.855)
BAL	1	340.909	0.333	2.315	35.771	12.722	7.302***
	0	73.000	0.300	1.894	8.005	5.420	(5.879)
STATE	1	1.000	0.000	1.000	0.473	0.680	0.039
	0	1.000	0.000	1.000	0.479	0.640	(0.875)
*BIG*10	1	1.000	0.000	0.000	0.352	0.140	−0.065***
	0	1.000	0.000	0.000	0.398	0.210	(−2.936)
$\ln A_{t-1}$	1	25.213	14.480	21.023	1.002	21.078	−0.020
	0	25.410	18.543	21.035	0.903	21.098	(−0.664)
ROA	1	1.007	−1.820	0.015	0.175	−0.014	−0.037***
	0	1.756	−0.962	0.028	0.110	0.021	(−5.166)
LEV_{t-1}	1	82.560	0.141	0.570	4.947	1.399	0.914***
	0	1.677	0.025	0.482	0.207	0.485	(5.458)
GROW	1	1 664.553	−0.999	0.110	57.289	2.413	2.166
	0	20.708	−1.034	0.127	1.049	0.247	(1.109)

注：公司类别 1 表示重述公司，0 表示非重述公司；均值差表示重述样本与非重述样本均值之差，该列括号内为 t 值；*、**、*** 分别表示双尾检验在 10%、5%和 1%水平上显著。

表 5.2 为重述与非重述公司误述期相关变量的描述性统计分析表。从衡量董事会整体治理水平的变量(*BG*)来看,重述公司的董事会治理水平显著低于非重述公司,均值差为－0.918(*t* 值为－13.509),表明好的董事会治理有利于阻止盈余误述的发生。具体来说,从董事会构成来看,重述公司误述期董事会规模(*BSIZE*)显著高于控制样本,均值分别为 11.360 和 9.190,均值差为 2.171,在 1%的水平上显著,表明较大的董事会规模难以有效阻止盈余误述的发生;两类样本的审计委员会设立(*AC*)情况不存在显著差异。从董事会独立性来看,独立董事比例(*INDEP*)和独立董事财务专家(*EXPERT*)两类公司的均值差分别为－0.047(*t* 值为－10.618)和－0.267(*t* 值为－12.148),且在 1%的水平上显著,表明误述期重述公司董事会独立性弱于非重述公司,较少有财务专家;从两职分离状态(*CHAIR*)来看,重述公司均值为 0.580,显著低于非重述公司对应的均值 0.870,均值差为－0.285,表明两职合一的董事会不利于阻止盈余重述。从董事会活动水平来看,两类样本的董事会年会议次数(*MEET*)不存在显著差异;重述公司董事平均兼职家数(*BUSY*)为 2.280,高于非重述公司对应的均值 1.515,均值差为 0.764,在 1%的水平上显著,说明董事兼职家数过多不利于其监督职能的发挥,无法有效阻止重述。从盈余误述的动机来看,重述公司的避亏变量(*LOSS*)显著高于控制样本,二者的均值分别为 0.250 和 0.120,均值差为 0.128(*t* 值为 6.991),表明盈余误述的重要动机是避免连续亏损,从而在资本市场生存;两类公司的股票增发(*SEO*)变量不存在差异,表明盈余重述的动机并非为了融资。从大股东权力对董事会治理的影响来看,误述期重述公司提名委员会的设立变量(*NC*)均值显著高于非重述公司,均值差为 0.086(*t* 值为 3.855),说明未设立提名委员会的公司受到大股东的影响较大,更易误述年报盈余;重述公司股权制衡变量(*BAL*)均值为 12.722,显著高于非重述公司对应的均值 5.420,说明股权缺乏制衡的公司易受到大股东权力干涉,更易发生盈余误述。控制变量中,其他治理变量中,重述公司十大会计师事务所变量(*BIG*10)均值显著低于非重述公司,表明外部审计师为十大会计师事务所能有效阻止盈余误述的发生。公司特征变量的结果表明,误述期重述公司的盈利能力(*ROA*)较差,负债水平(*LEV*)较高。

表 5.3 为重述与非重述公司重述期相关变量的描述性统计分析表。从衡量董事会整体治理水平的变量(*BG*)来看,重述公司的董事会治理水平显著高于非重述公司,均值差为 0.976(*t* 值为 15.740),表明好的董事会治理有利于盈余误述的修

表 5.3　重述期变量描述性统计与均值 *T* 检验结果表

变量	公司类别	最大值	最小值	中位数数	标准差	均值	均值差
BG	1	7.000	1.000	4.000	1.267	4.182	0.976***
	0	7.000	0.000	3.000	1.312	3.202	(15.740)
BSIZE	1	19.000	4.000	9.000	1.946	9.310	0.051
	0	18.000	4.000	9.000	1.867	9.260	(0.549)
AC	1	1.000	0.000	1.000	0.483	0.630	0.015
	0	1.000	0.000	1.000	0.487	0.610	(0.642)
INDEP	1	0.625	0.111	0.364	0.052	0.375	0.027***
	0	0.600	0.000	0.333	0.061	0.348	(9.880)
EXPERT	1	1.000	0.000	1.000	0.480	0.640	0.213***
	0	1.000	0.000	0.000	0.495	0.430	(9.110)
CHAIR	1	1.000	0.000	1.000	0.340	0.870	0.010
	0	1.000	0.000	1.000	0.351	0.860	(0.628)
MEET	1	33.000	1.000	8.000	3.582	8.890	0.592***
	0	30.000	3.000	8.000	3.364	8.300	(3.548)
BUSY	1	6.000	0.000	1.000	0.833	1.360	−0.194***
	0	9.333	0.000	1.250	1.133	1.552	(−3.755)
NOA_{t-1}	1	312.648	−10.766	1.085	26.478	3.987	2.716***
	0	11.987	−56.594	1.015	2.575	1.271	(2.942)
STATE	1	1.000	0.000	1.000	0.500	0.520	−0.021
	0	1.000	0.000	1.000	0.498	0.540	(−1.035)
*BIG*10	1	1.000	0.000	0.000	0.400	0.201	−0.049**
	0	1.000	0.000	0.000	0.432	0.251	(−2.426)

注：公司类别 1 表示重述公司，0 表示非重述公司；均值差表示重述样本与非重述样本均值之差，该列括号内为 *t* 值；*、**、*** 分别表示双尾检验在 10%、5%和 1%水平上显著。

正。具体来看，从董事会构成来看，两类样本的董事会规模（*BSIZE*）、审计委员会设立（*AC*）情况不存在显著差异。从董事会独立性来看，独立董事比例（*INDEP*）和独立董事财务专家（*EXPERT*）变量两类公司的均值差分别为 0.027 和 0.213，且在 1%的水平上显著，表明重述期重述公司董事会独立性高于非重述公司，独立董事中有较多的财务专家；两职分离状态（*CHAIR*）不存在显著差异。从董事会活动水平来看，重述公司重述期董事会年会议次数（*MEET*）显著高于控制样本，均值分别为 8.890 和 8.300，均值差为 0.592，在 1%的水平上显著，表明董事会年会议次数多有利于盈余重述的披露；重述公司董事平均兼职家数（*BUSY*）为 1.360，低于非重述公司对应的均值 1.552，均值差为 −0.194，在 1%的水平上显著，说明董事兼职家数少有利于其监督职能的发挥。从盈余误述的动机来看，重述公司的期初净经营资产

(*NOA*)显著高于控制样本,二者的均值分别为 3.987 和 1.271,均值差为 2.716(*t* 值为 2.942),表明盈余重述的重要动机是降低资产负债表膨胀水平,提高公司未来期间的盈余增长能力,扩大以后期间的盈余管理空间。其他治理变量中,重述公司十大会计师事务所变量(*BIG*10)均值显著低于非重述公司,表明外部审计师为十大会计师事务所的公司较少重述。

综合表 5.2、表 5.3 来看,董事会规模(*BSIZE*)均值在 9—11 人,最大的公司董事人数可以达到 19 人,最少的只有 3 人。从董事会年会议次数(*MEET*)来看,上市公司董事会年会议次数平均为 8—9 次,最勤勉的董事会一年可以开会 33 次,而最懒惰的董事会一年只开一次会。从董事的繁忙程度(*BUSY*)来看,董事的平均兼职家数为 1—2 家,最多的可以身兼 16 家公司的董事。比较表 5.2、表 5.3 可以看出,从误述期到重述期,重述公司董事会规模(*BSIZE*)有所下降,董事会独立性(*INDEP*)提高且独立董事财务专家(*EXPERT*)比例得到了提高,年会议次数(*MEET*)增多,董事的兼职家数(*BUSY*)减少,公司治理得到了较大改善。

2. 相关性分析

表 5.4、表 5.5 分别为误述期与重述期相关变量关系的 Pearson 相关性分析检验表。从表 5.4 可以看出,误述期董事会整体治理水平(*BG*)与重述(*RES*)的发生呈显著负相关关系,相关系数为 −0.308,且在 1%的水平上显著,说明董事会治理水平越低,公司越易误述年报盈余。具体来看,董事会规模(*BSIZE*)、董事兼职家数(*BUSY*)与重述(*RES*)的发生呈显著正相关关系,相关系数分别为 0.406 和 0.208,且在 1%的水平上显著。表示董事会独立性的变量独立董事比例(*INDEP*)、独立董事财务专家(*EXPERT*)、领导权两职分离(*CHAIR*)与重述(*RES*)的发生呈负相关关系,相关系数分别为 −0.247、−0.281 和 −0.318,均在 1%的水平上显著。此外,*BG* 为反映重述整体重大性程度的综合指标,由各具体指标值相加而来,因此该变量与衡量董事会构成、独立性和活动水平的 7 个具体变量相关性较强。误述动机变量中,避亏变量(*LOSS*)与重述(*RES*)显著正相关,相关系数为 0.165,表明年报误述的重要动机是避免连续亏损,以防止被证监会特别处理或退市;表明股票增发(*SEO*)变量与重述相关关系不显著。大股东权力变量中,提名委员会是否设立(*NC*)与重述显著正相关,表明未设立提名委员会的公司易发生重述;股权制衡变量(*BAL*)与重述显著正相关,相关系数为 0.140,说明股权缺乏制衡的公司更易发生盈余重述。控制变量中,十大会计师事务所(*BIG*10)重述(*RES*)的发生呈显著负

表 5.4 误述期变量 Pearson 相关性检验表

	RES	*BG*	*BSIZE*	*AC*	*INDEP*	*EXPERT*	*CHAIR*	*MEET*	*BUSY*	*LOSS*	*SEO*	*NC*	*BAL*	*STATE*	*BIG*10	$\ln A_{t-1}$	*ROA*	LEV_{t-1}	*GROW*
RES	1.000																		
BG	−0.308***	1.000																	
BSIZE	0.406***	−0.337***	1.000																
AC	0.007	0.583***	−0.046*	1.000															
INDEP	−0.247***	0.507***	−0.329***	0.213***	1.000														
EXPERT	−0.281***	0.494***	−0.090***	0.096***	0.155***	1.000													
CHAIR	−0.318***	0.543***	−0.223***	0.176***	0.198***	0.220***	1.000												
MEET	0.037	0.327***	0.012	0.168***	0.096***	−0.048**	−0.002	1.000											
BUSY	0.208***	−0.281***	0.076**	0.029	−0.076**	−0.116***	−0.046	0.065*	1.000										
LOSS	0.165***	−0.010	0.041*	−0.004	−0.054**	−0.056**	−0.034	0.045*	0.077**	1.000									
SEO	−0.037	0.085***	0.000	0.080***	0.064***	−0.005	0.084***	0.082***	0.004	−0.044	1.000								
NC	0.092***	−0.182***	0.064***	−0.744***	−0.211***	−0.078***	−0.125***	−0.179***	0.034	0.021	−0.076***	1.000							
BAL	0.140***	−0.166***	0.100***	−0.041*	−0.147***	−0.078***	−0.116***	−0.043*	0.087**	−0.026	−0.018	0.045*	1.000						
STATE	0.020	−0.125***	0.048**	−0.016	−0.090***	−0.046*	0.002	−0.093***	0.068*	−0.068***	−0.009	0.007	0.147***	1.000					
*BIG*10	−0.070***	0.097***	−0.016	0.087***	0.085***	−0.010	0.068***	0.008	0.091**	−0.032	0.012	−0.071***	−0.012	0.016	1.000				
$\ln A_{t-1}$	−0.016	0.093***	0.004	0.074***	0.104***	0.011	0.096***	0.036	−0.006	−0.157***	0.049**	−0.085***	0.016	0.192***	0.152***	1.000			
ROA	−0.122***	−0.010	0.001	0.009	−0.012	0.027	0.031	0.008	0.001	−0.272***	0.054**	−0.036	0.006	0.091***	0.042*	0.066***	1.000		
LEV_{t-1}	0.129***	−0.032	0.053**	0.004	−0.042*	−0.055**	−0.022	0.033	0.048	0.075***	−0.019	0.003	−0.006	−0.029	−0.009	−0.180***	−0.015	1.000	
GROW	0.027	−0.001	0.046*	−0.021	0.003	−0.020	0.009	0.015	−0.019	0.054**	−0.004	0.019	−0.007	−0.035	0.051**	−0.031	0.005	0.000	1.000

注：*、**、*** 分别表示双尾检验在 10%、5%和 1%水平上显著。

表 5.5　重述期变量 Pearson 相关性检验表

	RES	*BG*	*BSIZE*	*AC*	*INDEP*	*EXPERT*	*CHAIR*	*MEET*	*BUSY*	NOA_{t-1}	*STATE*	*BIG*10
RES	1.000											
BG	0.355***	1.000										
BSIZE	0.013	−0.249***	1.000									
AC	0.015	0.463***	−0.010	1.000								
INDEP	0.230***	0.392***	−0.276***	0.125***	1.000							
EXPERT	0.214***	0.399***	−0.015	0.031	0.045*	1.000						
CHAIR	0.015	0.220***	0.079***	−0.006	−0.014	−0.041*	1.000					
MEET	0.085***	0.364***	−0.059**	0.147***	0.113***	0.000	0.014	1.000				
BUSY	−0.097***	−0.242***	0.023	0.050***	−0.017	−0.031	−0.012	0.088***	1.000			
NOA_{t-1}	0.072***	0.034	−0.018	0.010	0.056**	0.000	−0.038	−0.042	−0.033	1.000		
STATE	−0.025	−0.156***	0.177***	−0.087***	−0.074***	−0.086***	0.093***	−0.088***	0.026	−0.045*	1.000	
*BIG*10	−0.058**	0.029	0.084***	0.090***	−0.005	−0.018	0.018	0.046*	0.078***	−0.016	−0.008	1.000

注：*、**、*** 分别表示双尾检验在 10%、5%和 1%水平上显著。

相关关系,相关系数为－0.070。公司特征变量中资产收益率(*ROA*)与资产负债率(*LEV*)与重述(*RES*)的相关系数分别为－0.122 和 0.129,均在 1%的水平上显著,表明发生年报误述的公司资产收益率较差,资产负债率较高。此外,表 5.4 所涉及的模型自变量之间相关系数普遍较小,相关系数绝对值大多不超过 0.3,表明模型式(4.4)各变量之间基本不存在严重的多重共线性问题。

从表 5.5 来看,重述期董事会整体治理水平(*BG*)重述(*RES*)的发生呈显著正相关关系,相关系数为 0.355,且在 1%的水平上显著,说明董事会治理水平越高,公司越易修正前期年报盈余误述。具体来看,重述期董事会开会次数(*MEET*)、独立董事比例(*INDEP*)、独立董事财务专家(*EXPERT*)与重述(*RES*)的披露呈显著正相关关系,相关系数分别为 0.085、0.230 和 0.214,且在 1%的水平上显著。董事兼职家数(*BUSY*)与重述(*RES*)的披露呈负相关关系,相关系数分别为－0.097,在 1%的水平上显著。重述披露动机中,净经营资产(NOA_{t-1})与重述(*RES*)显著正相关,相关系数为 0.072。分析表 5.4、表 5.5 可以看出,重述的发生不仅与误述期董事会治理相关,而且与重述期董事会治理有着较强的相关关系,因此传统方法仅分析董事会治理在阻止盈余误述发生时的作用是不够的。

3. 董事会治理与盈余重述关系的回归分析

(1) 不考虑大股东影响时,董事会治理与盈余重述关系的回归分析。

表 5.6 描述了董事会治理与盈余重述关系的回归分析结果,根据模型式(4.2)、式(4.3)来完成,依次反映了因变量为盈余误述(*P*(*M*))及盈余误述的修正和披露(*P*(*F*/*M*))的回归分析结果。盈余误述的发生不同于最终观察到的被发现的误述,许多误报了盈余的公司由于没有重述年报而没有被发现,因此识别问题使得普通的逻辑回归模型解释力度不够。由于盈余误述的发生及其误述的修正与披露都是无法观察到的,我们能得到的重述样本是两个过程共同作用的结果,所以我们运用部分可观察的两阶段二元 probit 模型来验证假设,利用 STATA 软件完成实证检验。

表 5.6 检验了盈余误述的动机,可以看到,衡量盈余误述动机的避亏变量(*LOSS*)通过了显著性检验,回归系数为 0.287,表明上市公司误述盈余是为了避免亏损以在资本市场生存,防止被证监会特别处理或退市,假设 1 得到验证;股票增发(*SEO*)变量回归系数为－0.482,在 10%的水平上显著,但系数符号与预期假设相反,说明公司误述年报盈余并非出于融资动机,假设 2 没有得到验证。表 5.6 的第

表 5.6 两阶段二元 probit 回归结果(假设 1—5)

变 量	P(M)			P(F/M)		
	预期符号	相关系数	p 值	预期符号	相关系数	p 值
常数项	?	−0.698	−0.490	?	−25.094***	−2.660
BSIZE	+	0.222***	6.910	−	0.836**	2.490
AC	−	0.009	1.000	+	3.267***	3.110
INDEP	−	−9.077***	−6.350	+	33.676***	3.140
EXPERT	−	−0.202*	−1.770	+	2.035***	4.490
CHAIR	−	0.276	1.600	+	−3.178***	−2.720
MEET	−	0.011	0.620	+	0.783**	2.200
BUSY	+	0.179***	4.150	−	0.719	1.320
LOSS	+	0.287*	1.680	+	4.581***	3.320
SEO	+	−0.482*	−1.650	+	−0.553*	−1.660
NOA_{t-1}				+	0.082*	1.860
STATE	+	0.134	1.080	−	0.891	1.570
*BIG*10	−	−0.142	0.950	+	−1.237	−1.430
$\ln A_{t-1}$	−	0.025	0.400			
ROA	−	−1.870***	−3.120			
LEV_{t-1}	+	1.082***	4.020			
GROW	+	−0.041*	−1.810			
IND		控制			控制	
YEAR		控制			控制	

注：*、**、*** 分别表示双尾检验在 10%、5%和 1%水平上显著。

2、3、4 列同时给出了董事会治理具体特征与盈余误述可能性(*P*(*M*))之间关系的回归结果。从董事会构成来看，董事会规模(*BSIZE*)回归系数为 0.222，与预期符号相符，且在 1%的水平上显著，对应的 *p* 值为 6.910，表明董事会规模太大，监督效率会降低，难以有效地阻止盈余误述；审计委员会的设立(*AC*)变量没有通过假设检验。从董事会独立性来看，衡量董事会独立性的变量独立董事比例(*INDEP*)与盈余误述的可能性显著负相关，回归系数为−9.077，且在 1%的水平上显著，对应的 *p* 值为−6.350，表明提高独立董事在董事会的比例，能够减少盈余误述的发生；独立董事财务专家(*EXPERT*)回归系数为−0.202，与因变量显著负相关，且与预期假设相符，说明如果独立董事中具有财务专家，则公司年报盈余误述的可能性会降低；公司领导权分离(*CHAIR*)变量没有通过假设检验。从董事会活动水平来看，董事会年会议次数(*MEET*)没有通过显著性检验；表示董事会繁忙度的变量董事兼职家数(*BUSY*)回归系数为 0.179,与盈余误述显著正相关,且在 1%的水平上显著,说明董事兼职家数过多,无法有效地行使监督职能,不能及时阻止盈余误述的发生。

表 5.6 的第 5、6、7 列检验了盈余误述修正和披露的动机,可以看到,衡量盈余重述动机的变量净经营资产(NOA_{t-1})通过了显著性检验,回归系数为 0.082,表明上市公司重述盈余是因为之前年度的盈余管理行为导致资产负债表过度膨胀,修正盈余可以提高公司未来期间的盈余增长能力,扩大以后期间的盈余管理空间,降低资产负债表膨胀水平,假设 3 得到验证。表 5.6 的第 5、6、7 列同时描述了董事会治理与盈余误述修正和披露的可能性($P(F/M)$)的回归结果。从董事会构成来看,董事会规模(*BSIZE*)回归系数为 0.836,在 5%的水平上显著,对应的 p 值为 2.490,回归系数与预期符号相反;审计委员会的设立(*AC*)回归系数为 3.267,且在 1%的水平显著,对应的 p 值为 3.110,表明审计委员会的设立有助于提高年报盈余误述被修正和披露的可能性。衡量董事会独立性的变量独立董事比例(*INDEP*)与盈余误述修正和披露的可能性显著正相关,回归系数为 33.676,且在 1%的水平上显著,对应的 p 值为 3.140,表明提高独立董事在董事会的比例,有利于年报盈余误述的修正和披露;独立董事财务专家(*EXPERT*)回归系数为 2.035,与因变量显著正相关,与预期假设一致,说明在公司之前年报盈余存在误述前提下,独立董事中的财务专家能够及时发现和披露年报盈余误述;公司领导权分离(*CHAIR*)变量回归系数为 −3.178,与预期符号相反。从董事会活动水平来看,董事会年会议次数(*MEET*)与盈余误述可能性显著正相关,回归系数为 0.783,与预期假设相符,表明在公司之前年报盈余存在误述前提下,董事会开会次数增多,能及时发现前期年报的差错,有利于盈余误述的修正与披露;表示董事会繁忙度的变量董事兼职家数(*BUSY*)回归系数不显著。

表 5.7 研究了董事会整体治理水平与盈余重述的关系。可以看到,董事会治理(*BG*)变量与盈余误述($P(M)$)显著负相关,回归系数为 −0.275,说明董事会治理质量越差,公司越易发生盈余误述,假设 4 得到验证;董事会治理(*BG*)变量与盈余误述的修正变量($P(F/M)$)显著正相关,回归系数为 0.621,说明在前期年报存在盈余的前提下,董事会治理质量越高,公司越易修正前期的年报盈余差错,假设 5 得到验证。表 5.7 同时表明,盈余误述的动机是避免亏损以在资本市场生存,并非融资目的;当前期年报存在差错时,重述的重要动机是降低资产负债表膨胀水平,提高公司未来期间的盈余增长能力及以后期间的盈余管理空间。

表 5.7 两阶段二元 probit 回归结果(假设 1—5)

变量	$P(M)$			$P(F/M)$		
	预期符号	相关系数	p 值	预期符号	相关系数	p 值
常数项	?	−2.279***	−2.920	?	1.179*	1.676
BG	−	−0.275***	−11.440	+	0.621***	17.600
$LOSS$	+	0.234***	3.460	+	0.316***	3.100
SEO	+	−0.032	−0.160	+	−1.574***	−6.430
NOA_{t-1}				+	0.037**	2.170
$STATE$	+	0.017	0.280	−	0.429*	1.855
$BIG10$	−	−0.157*	−1.690	+	0.041	0.181
$\ln A_{t-1}$	−	0.117***	3.075			
ROA	−	−1.146***	−3.650			
LEV_{t-1}	+	0.979***	6.182			
$GROW$	+	0.012	0.730			
IND		控制			控制	
$YEAR$		控制			控制	

注:*、**、*** 分别表示双尾检验在 10%、5%和 1%水平上显著。

从控制变量来看,表 5.6 与表 5.7 中公司特征变量资产收益率(ROA)均与因变量显著负相关,资产负债率(LEV_{t-1})与因变量显著正相关,说明盈利水平较差,资产负债率较高的公司越易发生年报错误,误述可能性增加。

(2) 大股东影响、董事会治理与盈余重述间关系的验证。

表 5.8 为考虑大股东权力的影响时,董事会治理与盈余重述的关系,即研究董事会的治理效果是否由于大股东权力过大而被削弱。表 5.8 的第 3 列和第 5 列分别验证了提名委员会设立情况和股权制衡对董事会治理效果的影响。从表 5.8 的第 7 列来看,系数 α_1[模型式(4.4)]衡量了不考虑大股东权力时董事会治理与盈余重述的关系,它显著为负(*wald* 统计量为 102.546),系数 α_3 为大股东权力与董事会治理(BG)的交叉项,该值符号变为正,表明考虑大股东权力影响时,董事会治理与盈余重述的关系发生变化。其中变量 NC 与 BG 的交叉项值为 0.437,显著为正(*wald* 统计量为 14.125),说明对于未设立提名委员会的公司,大股东权力较大,此时董事会治理与盈余重述的负向关系发生变化,即董事会的监管效果被削弱,难以有效阻止盈余重述的发生;变量 BAL 与 BG 的交叉项值为 0.003,虽然不显著,但说明当公司股权缺乏制衡时,大股东权力过大,此时董事会治理与盈余重述不存在显著关系,董事会难以阻止盈余重述的发生。由此,假设 6 得到验证,即大股东权力会削弱董事会治理对盈余重述的影响。

表 5.8 回归分析表(假设 6)

变 量	预期符号	RES					
		相关系数	wald	相关系数	wald	相关系数	wald
常数项	?	−2.126	1.742	−3.452**	4.829	−2.081	1.623
BG	−	−1.082***	110.596	−0.741***	166.394	−1.066***	102.546
NC	+	−1.668***	15.670			−1.666***	15.218
BAL	+			0.020**	4.034	0.020**	4.478
BG * *NC*	+	0.433***	14.197			0.437***	14.125
BG * *BAL*	+			0.003	0.001	0.003	0.023
LOSS	+	0.576***	11.344	0.556***	10.624	0.577***	11.283
SEO	+	−0.171	0.268	−0.140	0.187	−0.164	0.245
NOA_{t+n-1}	+	0.111***	12.866	0.100***	9.356	0.108***	10.684
STATE	+	0.094	0.567	0.014	0.012	0.003	0.001
*BIG*10	−	−0.394***	6.758	−0.397***	6.821	−0.402***	6.923
$\ln A_{t-1}$	−	0.151**	4.757	0.128*	3.485	0.137**	3.890
ROA	−	−2.199***	13.241	−2.310***	14.230	−2.244***	13.340
LEV_{t-1}	+	1.545***	25.864	1.575***	27.249	1.631***	28.367
GROW	+	0.032	1.004	0.034	1.022	0.034	1.046
IND		控制		控制		控制	
YEAR		控制		控制		控制	
−2log *likelihood*		1 906.268		1 897.311		1 880.365	
nagelkerke R^2		0.297		0.302		0.312	
样本量		1 744		1 744		1 744	

注：*、**、*** 分别表示双尾检验在 10%、5%和 1%水平上显著。

5.1.2 董事会治理与盈余重述消息性质之间关系的验证

本小节我们分析董事会治理与盈余重述不同性质消息的关系，研究是否董事会更关注高报盈余的重述，即是否董事会治理对高报盈余重述的影响大于低报盈余的重述。

1. 描述性统计与均值 *T* 检验

(1) 盈余重述消息性质及对净利润的影响。

表 5.9 统计了 785 家盈余重述公司重述消息的性质及对年度净利润的影响。可以看到，有 550 家上市公司高报了当年盈余，占总样本的 70.07%，通过重述平均调减了年度净利润 18 624 498.753 元，大多数重述公司的会计行为较为激进；低报当年盈余的公司有 199 家，约占总样本的 25.34%。样本总体调减了净利润 9 255 623.987 元。

表 5.9　重述消息性质及对净利润影响统计表

重述消息性质	高报盈余	低报盈余	无影响	合计
数　量	550	199	36	785
比　例	70.07%	25.34%	4.59%	100.00%
对净利润影响(均值)	−18 624 498.753	13 685 190.638	0.000	−9 255 623.987

注：一份重述公告可能涉及对历史多个年度盈余调整，本研究选择对净利润调整幅度绝对值最大的年份进行分析。

(2) 董事会治理描述性统计与均值 T 检验。

我们将盈余重述样本分为高报盈余重述（RES^{+}）和低报盈余重述（RES^{-}）公司，分别比较他们与非重述公司（*NO-RES*）董事会治理特征均值的差异以及这两类公司董事会治理的差异。表 5.10 比较了高报盈余重述公司与低报盈余重述公司董事会治理的差异以及它们分别与非重述公司的差异。

表 5.10　变量描述性统计与均值 T 检验结果表

变　量	RES^{+}	RES^{-}	*NO-RES*	RES^{+} versus *NO-RES*	RES^{-} versus *NO-RES*	RES^{+} versus RES^{-}
BG	2.300	2.480	3.290	−0.989***	−0.813***	−0.177
BSIZE	11.380	11.270	9.200	2.166***	2.056***	0.110
AC	0.350	0.390	0.360	−0.009	0.028	−0.037
INDEP	0.280	0.280	0.327	−0.049***	−0.047***	−0.011
EXPERT	0.200	0.230	0.480	−0.280***	−0.246***	−0.034
CHAIR	0.560	0.640	0.870	−0.307***	−0.229***	−0.078**
MEET	8.210	8.310	8.050	0.159	0.259	−0.100
BUSY	2.170	2.680	1.515	0.660***	1.162***	−0.502*
LOSS	0.230	0.270	0.110	0.120***	0.154***	−0.033
SEO	0.010	0.050	0.040	−0.024***	0.010	−0.034**
NOA_{t+n-1}	3.450	5.930	1.271	2.178**	4.659*	−2.481
NC	0.730	0.710	0.630	0.099***	0.081**	0.018
BAL	12.859	12.332	5.420	7.439***	6.912***	0.526
STATE	0.670	0.670	0.640	0.027	0.022	0.005
*BIG*10	0.140	0.140	0.200	−0.054***	−0.055**	0.001
$\ln A_{t-1}$	21.084	21.006	21.098	−0.014	−0.092	0.078
ROA	−0.013	−0.025	0.022	−0.035***	−0.047***	0.012
LEV_{t-1}	1.249	1.516	0.486	0.763***	1.030***	−0.267
GROW	3.345	0.246	0.247	3.098	−0.001	3.099

注：表中第 2、3、4 列为各类样本相关变量的均值，第 5、6、7 列为不同类别样本变量的均值差；*、**、*** 分别表示双尾检验在 10%、5%和 1%水平上显著。

表5.10中第5、6列比较了两类样本与非重述公司董事会治理特征的差异，可以看到，两类样本的董事会整体治理水平差于非重述公司，具体来说，董事会规模高于非重述公司，董事会独立性水平低于非重述公司，财务专家较少，两职合一更严重，董事平均拥有更多的其他公司董事席位。表中第7列比较了高报盈余重述公司与低报盈余重述公司董事会治理水平的差异，可以看到，两类公司的董事会治理质量整体上没有显著差异，但高报盈余的重述公司董事会与总经理两职兼任程度较高，董事平均兼职家数少于低报盈余的重述公司。

(3) 董事会治理与盈余重述消息性质间关系回归分析。

表5.11、表5.12为检验董事会治理与盈余重述消息性质间关系的逻辑回归分析表。

表5.11 回归分析表(假设7)

变 量	预期符号	RES^+ versus $NO\text{-}RES$		RES^- versus $NO\text{-}RES$		RES^+ versus RES^-	
		相关系数	wald	相关系数	wald	相关系数	wald
常数项	?	−3.208	1.312	−6.324*	2.836	1.344	0.216
BSIZE	+	0.414***	38.679	0.585***	38.718	0.004	0.006
AC	−	1.721***	24.528	1.314***	6.925	0.270	0.762
INDEP	−	−16.009***	30.725	−13.916***	16.343	0.562	0.143
EXPERT	−	−0.255	1.187	−0.551	2.550	0.148	0.287
CHAIR	−	0.452	1.871	0.474	0.939	−0.246	0.431
MEET	−	0.017	0.246	0.036	0.488	−0.027	0.570
BUSY	+	0.299***	12.282	0.462***	15.824	−0.097*	3.320
LOSS	+	0.432	1.689	0.730	2.308	−0.227	0.579
SEO	+	−1.225*	3.536	−0.631	0.735	−0.373	0.286
NOA_{t+n-1}	+	0.105**	3.952	0.052	0.670	−0.006*	3.086
NC	+	1.846***	29.119	1.517***	9.334	0.132	0.176
BAL	+	0.033**	4.471	0.056***	9.583	0.000	0.000
STATE	+	0.203	0.713	0.461	1.640	−0.410	2.132
*BIG*10	−	−0.254	0.733	−0.389	0.846	−0.196	0.370
$\ln A_{t-1}$	−	−0.029	0.055	−0.062	0.135	0.004	0.001
ROA	−	−3.281**	6.695	−2.368	2.291	0.176	0.089
LEV_{t-1}	+	2.408***	18.009	2.738***	10.461	−0.006	0.013
GROW	+	−0.080*	3.488	−0.483	1.691	0.098	0.229
IND		控制		控制		控制	
YEAR		控制		控制		控制	
−2log *likelihood*		498.355		261.007		394.174	
nagelkerke R^2		0.535		0.598		0.064	
样本量		1 483		1 093		832	

注：表中最后两列衡量高报盈余与低报盈余重述公司董事会治理水平差异，当公司为高报盈余重述公司时，因变量取值为1，公司为低报盈余重述公司时，取值为0；*、**、*** 分别表示双尾检验在10%、5%和1%水平上显著。

从表 5.11 的第 3、5 列来看，高报盈余的重述公司中仅有审计委员会设立（*AC*）、独立董事比例（*INDEP*）绝对值高于低报盈余的重述公司；从第 7 列来看，仅有董事兼职家数（*BUSY*）变量在 10%的水平上显著，其他董事会治理变量均不显著，表明两类公司董事会治理水平均差于非重述公司，但两类公司在董事会构成、独立性及活动水平方面均不存在显著差异。

表 5.12 研究了董事会治理质量对不同性质盈余重述的影响，高报盈余的重述公司董事会治理变量（*BG*）系数为－0.585，绝对值略高于低报盈余重述公司对应的变量－0.569，但从表中第 7 列的回归结果来看，二者不存在显著差异。说明董事会对两种性质的盈余重述都较为关注，不存在“非对称损失函数”（asymmetric loss function）。假设 7 未得到验证，说明董事会治理能有效阻止高报盈余与低报盈余的重述。

表 5.12　回归分析表（假设 7）

变　量	预期符号	RES^+ versus *NO-RES*		RES^- versus *NO-RES*		RES^+ versus RES^-	
		相关系数	wald	相关系数	wald	相关系数	wald
常数项	?	－3.014**	4.071	－4.206**	4.088	－0.077	0.002
BG	－	－0.585***	121.803	－0.569***	47.811	－0.064	1.191
LOSS	＋	0.507***	7.953	0.661***	7.806	－0.129	0.410
SEO	＋	－0.793*	3.113	0.620	2.420	－1.418***	7.766
NOA_{t+n-1}	＋	0.078**	6.497	0.052	1.587	－0.003	0.948
NC	＋	－0.436***	8.214	－0.531**	5.543	－0.038	0.038
BAL	＋	0.018***	12.596	0.022***	9.007	0.002	0.493
STATE	＋	－0.004	0.001	－0.074	0.153	－0.056	0.092
*BIG*10	－	－0.227	1.895	－0.280	1.448	－0.133	0.322
$\ln A_{t-1}$	－	0.156**	4.833	0.171*	3.065	0.068	0.539
ROA	－	－2.183***	12.260	－1.849**	6.183	0.370	0.616
LEV_{t-1}	＋	1.835***	34.673	1.656***	18.134	－0.043	1.614
GROW	＋	0.033	0.934	－0.106	0.485	0.024	0.532
IND		控制		控制		控制	
YEAR		控制		控制		控制	
－2log *likelihood*		1 612.220		878.462		881.184	
nagelkerke R^2		0.270		0.230		0.032	
样本量		1 483		1 093		832	

注：表中最后两列衡量高报盈余与低报盈余重述公司董事会治理水平差异，当公司为高报盈余重述公司时，因变量取值为 1，公司为低报盈余重述公司时，取值为 0；*、**、*** 分别表示双尾检验在 10%、5%和 1%水平上显著。

5.1.3 董事会治理的变化与盈余重述之间关系的验证

重述的发生需要跨越误述期与重述期两个前后不同的时期，其间公司治理尤其是董事会特征会发生较大的变化，本节将通过检验两个期间董事会特征的变化，验证是否董事会治理的变化导致了盈余重述的宣告，即研究盈余重述是否归因于公司治理状况尤其是董事会治理的改善。

1. 描述性统计与均值 T 检验

表 5.13 为误述期到重述期公司治理相关变量变化的描述性统计及均值 T 检验结果表。从表 5.13 可以看到，董事会整体治理质量的变化（ΔBG）显著高于控制样本，均值差为 1.890，在 1%的水平上显著，表明从误述期到重述期，重述公司董事会治理得到了较大改善，导致了盈余重述的披露。

表 5.13 误述期到重述期变量变化描述性统计与均值 T 检验结果表

变 量	公司类别	最大值	最小值	中位数	标准差	均值	均值差
ΔBG	1	6.000	−3.000	2.000	1.515	1.810	1.890***
	0	6.000	−5.000	0.000	1.417	−0.080	(27.024)
$\Delta BSIZE$	1	4.000	−18.000	0.000	3.787	−2.320	−2.397***
	0	14.000	−12.000	0.000	2.300	0.080	(−15.975)
ΔAC	1	1.000	−1.000	0.000	0.440	0.260	0.006
	0	1.000	0.000	0.000	0.435	0.250	(0.274)
$\Delta INDEP$	1	0.500	−0.236	0.042	0.110	0.095	0.074***
	0	0.000	0.000	0.000	0.099	0.020	(14.788)
$\Delta EXPERT$	1	1.000	−1.000	0.000	0.562	0.430	0.475***
	0	1.000	−1.000	0.000	0.560	−0.050	(17.675)
$\Delta CHAIR$	1	1.000	−1.000	0.000	0.549	0.280	0.287***
	0	1.000	−1.000	0.000	0.330	−0.010	(13.218)
$\Delta MEET$	1	26.000	−12.000	0.000	3.986	0.670	0.385**
	0	22.000	−12.000	0.000	3.459	0.290	(2.156)
$\Delta BUSY$	1	4.000	−14.000	0.000	2.010	0.160	−0.516***
	0	9.000	−2.000	0.000	1.101	0.670	(−6.646)
ΔNC	1	1.000	−1.000	0.000	0.501	−0.240	−0.100***
	0	1.000	−1.000	0.000	0.485	−0.140	(−3.883)
ΔBAL	1	117.682	−234.273	0.000	30.637	−4.805	−8.894***
	0	211.348	−32.237	0.016	18.199	4.089	(−7.341)
$\Delta STATE$	1	1.000	−1.000	0.000	0.426	−0.140	−0.044**
	0	1.000	−1.000	0.000	0.376	−0.100	(−2.264)
$\Delta BIG10$	1	1.000	−1.000	0.000	0.387	0.050	0.003
	0	1.000	−1.000	0.000	0.332	0.050	(0.199)

注：公司类别 1 表示重述公司，0 表示非重述公司；均值差表示重述样本与非重述样本均值之差，该列括号内为 t 值；*、**、*** 分别表示双尾检验在 10%、5%和 1%水平上显著。

具体来看，董事会构成上，重述公司董事会规模的变化（Δ*BSIZE*）显著低于于控制样本，二类公司董事会规模变化均值分别为－2.320和0.080，均值差为－2.397，在1%的水平上显著，表明从误述期到重述期，重述公司董事会规模变小，监督效率得到了提高；两类样本审计委员会设立变化（Δ*AC*）情况不存在显著差异。从董事会独立性变化来看，独立董事比例（Δ*INDEP*）和独立董事财务专家变化（Δ*EXPERT*）两类公司的均值差分别为0.074和0.475，且在1%的水平上显著，表明误述期到重述期，与非重述公司相比，重述公司董事会独立得到提高，独立董事中财务专家增多；从两职分离状态差异（Δ*CHAIR*）来看，重述公司均值为0.280，显著高于非重述公司对应的均值－0.010，均值差为0.287，表明重述公司两职合一状态得到改善，有利于盈余重述的发现和披露。从董事会活动水平来看，重述公司董事会会议次数变化（Δ*MEET*）显著高于非重述公司，两类公司的均值差为0.385，说明重述公司董事会的勤勉度有较大提高；对于董事繁忙程度变化（Δ*BUSY*）而言，重述公司董事平均兼职家数变化为0.160，低于非重述公司对应的均值0.670，均值差为－0.516，在1%的水平上显著，说明重述公司董事兼职家数减少，有利于集中精力关注公司事务，从而发现并披露重述。其他治理变量中，提名委员会设立变化（Δ*NC*）与股权制衡变化（Δ*BAL*）均小于非重述公司，表明重述公司大股东权力变小，对董事会治理的干预减少，有利于董事会治理效率的发挥。控制变量中，重述公司股权性质变化（Δ*STATE*）均值显著低于非重述公司，表明误述期到重述期，更多的重述公司由国有控股变为非国有控股。

2. 相关性分析

表5.14为误述期到重述期董事会特征及其他公司治理变量变化与重述关系的Pearson相关性分析检验表。从表5.14可以看出，误述期到重述期董事会治理水平变化（Δ*BG*）与重述的发生相关系数为0.544，且在1%的水平上显著，表明董事会治理质量的提高有助于盈余重述的发现和披露。具体来说，董事会规模变化（Δ*BSIZE*）、董事兼职家数变化（Δ*BUSY*）与重述（*RES*）的发生呈显著负相关关系，相关系数分别为－0.357和－0.157，且在1%的水平上显著，表明董事会规模变小，董事兼职家数变少有利于董事会监管职能的提高，从而有利于盈余重述的发现与披露；董事会独立董事比例变化（Δ*INDEP*）、独立董事财务专家变化（Δ*EXPERT*）、领导权两职分离变化（Δ*CHAIR*）、董事会年会议次数变化（Δ*MEET*）与重述（*RES*）的发生呈正相关关系，相关系数分别为0.334、0.390、0.302和0.052，表明提高独立董事比例、在独立董事中增加财务专家、领导权两职分离、提高董事会勤勉度均有利于盈余重述的披露。其他公

表 5.14 误述期到重述期变量变化 Pearson 相关性检验表

	RES	Δ*BG*	Δ*BSIZE*	Δ*AC*	Δ*INDEP*	Δ*EXPERT*	Δ*CHAIR*	Δ*MEET*	Δ*BUSY*	Δ*NC*	Δ*BAL*	Δ*STATE*	Δ*BIG*10
RES	1.000												
Δ*BG*	0.544***	1.000											
Δ*BSIZE*	-0.357***	-0.335***	1.000										
Δ*AC*	0.007	0.340***	0.015	1.000									
Δ*INDEP*	0.334***	0.483***	-0.362***	0.081***	1.000								
Δ*EXPERT*	0.390***	0.555***	-0.138***	0.031	0.228***	1.000							
Δ*CHAIR*	0.302***	0.461***	-0.085***	0.046*	0.148***	0.229***	1.000						
Δ*MEET*	0.052**	0.295***	0.045*	0.085***	0.069***	-0.003	-0.006	1.000					
Δ*BUSY*	-0.157***	-0.125***	0.110***	0.049**	-0.111***	-0.166***	0.063***	0.055**	1.000				
Δ*NC*	-0.093***	-0.227***	0.010	-0.140***	-0.052**	-0.049**	0.049**	-0.119***	0.009	1.000			
Δ*BAL*	-0.174***	-0.131***	0.135***	0.013	-0.109***	-0.093***	-0.083***	-0.112***	0.013	0.030	1.000		
Δ*STATE*	-0.054**	-0.029	0.025	0.030	-0.028	-0.055**	0.066***	0.063***	0.160***	0.018	-0.022	1.000	
Δ*BIG*10	0.005	-0.071***	0.044*	0.036	0.004	-0.021	-0.031	0.040*	0.002	-0.009	0.028	0.018	1.000

注：*、**、*** 分别表示双尾检验在 10%、5%和 1%水平上显著。

司治理变量中，提名委员会设立（ΔNC）和股权制衡（ΔBAL）变化与重述的发生显著负相关，表明随着公司更多提名委员会的设立，股权制衡度的加强，大股东影响变弱，从而有利于盈余重述的发现和披露；股权性质变化（$\Delta STATE$）与重述（RES）的发生呈显著负相关关系，相关系数为－0.454，表明股权性质由国有变为非国有控股有利于发现和披露盈余重述。

3. 回归分析

表5.15为误述期到重述期董事会治理变化与盈余重述关系的回归结果。表中第5、6列分析了董事会治理总体变化与盈余重述的关系。可以看到，董事会治理变化（ΔBG）与因变量显著正相关，回归系数为0.927，说明董事会治理质量的提高有利于盈余重述的发现和披露。

表5.15　回归分析表（假设8）

变　量	预期符号	*RES*		*RES*	
		相关系数	wald	相关系数	wald
常数项	?	－8.212***	26.600	－6.622***	19.348
ΔBG	＋			0.927***	334.753
$\Delta BSIZE$	－	－0.320***	93.438		
ΔAC	＋	－0.741***	16.440		
$\Delta INDEP$	＋	6.055***	65.690		
$\Delta EXPERT$	＋	1.209***	98.922		
$\Delta CHAIR$	＋	1.624***	96.551		
$\Delta MEET$	＋	0.065***	11.941		
$\Delta BUSY$	－	－0.149***	9.144		
$LOSS$	＋	0.660***	7.882	0.591***	6.888
SEO	＋	－0.378	0.969	－0.477	1.708
NOA_{t+n-1}	＋	0.051*	3.566	0.028	1.376
ΔNC	－	－0.772***	22.916	0.179	1.882
ΔBAL	－	－0.027***	28.608	－0.025***	27.100
$\Delta STATE$	－	0.052	0.153	－0.069	0.292
$\Delta BIG10$	＋	－0.155	0.977	－0.090	0.350
$\ln A_{t-1}$	－	0.302***	16.020	0.236***	10.990
ROA	－	－2.071***	9.980	－1.658***	9.321
LEV_{t-1}	＋	1.477***	19.956	1.481***	24.300
$GROW$	＋	0.004	0.051	0.008	0.054
IND		控制		控制	
$YEAR$		控制		控制	
－2log *likelihood*		1 476.193		1 581.475	
nagelkerke R^2		0.530		0.478	
样本量		1 744			

注：*、**、*** 分别表示双尾检验在10%、5%和1%水平上显著。

具体来看，从董事会构成来看，董事会规模变化（Δ*BSIZE*）回归系数为－0.320，与预期符号相符，表明如缩小董事会规模，监督效率会提高，有利于发现和披露盈余重述；审计委员会设立的变化（Δ*AC*）没有通过假设检验。从董事会独立性变化来看，衡量董事会独立性的变量独立董事比例变化（Δ*INDEP*）与盈余重述显著正相关，回归系数为6.055，表明提高独立董事在董事会的比例，能够督促公司及时披露重述；独立董事财务专家比例（Δ*EXPERT*）回归系数为1.209，与因变量显著正相关，说明如果独立董事中具有财务专家，则公司会及时披露盈余重述；公司领导权分离变化（Δ*CHAIR*）变量回归系数为1.624，与重述显著正相关，表明总经理与董事长两职分离程度提高有利于公司及时披露重述。从董事会活动水平来看，董事会年会议次数变化（Δ*MEET*）回归系数为0.065，与因变量显著正相关，表明提高董事会勤勉度，有利于更好地监管财务报表，及时发现和披露重述；表示董事兼职家数变化（Δ*BUSY*）回归系数为－0.149，与盈余重述显著负相关，说明减少董事兼职家数有利于其有效地行使监督职能，及时披露盈余重述。整体来看，假设8得到验证。其他公司治理变量中，股权制衡变化（Δ*BAL*）与因变量显著负相关，表明从误述期到重述期，随着股权制衡度的降低，大股东权力变小，更有利于盈余重述的披露。

5.2 董事会治理与盈余重述披露方式选择之间关系的验证

上节我们讨论了董事会治理对年报盈余重述披露与否决策的影响，比较了重述公司与非重述公司董事会治理的差异，同时分析了重述公司误述期到重述期董事会治理的变化。本节中，我们研究董事会治理对公司选择何种重述披露方式的影响，分析有效的董事会治理是否能改善重大性原则对重述披露方式选择的影响。本节的研究样本仅为重述公司。

5.2.1 重大性水平与盈余重述披露方式选择之间关系的验证

公司主要采取两种方式披露重述，一种是在年报附注中披露，一种是发布重大临时公告。在公司披露方式决策中，影响披露决策的关键因素是重大性原则，即重述水平是否重大。因此，本小节研究重大性原则对重述披露方式选择的影响。重述公司中，许多公司一年内发布了多份重述公告，并通过不同的方式进行披露，为了更真实反映公司的情况，我们以公司发布的重述公告作为具体的研究样本，共得到967个重述公告，其中在年报附注中披露的为 543 个，占总样本的 56.15%，发布重大临时公告披露的有 424 个。我们以 *RESD* 表示重述的披露方式，当公司选择以重大临时公告方式披露重述时，*RESD* 取值为 1；当公司仅在年报附注中以隐晦方式披露重述时，*RESD* 取值为 0。

1. 描述性统计与均值 T 检验

表 5.16 为盈余重述重大性水平与重述披露方式选择关系的描述性统计结果。从重述方向（NEGATIVE）来看，以临时公告发布的重述样本均值为 0.652，显著低于在年报附注中披露重述的样本对应的均值 0.732，二者的均值差为 −0.08，并在 1%的水平上显著，对应的 *t* 值为 −2.672。说明当公司之前年度高报了盈余，重述调低之前年度盈余时，公司倾向于采取不透明的方式披露重述。从重述调整幅度（*MAGNITUDE*）来看，通过临时公告发布的重述调整幅度均值为 0.86%，显著低于在年报附注中披露的重述调整幅度对应的均值 2.11%，二者的均值差为 1.24%，并在 1%的水平上显著，对应的 *t* 值为 −3.237。说明重述调整幅度越大，公司越倾向于以隐晦的方式在年报附注中披露重述。样本公司中，重述调整幅度最大的公司为 * ST 金荔（600762），其在 2007 年披露的 2006 年年度报告附注中，通过资产减值、或有负债等事项调低了 2005 年度净利润 294 388 432.19 元，占公司被重述当年总资产的 53.29%。从重述涉及的年份变量 *PERIODS* 来看，以临时公告发布的重述涉及的会计年度平均为 1.382，年报附注中披露的重述涉及年度均值为 1.161，二者的均值差为 0.221，且在 1%的水平上显著，说明公司重述涉及的会计年度越多，公司越倾向于利用重大临时公告的方式披露重述。样本公司中，重述涉及年份最多的公司为 ST 河化（000953），其在 2006 年发布的重述公告中，连续修正了 1999—2005 年共 7 个年度的会计盈余，且几乎都为调减；其次为 ST 阿继（000922）和兰太实业（600328），其分别在 2007 年发布的重述公告中调减了 1999—2003 年、2001—2005 年各 5 个年度的会计盈余。从重述涉及的会计事项（*NUM*）来看，通过重大临时公告发布的重述涉及的会计事项均值为 1.480，显著低于通过年报附注披露的重述所涉及的会计事项均值 1.693，二者的均值差为 −0.214，且在 1%的水平上显著，对应的 *t* 值为 −4.317，说明盈余重述涉及的会计事项越多，公司财务状况越差，公司越倾向于用不透明的方式披露重述。重述事项最多的公司为 ST 博元（600656），该公司在 2006 年披露的 2005 年年报中，在年报附注中修正了 2004 年度的收入、成本、造假、资产减值、合并报表、对外投资等会计事项，合计调减 2004 年度净利润为 53 809 373.80 元。整体来看，盈余重述涉及的会计

表 5.16 盈余重述重大程度统计分析表

变 量	RESD	最大值	最小值	中位数	标准差	均值	均值差
NEGATIVE	1	1.000	0.000	1.000	0.477	0.652	−0.080***
	0	1.000	0.000	1.000	0.434	0.732	(−2.672)
MAGNITUDE	1	9.68%	0.000	0.23%	1.60%	0.86%	−1.24%***
	0	53.09%	0.000	0.21%	8.76%	2.11%	(−3.237)
PERIODS	1	7.000	1.000	1.000	0.878	1.382	0.221***
	0	5.000	1.000	1.000	0.523	1.161	(4.407)
NUM	1	5.000	1.000	1.000	0.775	1.480	−0.214***
	0	6.000	1.000	1.000	0.910	1.693	(−4.317)
IRREGULAR	1	1.000	0.000	0.000	0.409	0.213	0.005
	0	1.000	0.000	0.000	0.406	0.208	(0.167)
CORE	1	1.000	0.000	0.000	0.480	0.358	−0.065**
	0	1.000	0.000	0.000	0.494	0.423	(−2.016)
MATERIA	1	5.000	0.000	2.000	1.301	1.783	−0.166**
	0	6.000	0.000	2.000	1.201	1.951	(−2.151)
$\ln A_{t-1}$	1	25.253	14.480	21.162	1.184	21.116	−0.115
	0	25.781	17.252	21.185	1.121	21.230	(−1.521)
ROA	1	0.428	−3.339	0.013	0.369	−0.075	−0.271***
	0	12.763	−0.696	0.017	1.277	0.196	(−4.642)
LEV_{t-1}	1	82.560	0.077	0.623	6.065	1.573	0.931***
	0	7.979	0.045	0.576	0.587	0.642	(3.132)
GROW	1	156.201	−1.000	0.107	12.067	1.133	0.156
	0	133.783	−0.921	0.110	7.974	0.977	(0.268)

注:均值差表示以临时公告披露重述的公司与在年报附注中披露重述的公司各变量均值之差,该列括号内为 t 值;*、**、*** 分别表示双尾检验在 10%、5%和 1%水平上显著。

事项最多的是不恰当的成本费用处理。从违规变量 *IRREGULAR* 来看,两类样本的均值差为 0.005,不存在显著差异。从重述是否涉及核心业务(*CORE*)来看,通过临时公告发布的重述涉及核心业务的样本均值为 0.358,显著低于在年报附注中披露的涉及收入、成本等核心业务的重述样本均值 0.423,二者的均值差为 −0.065,并在 5%的水平上显著,对应的 t 值为 −2.016。说明重述涉及核心业务时,公司越倾向于以隐晦的方式在年报附注中披露重述。从反映重述整体重大性程度的指标 *MATERIA* 来看,通过临时公告发布的重述重大性水平均值为 1.783,显著低于在年报附注中披露的重述重大性水平对应的均值 1.951,二者的均值差为 −0.166,并在 5%的水平上显著,对应的 t 值为 −2.151。说明盈余重述越严重,公司越倾向于以隐晦的方式在年报附注中披露重述,假设 9 得到验证。

控制样本中,通过临时公告发布重述的公司资产规模略低于在年报附注中披露重述的公司,成长性略高于在年报附注中披露重述的公司,但两类公司的资产规模与成长状况不存在显著差异。从盈利能力(*ROA*)来看,通过临时公告发布重述的公司资产收益率均值为－0.075,高于在年报附注中披露重述的公司的资产收益率均值0.196,二者的均值差为－0.271,对应的 *t* 值为－4.642,且在1%的水平上显著。说明财务状况不佳、盈利能力差的公司倾向于以透明的方式披露重述。从负债(*LEV*)水平来看,利用临时公告发布重述的公司资产负债率显著高于通过年报附注披露重述的公司,二者均值差为0.931,对应的 *t* 值为3.132(1%的水平上显著),说明公司负债水平越高,公司越倾向于以透明的方式披露重述。

2. 相关性分析

表5.17为盈余重述重要性水平变量与重述披露方式之间关系的相关性分析检验表。可以看出,盈余重述方向变量(*NEGATIVE*)与表示重述披露方式的指标(*RESD*)呈负相关关系,相关系数为－0.086,且在1%的水平上显著,表明当重述调低以前年度盈余时,公司倾向于秘密重述。重述幅度(*MAGNITUDE*)与重述披露透明度(*RESD*)间相关系数为－0.092,且在1%的水平上显著,说明盈余重述幅度越大,公司越倾向于隐晦披露重述。重述涉及会计年度(*PERIODS*)与重述披露方式变量(*RESD*)呈显著正相关关系,相关系数为0.149,且在1%的水平上显著,说明重述涉及的会计年度越多,公司越倾向于以透明的方式披露重述。重述涉及会计事项数(*NUM*)与重述披露方式变量(*RESD*)的相关系数为－0.135,且在5%的水平上显著,说明二者呈显著负相关关系,表明盈余重述涉及的会计问题越多,公司越倾向于秘密重述。违规重述变量(*IRREGULAR*)与重述披露透明度(*RESD*)相关关系不显著。核心重述变量(*CORE*)与重述披露方式变量(*RESD*)呈负相关关系,相关系数为－0.064,且在5%的水平上显著,表明当重述涉及收入、成本等核心业务时,公司倾向于以不透明的方式宣告重述。表示重述整体重大性程度的变量(*MATERIA*)与重述披露方式变量(*RESD*)呈显著负相关关系,相关系数为－0.067,且在5%的水平上显著,表明盈余重述越重大,公司越倾向于以秘密的方式发布重述公告,假设9得到进一步验证。

MATERIA 为反映重述整体重大性程度的综合指标,由各具体指标值相加而来,因此,该变量与重述方向变量(*NEGATIVE*)、重述幅度变量(*MAGNITUDE*)、涉及年度变量(*PERIODS*)、涉及会计事项变量(*NUM*)、违规重述变量(*IRREGULAR*)

和核心重述变量(*CORE*)相关性较强。此外,会计事项变量(*NUM*)和核心重述变量(*CORE*)间相关系数为0.458,说明重述涉及会计事项多的公司大多涉及收入、成本等核心业务。

控制变量中,资产收益率(*ROA*)与资产负债率(*LEV*)与重述披露方式变量(*RESD*)的相关系数分别为-0.134和0.113,均在1%的水平上显著,说明公司盈余水平越差,资产负债率越高,公司越倾向于以临时公告的方式发布重述。

此外,表5.17所涉及的模型自变量之间相关系数普遍较小,相关系数绝对值大多不超过0.3,表明模型各变量之间基本不存在严重的多重共线性问题。

3. 回归分析

表5.18描述的是在控制其他变量的情况下,盈余重述重要性程度与重述披露方式选择间关系的回归分析结果。本部分根据模型式(4.6)验证假设9。

从表5.18的第(1)列可以看出,在控制其他影响公司重述披露方式选择的因素的情况下,重述方向(*NEGATIVE*)与重述披露方式选择(*RESD*)显著负相关,回归系数为-0.413,与预期假设相符,且在1%的水平上显著。表明当盈余重述调低之前年度盈余时,公司倾向于秘密重述,以减少可能的负面市场反应。重述幅度变量*MAGNITUDE*回归系数为-0.083,在1%的水平上显著,其回归系数符号与预期符号一致,说明盈余重述幅度越大,公司越倾向于采取不透明的方式披露重述。重述年度变量*PERIODS*回归系数为0.454,在1%的水平上显著,但回归系数符号与预期假设相反,表明盈余重述公告修正的会计年度越多,公司越倾向于以重大临时公告的方式披露重述。重述涉及的会计事项变量*NUM*回归系数为-0.357,且在1%的水平上显著,系数符号与预期符号一致,表明盈余重述涉及的会计事项越多,公司越倾向于隐晦披露重述。违规重述变量*IRREGULAR*回归系数为-0.007,但没有通过显著性检验,说明当重述涉及造假、欺诈等违规行为时,公司的重述披露方式不存在显著差异。核心重述变量*CORE*与重述披露方式变量*RESD*显著负相关,回归系数为-0.311,且在5%的水平上显著,表明盈余重述涉及收入、成本等核心业务时,公司倾向于隐晦披露重述,以降低重述引起的经济后果。

为了反映重述的整体重大性程度,我们设计了综合指标*MATERIA*,从表5.18可以看出,*MATERIA*回归系数为-0.133,在5%的水平上显著,回归系数与预期符号一致,表明盈余重述越重大,公司越倾向于在年报附注中隐晦披露重述。假设9得到验证。此外,我们将反映盈余重述重大水平的变量放入一个模型中进行了回

表 5.17　各变量 Pearson 相关性检验表

	RESD	*NEGATIVE*	*MAGNITUDE*	*PERIODS*	*NUM*	*IRREGULAR*	*CORE*	*MATERIA*	$\ln A_{t-1}$	*ROA*	LEV_{t-1}	*GROW*
RESD	1.000											
NEGATIVE	−0.086***	1.000										
MAGNITUDE	−0.092***	0.033	1.000									
PERIODS	0.149***	0.067**	0.006	1.000								
NUM	−0.135**	0.055*	0.011	0.075**	1.000							
IRREGULAR	0.005	0.098***	0.017	0.135***	0.086***	1.000						
CORE	−0.064**	0.077**	0.018	0.064**	0.458***	0.042	1.000					
MATERIA	−0.067**	0.483***	0.085***	0.381***	0.593***	0.434***	0.643***	1.000				
$\ln A_{t-1}$	−0.049	0.000	−0.135***	−0.048	0.057*	−0.012	0.035	−0.047	1.000			
ROA	−0.134***	0.038	0.029	−0.023	0.027	0.015	0.003	0.029	0.145***	1.000		
LEV_{t-1}	0.113***	−0.031	0.010	0.015	−0.024	−0.028	−0.011	−0.016	−0.246***	−0.05	1.000	
GROW	0.008	0.016	0.006	0.001	−0.023	−0.004	−0.029	−0.005	−0.081**	0.028	−0.008	1.000

注：*、**、*** 分别表示双尾检验在 10%、5%和 1%水平上显著。

表 5.18 回归分析(假设 9)

变 量	预期符号	RESD							
		(1)	(2)	(3)	(4)	(5)	(6)	(7)	(8)
常数项	?	−0.739	−0.412	−2.178	−1.164	−1.340	−1.321	−0.967	−0.913
		(0.454)	(0.086)	(2.198)	(0.638)	(0.866)	(0.838)	(0.443)	(0.352)
NEGATIVE	−	−0.413***							−0.412***
		(7.525)							(7.151)
MAGNITUDE	−		−0.083***						−0.078***
			(8.206)						(7.130)
PERIODS	−			0.454***					0.547***
				(16.421)					(21.139)
NUM	−				−0.357***				−0.392***
					(18.172)				(14.922)
IRREGULAR	−					−0.007			0.002
						(0.012)			(0.000)
CORE	−						−0.311**		0.000
							(4.565)		(0.000)
MATERIA	−							−0.133**	
								(5.765)	
$\ln A_{t-1}$	?	0.049	0.002	0.055	0.059	0.042	0.046	0.035	0.033
		(0.357)	(0.001)	(0.661)	(0.755)	(0.387)	(0.460)	(0.270)	(0.222)
ROA	?	−2.241***	−1.974***	−2.063***	−1.996***	−2.010***	−2.017***	−2.061***	−2.101***
		(15.936)	(13.593)	(15.111)	(14.525)	(14.772)	(14.858)	(15.233)	(14.305)
LEV_{t-1}	?	0.273***	0.342***	0.285***	0.317***	0.311***	0.327***	0.318***	0.320***
		(7.183)	(8.363)	(6.718)	(7.930)	(7.529)	(8.325)	(8.169)	(7.399)
GROW	?	0.006	0.003	0.003	0.003	0.003	0.003	0.003	0.003
		(0.257)	(0.215)	(0.234)	(0.159)	(0.218)	(0.178)	(0.202)	(0.214)
IND		控制	控制	控制	控制	控制	控制	控制	控制
YEAR		控制	控制	控制	控制	控制	控制	控制	控制
−2log *likelihood*		1 215.725	1 210.125	1 199.455	1 202.458	1 222.348	1 217.747	1 216.526	1 157.234
nagelkerke R^2		0.071	0.077	0.087	0.087	0.062	0.056	0.064	0.163
样本量		967	967	967	967	967	967	967	967

注:( )内表示 *wald* 统计量;*、**、*** 分别表示双尾检验在 10%、5%和 1%水平上显著。

归分析，结果如表5.18的第(8)列。可以看到，重述方向(*NEGATIVE*)、重述幅度(*MAGNITUDE*)、重述会计事项数(*NUM*)变量与因变量(*RESD*)显著负相关，回归系数分别为－0.412、－0.078、－0.392，进一步表明当盈余重述调低前期盈余、调整幅度较大、涉及会计事项较多时，公司倾向于在年报附注中披露重述。重述会计年度*PERIODS*回归系数为0.547，与预期符号相反，表明重述涉及的会计年度越多，公司越倾向于透明披露。核心重述(*CORE*)与违规重述(*IRREGULAR*)变量均没有通过显著性检验，核心重述变量变得不显著，主要是受到重述会计事项变量(*NUM*)的影响。

控制变量中，资产收益率(*ROA*)与*RESD*显著负相关，资产负债率(*LEV*)与重述披露方式*RESD*显著正相关，均在1%的水平上显著。表明当公司盈利能力较差，负债水平较高时，公司倾向于通过发布重大临时公告的方式披露重述。

5.2.2　董事会治理、盈余重述重大程度与重述披露方式选择间关系的验证

1. 描述性统计与均值*T*检验

本部分首先对董事会治理、盈余重述重大性水平与重述披露方式相关变量观测值进行了描述性统计分析，结果如表5.19所示：

表5.19　董事会治理、盈余重述重大程度与重述披露方式变量统计分析表

变　量	*RESD*	最大值	最小值	中位数	标准差	均值	均值差
BG	1	7.000	2.000	5.000	1.096	4.710	0.897***
	0	7.000	1.000	4.000	1.239	3.810	(11.613)
BSIZE	1	17.000	5.000	9.000	1.797	9.030	－0.473***
	0	19.000	4.000	9.000	2.022	9.500	(－3.794)
AC	1	1.000	0.000	1.000	0.414	0.780	0.241***
	0	1.000	0.000	1.000	0.499	0.540	(8.205)
INDEP	1	0.625	0.250	0.375	0.077	0.392	0.062***
	0	0.556	0.000	0.333	0.081	0.330	(12.082)
EXPERT	1	1.000	0.000	1.000	0.485	0.620	0.319***
	0	1.000	0.000	0.000	0.460	0.300	(10.366)
CHAIR	1	1.000	0.000	1.000	0.356	0.850	－0.010
	0	1.000	0.000	1.000	0.346	0.860	(－0.450)
MEET	1	35.000	3.000	8.000	3.858	9.210	0.438*
	0	33.000	1.000	8.000	3.644	8.770	(1.799)
BUSY	1	6.000	0.000	1.170	0.891	1.390	0.033
	0	6.000	0.000	1.170	0.821	1.360	(0.559)

续表

变量	RESD	最大值	最小值	中位数	标准差	均值	均值差
NC	1	1.000	0.000	0.000	0.495	0.420	−0.105***
	0	1.000	0.000	1.000	0.500	0.530	(−3.160)
BAL	1	237.194	0.364	2.289	16.358	6.880	−1.832
	0	262.571	0.364	2.319	22.287	8.712	(−1.431)
STATE	1	1.000	0.000	0.000	0.496	0.430	−0.161***
	0	1.000	0.000	1.000	0.492	0.590	(−5.046)
*BIG*10	1	1.000	0.000	0.000	0.429	0.240	0.050*
	0	1.000	0.000	0.000	0.395	0.190	(1.844)

注：均值差表示以临时公告披露重述的公司与在年报附注中披露重述的公司各变量均值之差，该列括号内为 *t* 值；*、**、*** 分别表示双尾检验在10%、5%和1%水平上显著。

从表5.19可以看到，以临时公告发布重述的公司董事会治理水平（*BG*）高于在年报附注中披露重述的样本，二者均值差为0.897，且在1%的水平上显著，表明董事会治理水平较高的公司倾向于采取透明的方式披露重述。具体来看，从董事会构成来看，以临时公告发布重述的公司董事会规模显著低于仅在年报附注中披露重述的公司，二者均值差为−0.473，表明精简的董事会规模有利于盈余重述的透明披露；以临时公告方式披露的重述公司设立审计委员会（*AC*）的比例均值为0.780，在年报附注中披露的重述公司设立审计委员会的比例均值为0.540，二者均值差为0.241，且在1%的水平上显著，表明审计委员会的设立有利于公司以更透明的方式披露重述。从董事会独立性来看，以临时公告发布的重述样本独立董事比例（*INDEP*）均值为0.392，显著高于在年报附注中披露重述的样本对应的均值0.330，二者的均值差为0.062，说明当公司董事会独立董事比例较高时，公司倾向于采取透明的方式披露重述；从独立董事是否有财务专家（*EXPERT*）来看，临时公告披露的重述公司财务专家均值为0.62，显著高于在年报附注中披露重述的公司对应的样本均值0.300，均值差为0.319，表明当董事会独立董事至少有一名财务专家时，公司倾向于通过重大临时公告的方式发布重述；两类公司的两职分离变量（*CHAIR*）不存在显著差异。从董事会活动水平来看，以临时公告发布的重述样本董事会年会议次数（*MEET*）显著高于在年报附注中披露重述的公司，表明活跃的董事会有利于公司采取透明的方式披露重述。控制变量中，以临时公告发布的重述样本设立提名委员会的比例（*NC*）高于控制样本，表明设立提名委员会有利于盈余重述以透明的方式披露；从控股股东是否国有（*STATE*）来看，以临时公告发布的重述样本均值为 0.430，显著低于在年报附注中披露重述的样本对应的均值 0.590，说明当公司性质为国有控股时，倾向于采取不透明的方式披露重述；从外部审计师是否为十大会计师事务所（*BIG*10）来看，以临时公告发布的重述样本均值为 0.240，显著高于在年报附注中披露重述的样本对应的均值 0.190，二者的均值差为 0.050，并在 10%的水平上显著，对应的 *t* 值为 1.844，说明十大会计师事务所审计的公司倾向于采取透明的临时公告的方式披露重述。

2. 相关性分析

表 5.20 为董事会治理、盈余重述重要水平与重述披露方式之间关系的 Pearson 相关性分析检验表。可以看出，董事会治理（*BG*）与表示重述披露方式的指标（*RESD*）呈正相关关系，相关系数为 0.352，表明董事会治理质量的提高有助于公司以透明的重大临时公告的方式披露重述。具体来说，从董事会构成来看，董事会规模（*BSIZE*）与盈余重述的披露方式（*RESD*）呈显著负相关关系，表明较小的董事会规模有助于公司以透明的方式披露重述；审计委员会变量（*AC*）与重述披露方式变量（*RESD*）呈显著正相关关系，相关系数为 0.250，说明董事会中审计委员会的设立有助于公司以透明的方式披露重述；从董事会独立性来看，独立董事比例（*INDEP*）与表示重述披露方式的指标（*RESD*）呈正相关关系，相关系数为 0.360，表明独立董事比例高的董事会有助于公司以重大临时公告的方式披露重述；独立董事财务专家（*EXPERT*）与重述披露透明度（*RESD*）间相关系数为 0.318，说明如果独立董事中具有财务专家，公司倾向于透明披露重述；领导权分离变量（*CHAIR*）与重述披露透明度（*RESD*）相关关系不显著。从董事会活动水平来看，董事会年会议次数（*MEET*）与重述披露透明度（*RESD*）显著正相关，表明董事会越积极活跃，越有利于督促公司以透明的方式披露重述。

控制变量中，衡量大股东权力的变量（*NC*）与重述披露透明度（*RESD*）显著负相关，表明当公司设立提名委员会时，董事会决策较少受到大股东影响，有利于公司以重大临时公告的方式披露重述；股权性质（*STATE*）、外部审计师（*BIG*10）与重述披露方式变量（*RESD*）的相关系数分别为 −0.160 和 0.060，分别在 1%和 10%的水平上显著，说明当公司为非国有控股，外部审计师为十大会计师事务所时，公司倾向于以临时公告的方式发布重述。

此外，表 5.20 所涉及的模型自变量之间相关系数普遍较小，相关系数绝对值大多不超过 0.3，表明模型各变量之间基本不存在严重的多重共线性问题。

表 5.20 各变量 Pearson 相关性检验

	RESD	*BG*	*BSIZE*	*AC*	*INDEP*	*EXPERT*	*CHAIR*	*MEET*	*BUSY*	*MATERIA*	*NC*	*BAL*	*STATE*	*BIG*10	$\ln A_{t-1}$	*ROA*	LEV_{t-1}	*GROW*
RESD	1.000																	
BG	0.352***	1.000																
BSIZE	−0.121***	−0.307***	1.000															
AC	0.250***	0.444***	−0.055*	1.000														
INDEP	0.360***	0.305***	−0.193***	0.239***	1.000													
EXPERT	0.318***	0.244***	0.025	0.118**	0.162***	1.000												
CHAIR	−0.014	0.290***	0.109***	0.025	0.088***	−0.016	1.000											
MEET	0.058*	0.377***	−0.113***	0.074**	0.022	−0.029	0.002	1.000										
BUSY	0.019	−0.255***	0.096***	0.048	0.026	0.015	−0.036	0.068*	1.000									
MATERIA	−0.067**	−0.017	−0.069**	−0.085***	0.041	0.046	−0.041	0.030	−0.056	1.000								
NC	−0.103***	−0.208***	0.016	−0.261***	−0.138***	−0.087***	−0.058*	−0.136***	−0.146***	0.034	1.000							
BAL	−0.045	−0.062*	−0.012	−0.076**	−0.005	0.014	0.053	−0.075**	0.026	−0.014	0.104***	1.000						
STATE	−0.160***	−0.161***	0.195***	−0.103***	−0.123***	−0.021	0.048	−0.144***	0.063*	−0.010	0.063*	0.157***	1.000					
*BIG*10	0.060*	0.088***	0.038	0.104***	0.071**	0.059*	0.019	0.039	0.037	0.090***	−0.116***	−0.025	−0.054*	1.000				
$\ln A_{t-1}$	−0.049	−0.040	0.300***	0.003	−0.083**	−0.035	0.103***	0.052	0.096***	−0.047	−0.030	0.089***	0.269***	0.115***	1.000			
ROA	−0.134***	−0.051	0.012	−0.013	−0.173***	−0.038	−0.035	−0.043	−0.036	0.029	−0.011	−0.010	0.075**	−0.011	0.145***	1.000		
LEV_{t-1}	0.113***	0.015	−0.015	0.034	0.063*	0.059*	−0.035	−0.003	−0.007	−0.016	−0.036	−0.028	−0.093***	0.010	−0.246***	−0.050	1.000	
GROW	0.008	−0.023	0.002	−0.015	−0.065**	−0.041	−0.008	−0.026	−0.027	−0.005	−0.041	−0.010	−0.063*	0.015	−0.081**	0.028	−0.008	1.000

注：*、**、*** 分别表示双尾检验在 10%、5%和 1%水平上显著。

3. 回归分析

表 5.21、表 5.22 描述的是在控制其他变量的情况下，董事会治理、盈余重述重要性程度与重述披露方式选择间关系的回归分析结果。本部分根据模型式(4.7)验证假设 10、假设 11。

表 5.21 回归分析(假设 10)

变量	预期符号	RESD		RESD	
		相关系数	*wald*	相关系数	*wald*
常数项	?	−8.835***	18.794	−5.377***	10.518
BG	+			0.743***	94.166
BSIZE	−	−0.057	1.202		
AC	+	1.547***	41.521		
INDEP	+	9.653***	21.518		
EXPERT	+	1.783***	44.976		
CHAIR	+	−0.120	0.194		
MEET	+	0.030	1.342		
BUSY	−	0.067	0.392		
NC	−	0.809***	13.544	0.240	2.054
BAL	−	−0.005	0.880	−0.001	0.102
STATE	−	−0.587***	9.425	−0.333**	4.412
*BIG*10	+	0.109	0.258	0.185	0.998
$\ln A_{t-1}$	−	0.174*	3.388	0.078	1.061
ROA	−	−1.789**	6.152	−2.185***	14.051
LEV_{t-1}	+	0.217	2.212	0.388***	7.190
GROW	+	0.008	0.556	0.004	0.333
IND		控制		控制	
YEAR		控制		控制	
−2log *likelihood*		752.541		1 019.810	
nagelkerke R^2		0.407		0.245	
样本量		967			

注：*、**、*** 分别表示双尾检验在 10%、5%和 1%水平上显著。

表 5.21 为董事会治理与重述披露方式选择间关系的回归结果。从表 5.21 可以看出，在控制其他影响公司重述披露方式选择的因素的情况下，董事会治理(*BG*)与重述披露方式选择(*RESD*)显著正相关，回归系数为 0.743，表明董事会治理水平越高，公司越倾向于以重大事项临时公告的方式披露重述。具体来说，从董事会构成来看，审计委员会设立变量(*AC*)回归系数为 1.547，在 1%的水平上显著，表明审计委员会的设立有助于公司以重大临时公告的方式披露重述。从董事会独立性来看，独立董事比例(*INDEP*)与重述披露方式选择(*RESD*)显著正相关，回归系数为

9.653，表明董事会独立性越强，公司越倾向于以透明的方式披露重述，以减少可能的负面市场反应；独立董事财务专家（*EXPERT*）回归系数为1.783，在1%的水平上显著，说明独立董事中财务专家的存在有助于公司以重大临时公告的方式披露重述；董事会领导权结构变量*CHAIR*回归系数为−0.120，没有通过显著性检验，表明领导权的分离对盈余重述披露方式选择没有影响。整体来看，董事会治理会影响公司重述披露方式的选择，假设10得到验证。

控制变量中，其他公司治理变量中仅有表示控股股东性质的变量（*STATE*）通过了显著性检验，回归系数为负，说明当控股股东为非国有性质时，公司倾向于以临时公告的方式披露重述。此外，资产收益率（*ROA*）与*RESD*显著负相关，表明当公司盈利能力较差时，公司倾向于通过发布重大临时公告的方式披露重述。

表5.22检验了董事会治理是否有助于改善盈余重述重大性水平对重述披露方式选择的影响。上一小节的研究发现，盈余重述越重大，公司越倾向于隐晦披露重述。表5.22的第(9)列研究了董事会整体治理质量对重述重大程度和披露方式关系的调节，可以看出，交叉变量*BG*＊*MATERIA*与重述披露方式选择（*RESD*）显著正相关，回归系数为0.302，与预期假设相符，且在1%的水平上显著，表明当盈余重述重大性水平较高时，董事会治理质量好的公司倾向于以临时公告的方式。表5.22的第(8)列分析了董事会具体治理特征披露对重述重大程度和披露方式关系的调节，可以看出，交叉变量*AC*＊*MATERIA*回归系数为0.829，在1%的水平上显著，表明审计委员会的设立有助于改善重大性水平对盈余重述披露方式选择的影响；变量*INDEP*＊*MATERIA*与重述披露方式选择（*RESD*）显著正相关，回归系数为5.730，表明当盈余重述重大性水平较高时，董事会中独立董事比例高的公司倾向于以临时公告的方式披露重述；独立董事财务专家与重述重大水平交叉项（*EXPERT*＊*MATERIA*）回归系数为0.523，在1%的水平上显著，说明独立董事中财务专家的存在有助于改善重大性水平对盈余重述披露方式选择的影响。表5.22同时表明，当公司盈余重述水平重大时，领导权是否分离以及董事会的开会频率对盈余重述披露方式选择没有影响。整体结果表明，假设11得到验证。

控制变量中，股权性质（*STATE*）与*RESD*显著负相关，说明公司为非国有控股时，公司倾向于以重大临时公告的方式披露重述。此外，资产收益率（*ROA*）与因变量显著负相关，资产负债率（*LEV*）与重述披露方式*RESD*显著正相关，表明当公司盈利能力较差，负债水平较高时，公司倾向于以发布重大临时公告的方式披露重述。

表 5.22 回归分析(假设 11)

变 量	预期符号	RESD								
		(1)	(2)	(3)	(4)	(5)	(6)	(7)	(8)	(9)
常数项	?	−2.322	−2.466	−2.326	−2.106	−1.400	−1.381	−1.120	−2.915	−1.952
		(2.137)	(2.041)	(1.659)	(1.600)	(0.822)	(0.801)	(0.522)	(2.226)	(1.462)
MATERIA	−	0.254*	−0.901***	−4.075***	−0.659***	−0.117	−0.159	−0.228***	−3.376***	−1.450***
		(2.761)	(61.065)	(111.858)	(56.744)	(1.512)	(2.590)	(10.160)	(27.788)	(68.503)
*BG * MATERIA*	+									0.302***
										(68.732)
*BSIZE * MATERIA*	+	−0.042***							−0.047	
		(7.037)							(2.110)	
*AC * MATERIA*	+		1.362***						0.829***	
			(142.305)						(36.020)	
*INDEP * MATERIA*	+			10.508***					5.730***	
				(108.236)					(33.544)	
*EXPERT * MATERIA*	+				0.913***				0.523***	
					(123.734)				(19.270)	
*CHAIR * MATERIA*	+					−0.009			0.147	
						(0.009)			(0.652)	
*MEET * MATERIA*	+						0.004		0.017	
							(0.192)		(0.584)	
*BUSY * MATERIA*	+							0.089**	0.097	
								(6.464)	(2.128)	
NC	−	−0.408***	0.439**	−0.168	−0.291*	−0.414***	−0.406***	−0.328**	0.397**	0.056
		(7.830)	(5.764)	(0.982)	(3.345)	(8.136)	(7.738)	(4.811)	(3.995)	(0.122)

续表

变量	预期符号	RESD								
		(1)	(2)	(3)	(4)	(5)	(6)	(7)	(8)	(9)
BAL	−	−0.002	0.005	−0.003	−0.004	−0.001	−0.001	−0.001	−0.002	−0.001
		(0.185)	(0.001)	(0.403)	(0.855)	0.096	(0.088)	(0.089)	(0.282)	(0.106)
STATE	−	−0.450***	−0.502***	−0.409**	−0.592***	−0.459***	−0.455***	−0.456***	−0.475**	−0.424***
		(9.091)	(8.491)	(5.511)	(12.915)	(9.537)	(9.311)	(9.354)	(6.559)	(7.347)
*BIG*10	+	0.249	0.193	0.291	0.153	0.237	0.238	0.195	0.239	0.275
		(2.007)	(0.866)	(1.956)	(0.614)	(1.840)	(1.858)	(1.223)	(1.067)	(2.235)
$\ln A_{t-1}$	?	0.112	0.097	0.119	0.116	0.069	0.067	0.053	0.138	0.085
		(2.254)	(1.419)	(1.951)	(2.202)	(0.894)	(0.864)	(0.537)	(2.171)	(1.246)
ROA	?	−1.858***	−1.858***	−1.209*	−2.014***	−1.844***	−1.856***	−1.906***	−1.458**	−2.326***
		(12.896)	(9.784)	(3.803)	(10.908)	(12.481)	(12.576)	(12.981)	(4.967)	(15.650)
LEV_{t-1}	?	0.416***	0.365**	0.258*	0.205	0.403***	0.404***	0.409***	0.248*	0.412***
		(7.767)	(6.241)	(3.074)	(2.556)	(7.109)	(7.254)	(7.318)	(2.914)	(7.854)
GROW	?	0.001	0.004	0.008	0.004	0.000	0.000	0.002	0.017	0.004
		(0.020)	(0.227)	(0.986)	(0.295)	(0.003)	(0.005)	(0.045)	(0.943)	(0.284)
IND		控制	控制	控制	控制	控制	控制	控制	控制	控制
YEAR		控制	控制	控制	控制	控制	控制	控制	控制	控制
−2log *likelihood*		1 121.354	884.993	865.526	972.399	1 128.550	1 128.367	1 121.955	788.732	1 041.832
nagelkerke R^2		0.111	0.402	0.422	0.303	0.100	0.101	0.110	0.470	0.217
样本量		967	967	967	967	967	967	967	967	967

注:( )内表示 *wald* 统计量,*、**、*** 分别表示双尾检验在 10%、5%和 1%水平上显著。

5.3　稳健性检验

为了检验研究结论的可靠性，本部分采用以下几种方式对研究结果进行稳健性检验。

5.3.1　传统的一阶段 logistic 回归模型

在验证董事会治理对盈余重述的影响时，我们运用了部分可观察的两阶段二元 probit 模型来验证假设，为了突出该方法的优越性，我们运用了传统的一阶段 logistic 模型进行稳健性检验，以比较将重述分为两阶段与一阶段的差异。

表 5.23　一阶段 logistic 回归分析

变　量	预期符号	RES			
		相关系数	wald	相关系数	wald
常数项	?	−1.989	0.661	−3.982***	10.230
BG	−			−0.482**	147.450
BSIZE	+	0.415***	56.200		
AC	−	0.311	2.473		
INDEP	−	−16.570***	42.158		
EXPERT	−	−0.269	1.861		
CHAIR	−	0.392	1.908		
MEET	−	0.015	0.242		
BUSY	+	0.316***	19.219		
LOSS	+	0.583**	4.172	0.552**	11.585
SEO	+	−0.770	2.178	−0.021	0.034
NOA_{t+n-1}	+	0.084**	4.006	0.066**	7.48
STATE	?	0.207	1.072	0.051	0.186
*BIG*10	−	−0.239	0.913	−0.252*	2.763
$\ln A_{t-1}$	+	0.047	0.187	0.187**	10.113
ROA	−	−3.007***	8.990	−1.504*	10.442
LEV_{t-1}	+	1.930***	15.749	1.667**	38.502
GROW	+	−0.076**	3.890	0.021	0.548
IND		控制		控制	
YEAR		控制		控制	
−2log *likelihood*		664.903		2 015.150	
nagelkerke R^2		0.503		0.232	
样本量		1 570			

注：*、**、*** 分别表示双尾检验在 10%、5%和 1%水平上显著。

为利于比较，我们用传统的 logistic 模型进行了回归分析，结果如表 5.23 所示。表中董事会治理为误述年度数据，净经营资产（NOA_{t+n-1}）为重述年度数据。可以看到，两表中董事会治理具体指标与盈余重述关系的存在较大差异，系数的显著性不仅不同，甚至可能出现完全相反的结论，如审计委员会（*AC*）、财务专家变量（*EXPERT*）变量。控制变量与因变量的关系也存在较大差异。因此，普通的 logistic 模型存在解释力度不够的问题，两阶段二元 probit 模型能更好地解释盈余重述的发生过程，验证董事会特征与盈余重述的关系。

5.3.2 董事会治理主要变量的选取

通过前文的分析及实证检验可以看出，对盈余重述起决定作用的是董事会独立性，在盈余重述不同阶段完全得到验证的变量为董事会独立董事比例（*INDEP*）及财务专家（*EXPERT*），因此本部分我们改变董事会独立董事比例、独立董事财务专家这两个关键变量的衡量方法，以验证结论的稳健性。对独立董事比例，我们借鉴其他研究者的方法，参考我国的国情，以独立董事人数在董事会的比例是否超过行业均值作为衡量独立性高低的标准。当独立董事成员比例超过行业均值时，*INDEP* 取值为 1，反之为 0。对财务专家的衡量，前文的研究中我们主要考虑的是会计类财务专家，借鉴 Bedard(2004)和 Abbott(2004)的研究成果，我们扩大了财务专家的范围，将曾在大型投资银行等金融机构有高管任职经历的人员也作为财务专家，重新进行了检验。相应地，衡量董事会治理整体水平的变量（*BG*）也发生相应的变化。通过上述变量的选取，重新检验了假设 1—5，相关的研究结果如表 5.24、表 5.25 所示。

表 5.24 反映了盈余重述的动机及董事会治理具体指标与盈余重述发生间关系（假设 1—5）的稳健性检验结果。表 5.24 中第 2、3、4 列研究了盈余误述的动机，可以看到，衡量盈余误述动机的避亏变量（*LOSS*）通过了显著性检验，回归系数为 0.291，表明上市公司误述盈余是为了避免亏损以在资本市场生存，防止被证监会特别处理或退市，假设 1 再次得到验证；股票增发（*SEO*）变量回归系数为 −0.185，系数符号与预期假设相反，说明公司误述年报盈余并非出于融资动机，假设 2 仍然没有得到验证。表 5.24 中第 5、6、7 列检验了盈余误述修正和披露的动机，可以看到，衡量盈余重述动机的变量净经营资产（NOA_{t-1}）通过了显著性检验，回归系数为 0.713，表明上市公司重述盈余是因为之前年度的盈余管理行为导致资产负债表过度膨胀，修正盈余可以提高公司未来期间的盈余增长能力，扩大以后期间的盈余

管理空间，降低资产负债表膨胀水平，假设 3 再次得到验证。

表 5.24　二元 probit 回归分析的稳健性检验(假设 1—5)

变　量	P(M)			P(F/M)		
	预期符号	相关系数	p 值	预期符号	相关系数	p 值
常数项	?	-3.262^{**}	−2.370	?	-8.208^{**}	−2.942
BSIZE	+	0.276^{**}	7.985	−	0.681^{*}	1.660
AC	−	0.007	0.065	+	6.123^{***}	5.280
INDEP	−	-0.682^{**}	−3.602	+	12.843^{***}	3.032
EXPERT	−	-0.112^{*}	−1.706	+	3.786^{***}	7.480
CHAIR	−	0.261	1.520	+	-2.404^{***}	−3.694
MEET	−	0.002	0.188	+	0.188^{*}	1.787
BUSY	+	0.32^{**}	4.478	−	0.114	1.064
LOSS	+	0.291^{*}	1.72	+	7.168^{***}	4.850
SEO	+	−0.185	−0.570	+	-9.328^{***}	−6.990
NOA_{t-1}				+	0.713^{*}	1.700
STATE	+	0.084	0.620	−		
*BIG*10	−	−0.036	−0.230	+		
$\ln A_{t-1}$	−	0.023	0.38			
ROA	−	-2.060^{***}	−3.390			
LEV_{t-1}	+	1.125^{***}	4.212			
GROW	+	−0.025	−1.173			
IND		控制			控制	
YEAR		控制			控制	

注：*、**、*** 分别表示双尾检验在 10%、5%和 1%水平上显著。

表 5.24 中第 2、3、4 列反映了董事治理与盈余误述可能性(*P*(*M*))之间关系的回归结果(模型 *chi-square* 为 239.000，*pro* > *chi*2 为 0.000)。从董事会构成来看，董事会规模(*BSIZE*)回归系数为 0.276，与预期符号相符，且在 1%的水平上显著，表明董事会规模太大，监督效率会降低，难以有效地阻止盈余误述；审计委员会的设立(*AC*)变量没有通过假设检验。从董事会独立性来看，独立董事比例(*INDEP*)与盈余误述的可能性显著负相关，回归系数为 −0.682，且在 1%的水平上显著，表明提高独立董事在董事会的比例，能够减少盈余误述的发生；独立董事财务专家(*EXPERT*)回归系数为 −0.112，与因变量显著负相关，与预期假设相符，说明如果独立董事中具有财务专家，则公司年报盈余误述的可能性会降低；公司领导权分离(*CHAIR*)变量没有通过假设检验。从董事会活动水平来看，董事会年会议次数(*MEET*)没有通过显著性检验；表示董事会繁忙度的变量董事兼职家数(*BUSY*)回

归系数为 0.320，与盈余误述显著正相关，且在 1%的水平上显著，说明董事兼职家数过多，无法有效地行使监督职能，不能及时阻止盈余误述的发生。表 5.24 的第 5、6、7 列描述了为董事会治理与盈余误述修正和披露的可能性（*P*（*F*/*M*））的稳健性检验回归结果。从董事会构成来看，董事会规模（*BSIZE*）回归系数为 0.681，在 10%的水平上显著，回归系数与预期符号相反；审计委员会的设立（*AC*）回归系数为 6.123，且在 1%的水平显著，表明审计委员会的设立有助于提高年报盈余误述被修正和披露的可能性。从董事会独立性来看，独立董事比例（*INDEP*）与盈余误述修正和披露的可能性显著正相关，回归系数为 12.843，且在 1%的水平上显著，表明提高独立董事在董事会的比例，有利于年报盈余误述的修正和披露；独立董事财务专家（*EXPERT*）回归系数为 3.786，与因变量显著正相关，与预期假设相符，说明在公司之前年报盈余存在误述前提下，独立董事中的财务专家可以及时发现和披露年报盈余误述；公司领导权分离（*CHAIR*）变量回归系数为 −2.404，与预期符号相反。从董事会活动水平来看，董事会年会议次数（*MEET*）与盈余误述可能性显著正相关，回归系数为 0.188，表明在公司之前年报盈余存在误述前提下，董事会开会次数增多，能及时发现前期年报的差错，有利于盈余误述的修正与披露；表示董事会繁忙度的变量董事兼职家数（*BUSY*）回归系数不显著。

表 5.25 二元 probit 回归分析的稳健性检验（假设 1—5）

变量	*P*(*M*)			*P*(*F*/*M*)		
	预期符号	相关系数	*p* 值	预期符号	相关系数	*p* 值
常数项	?	−2.107***	−2.690	?	1.200*	1.780
BG	−	−0.323***	−13.280	+	0.669***	18.380
LOSS	+	0.327***	3.350	+	0.305***	2.740
SEO	+	−0.019	−0.100	+	−1.548***	−5.500
NOA_{t-1}				+	0.036**	2.510
STATE	+	0.019	0.260	−	0.543*	1.930
*BIG*10	−	−0.142	−1.630	+	0.008	0.030
$\ln A_{t-1}$	−	0.116***	3.090			
ROA	−	−1.175***	−3.700			
LEV_{t-1}	+	0.978***	6.190			
GROW	+	0.012	0.720			
IND		控制			控制	
YEAR		控制			控制	

注：*、**、*** 分别表示双尾检验在 10%、5%和 1%水平上显著。

表 5.25 为董事会整体治理水平与盈余重述关系的稳健性检验。可以看到，董

事会治理(*BG*)变量与盈余误述(*P*(*M*))显著负相关,回归系数为 −0.323,说明董事会治理质量越差,公司越易发生盈余误述;董事会治理(*BG*)变量与盈余误述的修正变量(*P*(*F*/*M*))显著正相关,回归系数为 0.669,说明在前期年报存在盈余的前提下,董事会治理质量越高,公司越易修正前期的年报盈余差错。结合表 5.24 的结果可以表明,假设 4、假设 5 再次得到验证。

5.3.3 大股东权力的衡量

本部分我们改变衡量大股东权力或影响的指标,借鉴其他学者的研究成果,以股权集中度即第一大股东持股比例(*TOP*)衡量大股东的影响,重新检验了假设 6,相关的研究结果如表 5.26 所示。

表 5.26 回归分析的稳健性检验(假设 6)

变 量	预期符号	相关系数	*wald*
常数项	?	−2.008	2.199
BG	−	−1.061***	120.133
TOP	+	−4.865***	40.675
BG * *TOP*	+	1.378***	41.108
LOSS	+	0.513***	9.478
SEO	+	0.017	0.003
NOA_{t+n-1}	+	0.069***	7.554
STATE	+	0.139	1.286
*BIG*10	−	−0.227	2.387
$\ln A_{t-1}$	−	0.200***	9.797
ROA	−	−2.015***	12.609
LEV_{t-1}	+	1.671***	34.270
GROW	+	0.016	0.288
IND		控制	
YEAR		控制	
−2log *likelihood*		1 940.083	
nagelkerke R^2		0.276	
样本量		1 744	

注:*、**、*** 分别表示双尾检验在 10%、5%和 1%水平上显著。

表 5.26 为考虑大股东权力的影响时,董事会治理与盈余重述的关系的稳健性检验,即研究董事会的治理效果是否由于大股东权力过大而被削弱。表中验证了股权集中度对董事会治理效果的影响,可以看到,系数 α_1[模型式(4.4)中]衡量了不考虑大股东权力时董事会治理与盈余重述的关系,它显著为负(*wald* 统计量为 120.133),系数 α_3 为大股东权力与董事会治理(*BG*)的交叉项,该值符号变为正,表明考虑大股

东权力影响时，董事会治理与盈余重述的关系发生变化。变量 *TOP* 与 *BG* 的交叉项值为 1.378，显著为正（*wald* 统计量为 41.108），说明对于股权集中度高的公司，大股东权力较大，此时董事会治理与盈余重述的负向关系发生变化，即董事会的监管效果被削弱，难以有效阻止盈余重述的发生。由此，假设 6 再次得到验证，即大股东权力会削弱董事会治理对盈余重述的影响。

对于假设 8、假设 10 的验证，本部分改变董事会独立董事比例、独立董事财务专家这两个关键变量的衡量方法，同时改变大股东权力的衡量指标，以验证结论的稳健性，研究结果如表 5.27、表 5.28 所示。

表 5.27 回归分析的稳健性检验（假设 8）

变 量	预期符号	*RES*		*RES*	
		相关系数	*wald*	相关系数	*wald*
常数项	?	−6.616***	15.128	−6.554***	18.673
ΔBG	+			0.995***	367.858
$\Delta BSIZE$	−	−0.289***	65.529		
ΔAC	+	−0.323**	3.872		
$\Delta INDEP$	+	2.130***	209.428		
$\Delta EXPERT$	+	1.115***	75.226		
$\Delta CHAIR$	+	1.413***	64.431		
$\Delta MEET$	+	0.089***	18.677		
$\Delta BUSY$	−	−0.107**	4.597		
LOSS	+	0.465**	4.942	0.595***	10.007
SEO	+	−0.105	0.079	−0.381	1.197
NOA_{t+n-1}	+	0.063**	4.383	0.050*	3.680
ΔTOP	−	−0.787**	4.798	−0.616*	3.451
$\Delta STATE$	+	−0.291	2.516	−0.440***	7.264
$\Delta BIG10$	+	0.227	1.371	0.142	0.669
$\ln A_{t-1}$	−	0.255***	10.215	0.222***	9.735
ROA	−	−1.904***	7.609	−1.544***	7.603
LEV_{t-1}	+	1.220***	11.502	1.484***	22.876
GROW	+	0.002	0.104	0.005	0.026
IND		控制		控制	
YEAR		控制		控制	
−2log *likelihood*		1 280.858		1 551.912	
nagelkerke R^2		0.619		0.494	
样本量			1 744		

注：*、**、*** 分别表示双尾检验在 10%、5%和 1%水平上显著。

表 5.27 为误述期到重述期董事会治理变化与盈余重述关系回归结果的稳健性检验。表中第 5、6 列分析了董事会治理总体变化与盈余重述的关系，可以看到，董事会治理变化（Δ*BG*）与因变量显著正相关，回归系数为 0.995，说明董事会治理质量的提高有利于盈余重述的发现和披露。具体来看，从董事会构成来看，董事会规模变化（Δ*BSIZE*）回归系数为 －0.289，与因变量显著负相关，表明缩小董事会规模，监督效率会提高，有利于发现和披露盈余重述；审计委员会设立的变化（Δ*AC*）符号与预期相反。从董事会独立性变化来看，衡量董事会独立性的变量独立董事比例变化（Δ*INDEP*）与盈余重述显著正相关，回归系数为 2.130，表明提高独立董事在董事会的比例，能够督促公司及时披露重述；独立董事财务专家比例（Δ*EXPERT*）回归系数为 1.115，与因变量显著正相关，说明如果独立董事中具有财务专家，则公司会及时披露盈余重述；公司领导权分离变化（Δ*CHAIR*）变量回归系数为 1.413，与重述显著正相关，表明总经理与董事长两职分离程度提高有利于公司及时披露重述。从董事会活动水平来看，董事会年会议次数变化（Δ*MEET*）回归系数为 0.089，与因变量显著正相关，表明提高董事会勤勉度，有利于更好地监管财务报表，及时发现和披露重述；表示董事兼职家数变化（Δ*BUSY*）回归系数为 －0.107，与盈余重述显著负相关，说明减少董事兼职家数有利于其有效地行使监督职能，及时披露盈余重述。假设 8 再次得到验证。

表 5.28 为假设 10 的稳健性检验结果，检验了董事会治理与重述披露方式选择之间的关系。从表 5.28 可以看出，在控制其他影响公司重述披露方式选择的因素的情况下，董事会治理（*BG*）重述披露方式选择（*RESD*）显著正相关，回归系数为 0.644，表明董事会治理水平越高，公司越倾向于以重大事项临时公告的方式披露重述。具体来说，从董事会构成来看，董事会规模变量（*BSIZE*）回归系数为 －0.085，与因变量显著负相关，表明精简的董事会规模有利于公司以透明的方式披露重述；审计委员会设立变量（AC）回归系数为 0.678，在 1% 的水平上显著，表明审计委员会的设立有助于公司以重大临时公告的方式披露重述。从董事会独立性来看，独立董事比例（*INDEP*）与重述披露方式选择（*RESD*）显著正相关，回归系数为 1.039，表明董事会独立性越强，公司越倾向于以透明的方式披露重述，以减少可能的负面市场反应；独立董事财务专家（*EXPERT*）回归系数为 1.476，在 1% 的水平上显著，说明独立董事中如果有财务专家，能督促公司以透明的重大临时公告的方式披露重述；董事会领导权结构变量 *CHAIR* 回归系数为 －0.135，没有通过显著性检验，

表明领导权的分离对盈余重述披露方式选择没有影响。整体来看，董事会治理会影响公司重述披露方式的选择，假设 10 再次得到验证。

表 5.28 回归分析的稳健性检验（假设 10）

变量	预期符号	RESD 相关系数	RESD wald	RESD 相关系数	RESD wald
常数项	?	−3.270*	3.471	−4.068**	6.573
BG	+			0.644***	113.443
BSIZE	−	−0.085*	3.097		
AC	+	0.678***	12.889		
INDEP	+	1.039***	36.703		
EXPERT	+	1.476***	73.926		
CHAIR	+	−0.135	0.271		
MEET	+	0.034	2.019		
BUSY	−	0.034	0.114		
TOP	−	0.616	1.142	0.522	1.094
STATE	−	−0.599***	10.649	−0.421***	6.918
*BIG*10	+	−0.007	0.001	0.070	0.147
$\ln A_{t-1}$	−	0.101	1.319	0.065	0.749
ROA	−	−2.089***	9.476	−1.986***	11.571
LEV_{t-1}	+	0.119	1.249	0.240**	5.256
GROW	+	0.011	0.987	0.008	1.245
IND		控制		控制	
YEAR		控制		控制	
−2log *likelihood*		857.579		1 068.093	
nagelkerke R^2		0.330		0.257	
样本量		967			

注：*、**、*** 分别表示双尾检验在 10%、5%和 1%水平上显著。

5.3.4 激进盈余重述样本值的选取

在分析董事会治理与盈余重述不同性质消息的关系时，本研究比较了董事会治理对高报盈余重述和低报盈余重述的影响，研究结论表明说明董事会对两种性质的盈余重述都较为关注，假设 7 没有得到验证。为了检验结论是否稳健，我们选择 100 家净利润调减幅度最大的公司组成高报盈余重述公司（RES^{+}），100 家净利润调增幅度最大的公司组成低报盈余重述公司（RES^{-}），重新进行了回归分析，以研究是否董事会更关注高报盈余的重述。相关的研究成果如表 5.29 所示。

表 5.29 回归分析稳健性检验表(假设 7)

变 量	预期符号	RES^+ versus RES^-			
		相关系数	*wald*	相关系数	*wald*
常数项	?	3.218	0.211	−1.742	0.222
BG				−0.045	0.179
BSIZE	−	−0.139*	3.113		
AC	−	0.549	0.951		
INDEP	−	−1.684*	3.430		
EXPERT	−	0.059	0.011		
CHAIR	−	−0.748	1.204		
MEET	−	−0.106	1.398		
BUSY	+	−0.086	0.501		
LOSS	+	0.178	0.076	−0.187	0.225
SEO	+	−21.613	0.000	−21.384	0.000
NOA_{t+n-1}	+	−0.064	0.441	−0.040	0.447
TOP	−	2.423*	3.320	1.276	1.659
STATE	+	−0.866	2.321	−0.261*	3.251
*BIG*10	−	−0.759	1.127	−0.262	0.390
$\ln A_{t-1}$	−	0.008	0.001	0.087	0.249
ROA	−	0.067	0.006	−0.315	0.243
LEV_{t-1}	+	−0.115	0.194	−0.080	0.266
GROW	+	−0.210	0.192	−0.094	0.434
IND		控制		控制	
YEAR		控制		控制	
−2log *likelihood*		95.895		235.840	
nagelkerke R^2		0.304		0.106	
样本量		200			

注:当公司为高报盈余重述公司时,因变量取值为 1;公司为低报盈余重述公司时,取值为 0。*、**、*** 分别表示双尾检验在 10%、5%和 1%水平上显著。

表 5.29 为检验董事会治理与盈余重述消息性质间关系的逻辑回归分析表。从表 5.29 来看,高报盈余的重述公司的董事会治理水平(*BG*)低于低报盈余的重述公司,但回归系数并不显著。其中,高报盈余的重述公司董事会规模(*BSIZE*)、独立董事比例(*INDEP*)显著低于低报盈余的重述公司,其他董事会治理变量均不显著,表明两类公司董事会治理水平不存在显著差异。说明董事会对两种性质的盈余重述都较为关注,假设 7 仍然未得到验证。

5.3.5 盈余重述重大性水平的衡量

本部分我们改变盈余重述重大性水平的部分衡量标准，重新对模型进行检验。指标中，对重述重大程度影响最大的变量为重述幅度和重述涉及的会计问题，我们以被重述盈余占被重述年度收入比例的绝对值表示重述幅度（*MAGNITUDE*），以重述影响的会计科目数（*NUM*）衡量重述涉及的会计问题，反映重述的整体重大性程度（*MATERIA*）的变量也因此发生了变化。通过上述变量的选取，重新检验了假设 9、假设 11，相关的研究结果如表 5.30、表 5.31 所示。

表 5.30 描述的是在控制其他变量的情况下，盈余重述重要性程度与重述披露方式选择间关系的稳健性检验结果。从表 5.30 的第(1)列可以看出，在控制其他影响公司重述披露方式选择的因素的情况下，重述方向（*NEGATIVE*）与重述披露方式选择（*RESD*）显著负相关，回归系数为－0.408，且在 1%的水平上显著，表明当盈余重述调低之前年度盈余时，公司倾向于隐晦披露重述。重述幅度变量 *MAGNITUDE* 回归系数为显著为负，在 1%的水平上显著，说明盈余重述幅度越大，公司越倾向于采取秘密重述。重述年度变量 *PERIODS* 回归系数为 0.454，在 1%的水平上显著，但回归系数符号与预期相反，表明盈余重述公告修正的会计年度越多，公司越倾向于以透明的方式披露重述。重述涉及的会计事项变量 *NUM* 回归系数为－0.327，且在 1%的水平上显著，表明盈余重述涉及的会计事项越多，公司越倾向于在年报附注中披露重述。违规重述变量 *IRREGULAR* 回归系数为－0.008，没有通过显著性检验，说明当重述涉及造假、欺诈等违规行为时，公司的重述披露方式不存在显著差异。核心重述变量 *CORE* 与重述披露方式变量 *RESD* 显著负相关，回归系数为－0.301，在 5%的水平上显著，表明当重述涉及收入、成本等核心业务时，公司倾向于以不透明的方式披露重述。综合反映重述整体重大性程度的指标 *METERIA* 回归系数为－0.148，在 1%的水平上显著，回归系数与预期符号一致，表明盈余重述越重大，公司越倾向于在年报附注中披露重述。假设 9 再次得到验证。表 5.30 的第(8)列表明，重述方向（*NEGATIVE*）、重述幅度（*MAGNITUDE*）、重述会计事项数（*NUM*）变量与因变量（*RESD*）显著负相关，回归系数分别为－0.468、－0.086、－0.337，进一步表明当盈余重述调低前期盈余，调整幅度较大，涉及会计事项较多时，公司倾向于隐晦披露重述。重述会计年度 *PERIODS* 回归系数为 0.583，与预期符号相反，表明重述涉及的会计年度越多，公司越倾向于以重大临时公告的方式披露。核心重述（*CORE*）与违规重述（*IRREGULAR*）变量均没有通过显著性检验。

表 5.30 回归分析的稳健性检验(假设 9)

变量	预期符号	RESD							
		(1)	(2)	(3)	(4)	(5)	(6)	(7)	(8)
常数项	?	−0.989 (0.464)	−0.412 (0.078)	−2.178 (2.198)	−1.153 (0.629)	−1.340 (0.866)	−1.321 (0.838)	−0.697 (0.227)	−0.774 (0.523)
NEGATIVE	—	−0.408*** (7.615)							−0.468*** (5.392)
MAGNITUDE	—		−0.082*** (8.760)						−0.086*** (7.649)
PERIODS	—			0.454*** (16.421)					0.583*** (21.654)
NUM	—				−0.327*** (14.092)				−0.337*** (16.869)
IRREGULAR	—					−0.008 (0.002)			−0.005 (0.002)
CORE	—						−0.301** (4.572)		−0.069 (0.091)
MATERIA	—							−0.148*** (8.890)	
$\ln A_{t-1}$	?	0.039 (0.327)	0.001 (0.000)	0.055 (0.661)	0.055 (0.656)	0.042 (0.387)	0.046 (0.460)	0.031 (0.227)	0.038 (0.161)
ROA	?	−2.141*** (15.926)	−1.969*** (13.597)	−2.063*** (15.111)	−1.988*** (14.476)	−2.010*** (14.772)	−2.017*** (14.858)	−2.078*** (15.292)	−2.154*** (14.388)
LEV_{t-1}	?	0.295*** (7.093)	0.343*** (8.414)	0.284*** (6.728)	0.319*** (7.924)	0.301*** (7.519)	0.317*** (8.215)	0.315*** (7.964)	0.393*** (7.845)
GROW	?	0.004 (0.267)	0.003 (0.213)	0.003 (0.234)	0.003 (0.162)	0.003 (0.218)	0.003 (0.168)	0.004 (0.224)	0.006 (0.282)
IND		控制	控制	控制	控制	控制	控制	控制	控制
YEAR		控制	控制	控制	控制	控制	控制	控制	控制
−2log *likelihood*		1 214.725	1 208.961	1 199.455	1 207.169	1 222.348	1 217.747	1 216.280	1 180.679
nagelkerke R^2		0.070	0.078	0.087	0.081	0.060	0.066	0.078	0.178
样本量		967	967	967	967	967	967	967	967

注:( )内表示 *wald* 统计量,*、**、*** 分别表示双尾检验在 10%、5%和 1%水平上显著。

表 5.31 回归分析的稳健性检验(假设 11)

变量	预期符号	RESD			
		相关系数	*wald*	相关系数	*wald*
常数项	?	−0.445	0.060	−0.725	0.191
MATERIA	−	−1.056***	26.895	−1.220***	114.530
BG * *MATERIA*	+			0.264***	136.263
BSIZE * *MATERIA*	+	−0.024*	3.249		
AC * *MATERIA*	+	0.327***	25.644		
INDEP * *MATERIA*	+	0.525***	78.296		
EXPERT * *MATERIA*	+	0.556***	79.176		
CHAIR * *MATERIA*	+	0.063	0.511		
MEET * *MATERIA*	+	0.011	1.831		
BUSY * *MATERIA*	+	0.048	2.064		
TOP	−	0.550	1.018	0.511	0.971
STATE	−	−0.481***	7.097	−0.451***	7.227
*BIG*10	+	0.137	0.425	0.172	0.791
$\ln A_{t-1}$	?	0.053	0.376	0.051	0.416
ROA	?	−1.940***	8.963	−2.129***	11.531
LEV_{t-1}	?	0.099	1.020	0.251**	5.839
GROW	?	0.011	1.292	0.012	1.428
IND		控制		控制	
YEAR		控制		控制	
−2log *likelihood*		878.658		986.654	
nagelkerke R^2		0.478		0.349	
样本量		967			

注:( )内表示 wald 统计量,*、**、*** 分别表示双尾检验在 10%、5%和 1%水平上显著。

表 5.31 检验了董事会治理是否有助于改善盈余重述重大性水平对重述披露方式选择的影响。表 5.31 的第 5、6 列研究了董事会整体治理质量对重述重大程度和披露方式关系的调节,可以看出,交叉变量 *BG* * *MATERIA* 与重述披露方式选择(*RESD*)显著正相关,回归系数为 0.264,与预期假设相符,且在 1%的水平上显著,表明当盈余重述重大性水平较高时,董事会治理质量好的公司倾向于采用临时公告的方式。表 5.31 的第 3、4 列分析了董事会具体治理特征披露对重述重大程度和披露方式关系的调节,可以看出,交叉变量 *BSIZE* * *MATERIA* 回归系数为 −0.024,与因变量显著负相关,表明精简董事会的规模有助于改善重大性水平对盈余重述披露方式选择的影响;*AC* * *MATERIA* 回归系数为 0.327,在 1%的水平上显著,表明审计

委员会的设立有助于改善重大性水平对盈余重述披露方式选择的影响；变量 *INDEP* * *MATERIA* 与重述披露方式选择（*RESD*）显著正相关，回归系数为 0.525，表明当盈余重述重大性水平较高时，董事会中独立董事比例高的公司倾向于以临时公告的方式披露重述；独立董事财务专家与重述重大水平交叉项（*EXPERT* * *MATERIA*）回归系数为 0.556，在 1%的水平上显著，说明独立董事中财务专家的存在有助于改善重大性水平对盈余重述披露方式选择的影响。表 5.31 同时表明，当公司盈余重述水平重大时，领导权是否分离、董事会的开会频率以及董事兼职家数对盈余重述披露方式选择没有影响。整体结果表明，假设 11 再次得到验证。

5.4 本章小结

本章在前文理论分析和研究设计的基础上，通过描述性统计分析、相关性分析及回归分析的方法，对董事会治理与盈余重述发生、董事会治理与盈余重述披露方式选择间的关系进行了验证，具体检验结果如表 5.32 所示。结论表明，董事会治理对阻止盈余误述，修正和披露盈余误述，以及监督公司以透明的方式披露盈余重述，有着十分积极的影响。稳健性检验的结果验证了本书结论，表明研究结论可靠、稳健。

表 5.32 研究假设汇总表

编号	研 究 假 设	检验结果
H1	避免连续亏损的公司易发生盈余误述。	验 证
H2	有股票增发动机的公司易发生盈余误述。	未验证
H3	在前期年报盈余存在误述情况下，资产负债表膨胀度高的公司倾向于修正和披露前期盈余误述。	验 证
H4	有效的董事会治理能够阻止年报盈余误述的发生。	验 证
H5	在前期年报盈余存在误述前提下，有效的董事会治理有助于年报盈余误述的修正和披露。	验 证
H6	大股东权力会削弱董事会治理对盈余重述的影响。	验 证
H7	董事会治理对高报盈余重述的影响大于低报盈余的重述。	未验证
H8	董事会治理从误述期到重述期的变化会影响盈余重述的发生。	验 证
H9	盈余重述越重大，公司越倾向于仅在年报附注中披露重述。	验 证
H10	董事会治理会影响公司盈余重述披露方式的选择。	验 证
H11	有效的董事会治理有助于改善重大性水平对盈余重述披露方式选择的影响。	验 证

6　结果讨论

本研究在分析董事会治理、年报盈余重述发生与盈余重述披露方式选择之间内在逻辑关系的基础上，构建了反映三者之间关系的概念模型，并分别从董事会治理与年报盈余重述发生、董事会治理变化与盈余重述发生、董事会治理和重大性水平与盈余重述披露方式选择等方面，检验了董事会治理对年报盈余重述及重述披露方式选择的影响。本书提出的11项研究假设中有9项得到了验证，2项研究假设没有得到验证。检验结果基本支持了本书提出的概念模型和理论框架。本部分将根据实证检验的结果，分析研究假设验证与否的原因，讨论其所反映的理论和现实意义。

6.1　董事会治理与年报盈余重述之间的关系

6.1.1　盈余重述的动机

假设1—3分析了盈余重述的动机。实证检验结果表明，上市公司管理层或大股东误述年报盈余是为了避免亏损，提高当前盈余，从而在资本市场生存；当前期年报存在盈余差错时，管理层或大股东重述年报是为了降低资产负债表膨胀度，为后期盈余管理提供空间。管理层与大股东的融资动机没有得到验证。

假设1分析了上市公司盈余误述的避亏动机。实证检验结果表明，避免连续亏损的公司易误述年报盈余，即公司误述年报盈余是为了达到证券监管部门的盈余基准，避免被特别处理或退市。假设 1 得到验证充分说明，盈余误述公司存在明显的盈余管理动机，在公司发生亏损或盈利不佳时，管理层会利用会计差错调整收益，高报或低报盈余的误述行为是管理层盈余管理的一种方式；大股东可能为了自利动机剥夺公司资源，并通过操控财务报告内容掩盖私人控制权收益或隐藏不利消息。这与国内学者张为国和王霞（2004）的观点是一致的，即会计差错公司主要面临保壳等资本市场压力，同时为 Firth、Rui 和 Wu（2011）的观点提供了实证支持，即上市公司重述年报盈余的主要动机是避免被证监会除名。

假设 2 探讨了上市公司盈余误述的融资动机。实证检验结果表明，上市公司误述年报盈余并非为了股票增发等融资目的，假设 2 没有得到验证。这与 Wu（2008）的研究结论是一致的，她认为，中国上市公司年报重述主要是为了避免亏损以在资本市场生存，融资动机不显著。可能的原因在于，中国资本市场尚不成熟，上市公司的融资尤其是权益融资需求虽然很大，但大多在会计政策的选择范围内进行财务包装，通过故意错报达到权益融资目的的公司不是很多，导致结果不太显著。

假设 3 研究了在前期年报盈余存在错误情况下，上市公司修正盈余差错的动机。实证研究结果表明，上市公司重述年报盈余主要是为了降低资产负债表膨胀度，即减少净经营资产的高估水平，为后期盈余管理提供空间。我国大多数盈余误述为高报之前年报盈余，且主要通过调高应计项目进行盈余管理，而资产负债表与损益表之间的传导使得反映在盈余上的应计同时会反映在净资产上，公司的激进会计选择会随时间累积在资产负债表上，使得资产负债表变得膨胀。假设 3 得到验证说明，公司前期的盈余误述行为存在盈余管理倾向，影响了公司的未来获利性，同时减弱了公司以后期间的盈余增长能力，决定和限制了本期及以后期间的盈余管理空间。为了提高公司未来期间的盈余增长能力，公司倾向于通过盈余重述修正前期年报，从而降低净经营资产水平，一方面提高会计盈余的稳健性，另一方面也可以为后期盈余管理提供机会。

6.1.2　董事会治理与盈余重述的发生

假设 4、5 分析了董事会治理与盈余重述发生之间的关系。实证检验结果表明，董事会治理对盈余重述的发生有显著的影响，有效的董事会治理能够阻止年报盈余误述的发生，而当公司前期年报盈余存在误述时，有效的董事会治理有助于年报盈余误述的修正和披露。具体来说，从董事会构成来看，董事会规模太大，会影响其监督效率，难以有效地阻止年报盈余误述的发生，但当公司年报盈余存在差错时，较大的董事会规模可以发挥集思广益的优势，有利于督促公司修正和披露盈余误述；审计委员会的成立不能阻止盈余误述的发生，但可以通过与外部审计师交流提高外部审计的独立性，督促公司客观公正地修正年报差错。从董事会独立性来看，独立董事有利于提高董事会的监督效率，独立性强的董事会能够有效阻止年报盈余差错，当前期年报盈余存在错弊时，独立董事比例高有利于公司修正和披露盈余误述；独立董事中的财务专家能够协助董事会检查财务报告，及时阻止错误年报的披露，当前期年报盈余存在误述时，财务专家的专业素质和能力能够督促管理层修正和披露盈余差错；二元的领导权结构并没有提高董事会对年报的监督效率，无法阻止盈余误述的发生，也不能及时修正和披露已有的盈余差错。从董事会活动水平来看，董事会年会议次数反映了成员的勤恳程度，但开会次数多并不能够阻止年报盈余的误述，当公司前期年报存在差错时，较多的董事会会议次数预示着成员间有更多的时间交换意见，有利于盈余误述的修正与披露；董事的平均兼职家数反映了董事对公司事务投入的时间和精力，董事兼职的家数太多，无法有效监管公司信息披露行为，不能及时阻止年报盈余误述的发生。

在董事会规模与盈余重述之间关系上，实证检验结果表明，董事会规模与年报盈余误述呈正相关关系，但当公司前期年报盈余存在差错时，较大的董事会规模有利于公司修正和披露盈余误述。看似矛盾的结论实际充分验证了董事会规模与盈余重述之间的正相关关系，支持了代理理论的观点，即董事会的规模会影响公司治理，其监督权力虽然随董事的数量而提高，但协调组织过程的损失往往超过董事数量增长的收益，规模较大的董事会由于利益冲突和协调成本等机能障碍无法及时客观地阻止会计差错的发生，从而为 Jensen(1993)的观点提供了实证支持，即精简的董事会监管更有效。当公司前期年报存在盈余差错时，较大的董事会规模有利于公司修正和披露盈余误述，从而支持了资源依赖理论的观点，即较大的组织规模有利于内部专业知识的互补，吸收不同意见，人数多的成员代表更广泛意义上的利益相关者，增加了大股东操控的难度以及内部人士的合谋舞弊成本。从这个层面上说，过大或过小的董事会规模对董事会监管效率都是不利的，适当的规模才可以提高董事决策的独立性和科学性。

在审计委员会对年报盈余重述的影响上，研究结果表明，审计委员会的设立不能有效阻止年报盈余误述的发生，但有助于提高年报盈余误述被修正和披露的可能性。以上结果说明,审计委员会的设立一定程度上纠正了公司不实财务报告行为,加强了财务报告的完整性与可靠性,但其在减少盈余重述等违规行为、提升审计质量方面的作用还不是很理想。虽然大多数公司建立了审计委员会,也认同其在提升公司治理质量上的作用,但其实际运行效果远逊于西方国家,目前还不能完全有效地发挥公司治理监管的角色。这与 Lin、Xiao 和 Tang(2008)的研究结果是一致的。Lin、Xiao 和 Tang(2008)通过问卷调查发现,中国上市公司审计委员会的实际运行效果较差,较少开会,很少有任命外部审计师、决定审计费用的权力,也较少与外部审计师交流以调节管理层与外部审计师的冲突,其监管角色常流于形式。可能的原因在于,我国的审计委员会制度发展较晚,还不是很完善,审计委员会职能与监事会相冲突,一定程度上阻碍了其作用的发挥;作为董事会下属专业委员会之一,审计委员会是公司的内部机构,易受到大股东及管理层的影响,其独立性受损,监督角色也大打折扣;此外,审计委员会职能的有效发挥取决于其专业性,成员应具备财务知识,理解各种财务与运营问题,理解外部审计师的判断。现有情况下审计委员会的大部分成员还不具备这样的资格,甚至对公司具体经济运行了解不多,一定程度上也阻碍了其监管角色的发挥。

在独立董事比例对年报盈余重述的影响上,实证检验结果表明,独立董事比例与年报盈余误述负相关,当公司之前年报盈余存在误述时,独立董事比例与年报盈余误述的修正和披露呈正相关关系。也就是说,独立董事的介入能够增强董事会活力,降低管理层合谋的可能性,提高其提供虚假财务报告的成本,抑制其误报企图,提高独立董事在董事会的比例,能够减少盈余误述等财务舞弊与盈余管理行为。这为 Hermalin 和 Weisbach(1998)以及国内学者黄志忠(2010)的观点提供了实证支持。Hermalin 和 Weisbach(1998)认为,董事会治理效率是其独立性的增函数,随着董事会独立性的增强,其监督作用也会加强;黄志忠(2010)认为,在治理会计错报行为方面,证监会所提倡的独立董事制度是有效的。该结论与 Beasley(1996),及 Ueng、Koehn 和 Chang(2009)的研究结论也是一致的,即外部董事的加入有助于减少财务报表欺诈的发生,董事独立性与盈余重述相关。实证结果同时表明,提高独立董事比例,有利于董事会对公司事务独立判断,防止大股东与经理层的合谋,有利于独立董事在利益博弈与决策中占据优势,维护中小股东的利益。当公司发现之前年报盈余存在误述时,独立董事的引入有利于减少信息披露决策受大股东的影响,督促管理层遵守披露要求,提升信息披露质量,即独立董事的比例与公司自愿披露和披露质量正相关。

在独立董事财务专家对年报盈余重述的影响上，研究结果表明，独立董事中的财务专家可以有效阻止年报盈余误述的发生，在公司前期年报盈余存在误述时，财务专家有助于督促管理层披露和修正盈余误述。也就是说，独立董事的有效性常常取决于其专家经验，在提高会计信息披露透明度方面，财务专家起着非常重要的作用。如需及时阻止年报的错弊，独立董事成员需要具备丰富的财务、会计理论基础和实践经验，只有财务专家能在较短的时间内发现错误，辨识可能的虚假状况，及时阻止错误年报的披露。这一结论为 Agrawal 和 Chadha（2005）的观点提供了实证支持，即当独立董事中有一名财务专家时，公司重述的风险较低，财务专家对监管公司年报是有价值的。具备财务背景的财务专家能及时发现年报差错，并依赖其专业知识给予公司专业、合理的建议，帮助公司提供更精确的披露。财务专家之前的职业经历和对声誉的考虑使得他们的会计选择更稳健。因此，不仅仅要强调董事会的独立性，独立董事是否具备专业素质会影响其评价与控制能力，财务专家的业务经验有助于其根据自己的知识得出结论而非依赖管理层的解释，有助于协助董事会及管理层提高财务报表质量。

在公司领导权结构与盈余重述的关系上，研究结果表明，二元领导权结构并不能阻止年报盈余误述的发生，甚至会阻止前期年报盈余误述的修正和披露。出现与国外研究不一致的结论可能的原因在于，我国现有制度背景下，股权高度集中，董事长与总经理大多为公司内部高管人员，无论两职是否合一都受制于大股东的控制。当公司盈余状况不佳时，大股东缺乏对外真实披露年报信息的动机。由于董事会独立性受损，其监督作用受到影响，难以有效阻止年报盈余误述的发生。当前期年报盈余存在重大差错时，两职合一使得决策更高效，两职分离的领导权结构反而影响了董事会决策效率，增加了董事长与总经理的沟通和协调成本，当二者利益存在冲突或理解上有分歧时，较难统一意见，从而影响了董事会监督效率，阻碍了盈余误述的修正和披露。

在董事会年会议次数与盈余重述之间的关系上，实证检验结果表明，董事会会议次数的增加并不能阻止盈余误述的发生，但当前期年报存在差错时，董事会会议次数的增多与盈余误述的修正和披露呈正相关关系。这与 Lipton 和 Lorsch（1992）的观点是相悖的，Lipton 和 Lorsch（1992）认为，董事会会议次数预示着董事的活动水平与活跃程度，会议次数越多，说明董事会越积极有效，有利于更好地监管。研究结论充分验证了 Jensen(1993)的观点，董事会会议只是在公司遇到危机时才增加，是一个灭火装置而非预防手段。也就是说，我国当前制度背景下，董事会是在公司出现问题时才积极，董事会会议是一种被动行为。本研究中，董事会会议的增多是因为发现了前期年报的重大差错，即是为了解决问题的一种事后反应，从这个层面上说，董事会会议并非改善公司治理的有效措施，不能阻止盈余误述的发生。

在董事兼职家数对年报盈余重述的影响上，实证检验结果表明，董事平均兼职家数与年报盈余误述的发生呈正相关关系；当公司前期年报存在盈余误述时，董事的兼职家数不影响盈余误述的修正和披露。公司董事兼职的家数太多会分散其精力，且易成为连锁董事，无法保证对公司事务的关注和投入，难以有效监管公司信息披露行为，当公司误述年报盈余时，董事会无法及时阻止。这与国内学者杨忠莲(2006)的研究结果是一致的，即公司独立董事的兼职家数与报表误述显著正相关。研究同时表明，董事的兼职家数并不影响公司对误述的修正和披露，即兼职家数多的董事并不会因为对声誉的担忧而阻止盈余差错的修正和披露。这与国外学者 Hunton 和 Rose(2008)的研究结论是不一致的，Hunton 和 Rose(2008)的研究认为，在发现公司以前期间年报存在重大差错的情况下，持有席位越多的董事越不愿接受审计师的重述建议，以减少重述对声誉的负面影响。研究结论不一致的原因在于，我国现有制度背景下，外部经理人市场还不是很发达，声誉机制尚未有效建立，诉讼机制也不太完善，公司董事不会因为盈余重述受到诉讼，极少受到外部劳动力市场的惩罚，其声誉不会因此受损，也不会因此失去其他公司的董事职位。这使得董事并不担心盈余误述的修正和披露会对其造成负面影响。因此，在年报存在错误的情况下，兼职家数多的董事不会隐藏和回避误述信息的披露。

本部分研究在已有关于董事会治理与财务重述研究的基础上，将重述分为误述与误述修正披露两个阶段，研究了董事会治理在重述不同阶段的监管作用，丰富了现有关于公司治理与盈余管理的文献。研究结果表明董事会治理对盈余重述的发生有较大影响，在重述不同阶段起着不同的作用。

6.1.3　大股东权力、董事会治理与盈余重述的发生

假设 6 研究了大股东权力对董事会治理效果的影响。实证检验结果表明，当大股东权力过大时，会削弱董事会治理对盈余重述的影响。具体来说，未设立提名委员会的公司大股东权力往往过大，会直接影响并决定董事的提名选任机制，导致董

事会监督制衡作用无法发挥,其治理效率会受到影响,不能有效阻止盈余重述的发生;当公司一股独大、股权缺乏制衡时,缺乏制衡的大股东权力会渗透到董事的需求、聘用、履职各个环节,董事会履职的难度越大,其对盈余重述及其披露的影响就越小,难以有效阻止年报盈余重述的发生。假设 6 得到验证说明,大股东与中小股东的代理冲突是我国转型经济制度背景下的主要治理问题,董事会的行权和履职问题会受到大股东的影响,董事会的治理效率会被削弱,难以有效地对盈余重述施加影响。该结论为 Carcello、Neal 和 Palmrose 等(2011)的研究以及 Lisic、Neal 和 Zhang(2011)的研究提供了实证支持,即董事会治理发挥作用会受到公司领导权的影响,在股权集中的制度下主要受到大股东或控股股东权力过大(excessive power)的影响。Carcello、Neal 和 Palmrose 等(2011)的研究表明,当 CEO 参与董事成员的选择过程时,审计委员会的有效性会降低,独立董事实质上不独立。Lisic、Neal 和 Zhang(2011)发现,当 CEO 权力较小时,审计委员会财务专家与重述的发生负相关,但当 CEO 权力足够大时,二者负相关的关系会消失,即审计委员会财务专家的监管效果取决于公司高管的权力。假设 6 的验证同时说明,要最大限度地保证董事会治理效率,应该使董事会远离大股东意志的影响,保证董事会的独立性。

6.1.4 董事会治理与盈余重述消息性质间关系

假设 7 研究了董事会治理与盈余重述消息性质间的关系。实证检验结果表明,董事会治理对高报盈余重述的影响与低报盈余重述的影响没有显著区别,即董事会对两种性质的盈余重述都较为关注,两种盈余重述的公司董事会治理不存在明显差异。假设 7 未得到验证说明,我国董事会治理能有效阻止高报盈余与低报盈余的重述,不存在"非对称损失函数"(asymmetric loss function)。该结论与 Bedard、Chtouron 和 Courtear(2004)的研究是一致的,即董事会下属的审计委员会对两个方向的盈余管理行为都很关注;但与 Nelson、Elliott 和 Tarpley(2002)的研究结果不一致,他们的研究发现,外部审计师会限制更多的收益增长的盈余管理行为,对增长的异常应计的调整率高于下降的应计;Myers、Myers 和 Omer(2003)的研究也表明,审计委员会更关注调高收益的盈余管理行为,在信息不对称环境下,他们更信任负向的盈余管理行为,而质疑正向的盈余管理。可能的原因在于,在我国,高报盈余与低报盈余都是公司面临资本市场压力时的一种盈余管理手段,低报盈余并非公司的一种稳健或谨慎会计行为。此外,外部尚不成熟的董事、经理人市场,使得市场并没有赋予高报盈余重述公司管理层更多的声誉惩罚。因此,公司董事会对两种性质的盈余重述关注度相同,董事会治理对高报盈余重述的影响并没有大于低报盈余的重述。

6.1.5 董事会治理的变化与盈余重述发生之间的关系

假设 8 描述了董事会治理从误述期到重述期的变化与盈余重述的关系。研究结果表明,董事会治理的变化会显著影响盈余误述的修正和披露,盈余重述之所以会被宣告,得益于公司董事会治理状况的改善。董事会治理质量的提高会显著影响公司的披露战略。通过检验董事会治理的变化,研究发现,从误述期到重述期,与非重述公司相比,重述公司董事会整体治理水平显著提高。具体来说,从董事会构成来看,董事会规模有所精简;从董事会独立性来看,独立董事比例增加,有更多的财务专家作为独立董事,公司领导权的两职分离程度提高;从董事会活动水平来看,年会议次数增加,董事平均兼职家数减少,这些都极大地提高了董事会监督效率,从而有助于盈余重述的披露。从误述期到重述期,变化不显著的是审计委员会,这说明重述公司和非重述公司在审计委员会设立情况方面没有显著差异,从而再次表明我国现有的审计委员会并没有有效发挥监管财务报表的职能,其治理效果还有待完善。整体来看,假设 8 的验证说明我国董事会制度正处于逐步推进和不断完善的阶段,董事会有效性的提高对公司财务信息的披露有着较大影响。本研究结论与 Heninger、Kim 和 Nabar(2009)的结果存在较大差异,Heninger、Kim 和 Nabar(2009)研究了公司治理机制变化在财务误述的检测和修正中所起的作用,发现董事会独立性会影响财务披露过程的完整性,但误述前的代理冲突并没有随着重述的披露而解决,即重述并非归因于公司治理的提高。研究结论存在差异主要的原因在于美国董事会制度比较成熟稳定,我国的董事会制度自 2004 年以来处于逐步完善的阶段,公司治理质量也在不断提高;另一个可能的原因在于样本选择问题,为了便于比较,Heninger、Kim 和 Nabar(2009)仅选择了安然事件前重述的公司,没用考虑时间及社会、制度背景对重述的影响,一定程度上影响了其结论的稳健性。

6.2 董事会治理与盈余重述披露方式选择的关系

6.2.1 重大性水平与盈余重述披露方式选择间关系

假设 9 研究了盈余重述重大程度对重述披露方式选择的影响。研究结果表明,盈余重述越重大，公司越倾向于仅在年报附注中披露重述，即秘密重述。具体来说，当盈余重述方向为负，即调低之前年度盈余时，公司倾向于秘密重述；重述调整的幅度越大，公司越倾向于以年报附注的方式披露；当重述涉及的会计年度较多时，公司倾向于以重大临时公告的方式披露重述；当重述涉及会计问题较多时，公司倾向于秘密重述；当重述涉及收入、成本等核心业务时，公司倾向于仅在年报附注中披露。假设 9 得到验证说明，盈余重述重大性门槛的不确定为公司战略披露提供了机会，公司倾向于秘密披露对其不利的信息，以减弱可能的经济后果。研究结论同时为 Plumlee 和 Yohun(2010)的观点提供了实证支持，即公司在考虑重述披露方式时主要受重述重大性程度的影响。

在盈余重述方向与管理层重述披露方式选择的关系上，实证检验结果表明，当盈余重述调低之前年度盈余时，公司倾向于仅在年报附注中披露重述。调低之前年度盈余说明之前年报存在高估，前期财务状况可能不佳，因此，重述的方向会影响管理层对重大性标准的判断，当调低前期年报盈余时，重述性质较为严重，管理层隐晦披露的动机更为强烈。这为 Plumlee 和 Yohun(2010)的观点提高了实证支持，也就是说，公司是否以 8-K 方式披露重述需要考虑重述特定因素如对盈余的影响方向等。研究结论与 Myers、Scholz 和 Sharp(2009)的研究结果一致，即降低收益的重述更易被公司以捆绑披露的方式宣告。

在盈余重述幅度对公司重述披露方式选择的影响上，实证检验结果表明，重述幅度越大，公司越倾向于仅在年报附注中披露。也就是说，定量标准是重述重大性程度判断的首要衡量基准。本书分别以被重述盈余占资产和收入的比重来衡量，将绝对值比例超过 5%的作为重大重述。研究结论验证了最初的假设，重述调整幅度越大，管理层越倾向于秘密重述，以减低重述宣告可能带来的负面经济后果。

在盈余重述涉及会计年度与重述披露方式选择的关系上，实证检验结果表明，重述涉及的会计年度越多，公司越倾向于以重大临时公告的方式披露。这与我们的预期是完全相反的。通过分析发现，同一公告重述年度在 4 个以上的公司均为 * ST 公司，这些公司本身财务状况较差，是证监会监管的重点对象，其信息披露更易受到投资者关注，因此披露方式反而更加透明；此外，重述年份多的公司多为强制披露，即受到审计署、财政部、税务部门的调查而不得不修正前期年报，因而更易采用重大临时公告的显眼方式宣告重述。

在盈余重述涉及的会计事项对公司重述披露方式选择的影响上，实证检验结果表明,重述调整的会计事项越多,公司越倾向于秘密重述。重述涉及的会计问题较多,意味着公司财务体系较为混乱,为了掩饰财务状况,公司有更强的动机隐晦披露重述。

在违规盈余重述对重述披露方式选择的影响上,研究结果表明,盈余重述是否涉及造假或其他违规行为对公司选择重述披露方式没有影响。这与我们的预期假设是相悖的。分析违规样本后发现,175 个盈余重述违规公告中有 81 个都是由监管部门如审计署、证监会、财政部等要求公司强制披露,被强制披露的公司均通过发布重大临时公告的方式修正前期盈余,一定程度上影响了最终结果的验证。

在核心重述对公司重述披露方式选择的影响上,实证研究结果表明,当盈余重述涉及收入、成本等核心业务时,公司倾向于仅在年报附注中披露重述。资本市场上,投资者更关心公司的经常性损益,证券监管机构制定的各种规定也常以扣除非经常损益后的净利润来衡量。这使得各国的上市公司都更在意核心业务所带来的收益。国内学者魏志华、李常青、王毅辉(2009)的研究表明,当重述内容涉及核心会计指标时,市场反应显著为负。为了降低重述核心业务可能带来的负面经济后果,公司倾向于秘密重述。

6.2.2　董事会治理、盈余重述重大程度与重述披露方式选择间关系

假设 10 研究了董事会治理与公司重述披露方式选择的关系。实证检验结果表明,董事会治理会影响公司重述披露方式的选择,具体来说,审计委员会的设立有助于公司选择重大临时公告的方式披露重述;董事会中独立董事比例越高,公司越倾向于选择以重大临时公告的方式披露重述;独立董事财务专家的存在有助于公司选择透明的临时公告的方式发布重述。研究发现,设立审计委员会的公司更倾向于以重大临时公告的方式发布重述,审计委员会负责监督财务报告的过程,是管理层与外部审计师间的主要联络人,能够解决二者的冲突,有利于管理层听从外部审计师的合理建议,提高重述披露的透明度。独立董事对财务年报的监管能起到正面作用,独立董事不在公司任职,没有动机帮助公司隐藏重大的盈余重述,对声誉资本的考虑以及外部劳动力市场的竞争压力使得其希望公司能够遵从现有的会计规定;因为获取信息的渠道有限,独立董事往往要求重述披露更高的透明度,以加深其对公司的了解,提高其监管的有效性。财务专家能够提高重述披露的透明度,财务专家熟悉国家的会计制度与相关披露规定,理解企业运行中的各种财务和

运营问题，能够为董事会提高好的财务披露方面的建议，拥有专业知识的财务专家有利于督促公司以更透明的方式披露重述。研究结果没有发现董事会规模、领导权结构、活动水平对盈余重述披露方式选择有影响。假设10得到验证支持了Myers、Scholz和Sharp（2009）的观点，即强大的公司治理能够降低公司隐晦披露重述的可能性。Myers、Scholz和Sharp（2009）的研究主要探讨了机构投资者、董事会独立性、CEO持股数量对公司是否选择8-K方式披露重述的影响，本书的关注点在董事会治理，研究结论验证了Myers、Scholz和Sharp（2009）的部分观点，同时丰富了公司治理与重述披露透明度关系的相关研究。

假设11研究了董事会治理是否会影响盈余重述重大性水平与重述披露方式的关系。实证检验结果表明，有效的董事会能够显著改善盈余重述重大性程度对重述披露方式选择的影响。具体来说，当公司盈余重述重大性水平较高，即重述非常严重时，设立审计委员会的公司倾向于选择透明的临时公告发布重述，独立董事比例高的董事会有助于公司以透明的方式宣告重述，独立董事中财务专家的存在有助于公司以重大事项临时公告的方式披露重述。因此，有效的董事会能够纠正公司重大性决策中的偏颇行为，督促公司以合适的方式披露盈余重述。假设11的研究结论表明，审计委员会能够帮助公司形成内部管理层与外部审计师交互作用、互相交流的体制，有利于保证外部审计师的独立性，促使公司采纳外部审计师对重大性水平判断的正确建议，提高信息披露透明度。独立性强的董事会有助于影响管理层对重述重大性水平定量与定性标准的判断，并依赖其丰富的实践经验和较强的专业技能客观公正地评价管理层对重大性水平的判断，及时纠正管理层利用重大性水平操纵盈余的行为。重大性水平的复杂判断需要财务专家进行协助，独立董事中的财务专家能从专业的角度发现重大性判断中的不当行为，提高公司信息披露水平。

以往文献中较少研究会计差错重大性水平，对重述披露方式方面的研究也十分有限。本部分将董事会特征、盈余重述重大程度及重述披露方式选择纳入一个理论框架进行研究，分析了当重述程度非常严重时，有效的董事会是否能提高公司披露重述的透明度。揭示了重述重大性对披露方式选择的影响及其董事会对二者关系的调节作用，丰富了董事会及盈余重述相关领域的研究，具有较强的理论和实践意义。

6.3 研究结果的意义

(1) 为投资者提高决策质量提供依据。本书的研究结果表明,盈余重述越严重,公司越倾向于在年报附注中隐晦披露重述,而不发布重大临时公告。该研究结果有利于投资者正确识别重述重大的公司,寻找秘密重述的深层次原因,从而提高财务报表的分析能力,提升投资决策水平。

(2) 为上市公司完善公司治理结构,提高会计信息披露质量提供理论支持。本书的研究结果表明,董事会治理对年报盈余重述有着很大影响,独立性较强、拥有财务专家、设立审计委员会的董事会治理效果较好,不仅有利于阻止年报盈余误述的发生,而且有利于公司及时地修正和披露前期的误述;在盈余重述程度重大时,有利于公司以重大临时公告的透明方式披露重述。相比之下,董事会规模、年会议次数、董事兼职家数及领导权结构是否两职分离对误述的阻止或重述的披露方面的作用相对有限,不能有效地完全发挥监管作用。因此,要减少盈余误述的发生,提高盈余重述披露的透明度,上市公司应在董事会中引入更多的独立董事,提高独立董事的话语权;同时关注独立董事的专业胜任能力,配备具有丰富财务会计理论基础和实践经验的财务专家;更多的上市公司应设立审计委员会,加强审计委员会的独立性和专业性,提高其对公司财务方面的控制与监督,协助董事会在内部控制、风险管理和审计方面履行职责,形成董事会、总经理、外部审计师互相交流的体制。虽然审计委员会的治理角色尚待完善,但随着审计委员会制度的不断完善和推进,以及其独立性和专业能力的不断加强,最终将发挥其治理作用,提高董事会对财务报表的监管水平。

(3) 为证券监管部门完善法律法规,制定监管政策提供决策依据。本书的研究结果表明,上市公司盈余重述现象非常严重,而秘密重述的情况也很普遍,不仅给投资者带来了经济损失,也影响了资本市场的效率。因此,监管部门应加强对重述尤其是盈余重述的监管,完善与之有关的信息披露制度,如明确重述重大性水平的门槛,强制要求符合重大程度的重述以重大公告的方式披露等;为减少盈余重述的发生,应继续推行现有的重大会计差错责任追究制度;为了提高年报会计信息披露质量,继续推进独立董事制度、审计委员会制度,明确财务专家标准等。本书的研究结果对监管部门制订有效的监管政策具有一定的借鉴意义。

7 结论和展望

前述研究内容对本书的研究问题进行了详细的理论分析和实证检验，本章将就董事会治理对年报盈余重述及重述披露方式选择的影响问题进行研究结论归纳，阐明本研究的主要创新点。在此基础上，分析本书的研究局限性和未来的研究展望。

7.1 主要研究结论

财务重述制度在西方国家由来已久，近年来却受到了国内外研究的额外关注，这主要是由于近年来财务报告重述案例的不断增加，以及其造成的严重影响。财务重述可能导致公司欺诈和财务丑闻，不仅影响公司价值，降低投资者信心，甚至会威胁公司组织结构，降低资本市场效率，导致资源配置无效。因此，探究影响重述的公司治理因素，寻求减少重述、遏制财务欺诈的有效方法成为当前的当务之急，也成为提高公司会计信息披露质量必须要解决的问题。目前，上市公司的财务报告重述行为已经引起理论界和实务界的广泛关注。在前人研究的基础上，本研究立足于我国独特的制度背景，研究了董事会治理对年报盈余重述的影响，分析了盈余重述重大程度和公司重述披露方式选择的关系，同时探讨了有效的董事会治理是否能提高重述披露的透明度。本研究提供了一个关于董事会治理、盈余重述及重述披露方式选择之间关系的理论和实证研究，丰富和扩展了有关盈余重述和公司治理领域的理论成果，同时对提高上市公司治理水平、完善会计信息披露制度和改善监管部门的法律法规具有一定的实践指导意义。

根据研究目的，本研究首先对盈余重述、董事会治理对盈余重述的影响相关研究的文献进行了系统回顾和梳理，在此基础上进行了文献述评并归纳了所获得的研究启示；其次，通过对相关理论的归纳和分析，提炼出了有关董事会治理如何影响年报盈余重述及重述披露方式选择的概念模型，并通过理论论证提出了相应的研究假设；最后，运用描述性统计分析、相关性分析、均值 T 检验、二元 probit 回归分析和 logistic 回归分析等统计方法实证检验了本书所提的研究假设，证明了董事会治理对年报盈余重述及重述披露方式选择的影响。本书主要得出了以下研究结论：

第一，董事会治理对上市公司的年报盈余重述行为有重要影响。盈余重述分为误述与误述的修正两个连续发生的阶段，有效的董事会治理有助于阻止年报盈余误述的发生，而当前期年报盈余存在差错时，有效的董事会治理有助于盈余误述的修正和披露。董事会治理是为保障董事会科学决策与合理监督，保证董事会高效率运行，对董事会形成、组织、运作及履行职责所作的机制设计和制度安排，其关键是有效的董事会治理结构和治理机制的有效运作，包括董事会的构成、独立性和活动水平。我国现有制度背景下，对年报盈余重述起主要作用的是审计委员会、董事会独立性、独立董事财务专家。我国的审计委员会制度发展较晚，上市公司设立审计委员会尚不能阻止盈余误述的发生，但可以通过与外部审计师交流提高外部审计的独立性，督促公司客观公正地修正年报差错。提高独立董事在董事会的比例有利于提高董事会的监督效率，阻止年报盈余差错，当前期年报盈余存在错弊时，独立董事有利于公司修正和披露盈余误述。独立董事的业务经验常常影响其评价与控制能力，因此，具备丰富财务、会计理论基础和实践经验的财务专家能够协助董事会检查财务报告，及时阻止错误年报的披露，而当前期年报盈余存在误述时，财务专家的专业素质和能力能够督促管理层修正和披露盈余差错。董事会其他特征对盈余重述的作用比较有限，具体来说：过大的董事会规模会影响其监督效率，难以有效地阻止年报盈余误述的发生，过小的规模无法发挥集思广益的优势，不利于督促公司修正和披露盈余误述；当前制度背景下，董事会会议是一种被动行为，是在公司发现盈余差错为了解决问题的一种事后反应，并非改善公司治理的有效措施；公司董事兼职的家数太多无法保证对公司事务的关注和投入，难以阻止盈余误述，兼职家数的多少并不影响误述的修正和披露；两职分离的领导权结构并没有提高董事会对年报的监督效率，无法阻止盈余误述的发生，也不能及时修正和披露已有的盈余差错。

第二，大股东权力会削弱董事会治理对盈余重述的影响。当前制度背景下，董事会行权和履职问题会受到大股东权力的影响。当大股东对董事任免起决定作用时，独立董事的监督制衡作用无法发挥，从而弱化了董事会的控制职能，其治理效率会受到影响。大股东权力较大，会影响董事信息的知情权，最终削弱董事会治理的有效性。缺乏制衡的大股东权力会渗透到董事的需求、聘用、履职各个环节，董事会履职的难度越大，其对盈余重述及其披露的影响就越小。

第三，从误述期到重述期，董事会治理的变化会显著影响盈余重述的发生，董事会治理的改善有利于盈余重述的披露。我国董事会制度正处于逐步推进和不断完善的阶段，董事会有效性的提高对公司财务信息的披露有着较大影响。具体来说，精简董事会的规模、增加独立董事在董事会的比例、挑选财务专家作为独立董事、提高公司领导权的两职分离程度、增加董事会年会议次数增加、减少董事平均兼职家数均有助于提高董事会独立性和监督效率，从而有助于盈余重述的披露。

第四，盈余重述越重大，公司越倾向于仅在年报附注中披露重述，即秘密重述。盈余重述重大性门槛的不确定为公司战略披露提供了机会，公司倾向于隐晦披露对其不利的信息，以减弱可能的经济后果。具体来说，重述的方向会影响管理层对重大性标准的判断，当盈余重述调低之前年度盈余时，公司隐晦披露的动机更为强烈；定量标准是重述重大性程度判断的首要衡量基准，重述调整的幅度越大，公司越倾向于以年报附注的方式披露；当重述涉及会计问题较多时，意味着公司财务体系较为混乱，为了掩饰财务状况，公司有更强的动机隐晦披露重述；资本市场上，投资者更关心公司的核心业务收益，当重述涉及收入、成本等核心业务时，公司倾向于仅在年报附注中披露。

第五，董事会治理会影响公司重述披露方式的选择，有效的董事会治理能够显著改善盈余重述重大性程度对重述披露方式选择的影响。具体来说，审计委员会的设立有助于公司选择重大临时公告的方式披露重述；董事会中独立董事比例越高，公司越倾向于选择以重大临时公告的方式披露重述；独立董事财务专家的存在有助于公司选择透明的临时公告的方式发布重述。当公司盈余重述重大性水平较高，即重述非常严重时，设立审计委员会的公司倾向于选择透明的临时公告发布重述，独立董事比例高的董事会有助于公司以透明的方式披露，独立董事财务专家的存在有助于公司以重大事项临时公告的方式披露重述。因此，有效的董事会治理能够纠正公司重大性决策中的偏颇行为，督促公司以合适的方式披露盈余重述。

7.2 政策建议

本书的研究结论表明，董事会治理对上市公司年报盈余重述及重述披露方式的选择有重要影响，治理效率高的董事会有助于阻止年报盈余误述的发生，并督促公司以透明的方式修正和披露重述。董事会治理中，对盈余重述发生及披露起关键作用的是董事会独立性、财务专家及审计委员会。依据本书的研究结论，提出以下政策建议：

第一，完善现有的董事会制度，提高董事会对财务报表的监督水平。董事会治理中，对盈余重述发生及披露起关键作用的是董事会独立性、财务专家及审计委员会，因此应主要从这三方面加以改善。《关于在上市公司建立独立董事制度的指导意见》的颁布，是完善公司治理制度的重要举措。独立董事制度凸显了董事会的独立性，有利于制约大股东的机会主义行为，提高财务信息披露的透明度。本书的研究也表明，独立董事比例高的董事会能够阻止盈余误述，及时修正和披露重述。因此，要减少盈余重述等会计激进行为，应继续推行独立董事制度，提高代表中小股东利益的独立董事在董事会的比例，增加其话语权，从而保护中小股东信息弱势群体的利益。独立董事监管职能的发挥离不开其专业素质和能力，要提高财务报表的质量，独立董事中应具备财务专家，财务专家能够凭专业知识和经验独立判断并发表意见，给予董事会专业、合理的建议，提高战略决策的科学性。许多国家的监管机构都强调了独立董事中财务专家的重要作用，我国 2001 年的《指导意见》也指出，董事会应当聘任合适人员担任独立董事，独立董事中至少包括一名会计专业人士，并将会计专业人士定义为具有高级职称或注册会计师资格的人士，该标准太过简单和笼统，各个公司间不存在差异，无法体现财务人员的专业水准。因此，应提高现有关于财务专家的定义标准，给出适合我国国情的财务专家的明确定义，并要求上市公司严格执行。我国的审计委员会制度始于 2002 年证监会发布的《治理准则》，截至 2008 年，约有 62%的上市公司已建立审计委员会，虽然运行效果还有待提升，但其治理角色已为大多数投资者所接受，其在提升信息披露透明度、加强董事会与审计师交流、提高内控方面的监管作用已被认同。因此，应继续推进审计委员会制度，要求更多的上市公司设立，加强其在董事会的财务报表监管地位，提高其人员的独立性和专业性。

第二，完善重述信息披露制度，明确重述重要性水平的相关标准。现有关于重述的信息披露制度处于两种规定同时并行的状态：一部分公司遵循企业会计准则第 28 号有关会计差错更正的规定，在财务报表附注中披露与前期差错更正有关的信息；一部分公司遵循证监会发布的信息披露编报规则第 19 号有关财务信息更正及相关披露的规定，以重大事项临时报告的方式披露重述信息，造成披露局面的混乱。应统一现有的重述信息披露制度，更正前期会计差错的，均应在年报附注中披露，如果重述程度严重，同时应以重大事项临时公告的方式披露重述。在改革现有重述披露制度的同时，应明确重述重大性判断的门槛。现有的会计准则没有给出会计差错重大性的定义，只在相关的审计准则中规定审计人员应当合理运用重要性原则，在确定重要性水平时，应当从金额和性质两个方面综合评估总体及总体各组成部分错弊的严重程度。重大性标准的缺失，使得实务中更多地依赖于管理层的主观判断，从而为管理层的机会主义行为提供了机会，管理层会放弃性质重大的误述，将其归类为无关紧要，以减小可能带来的经济后果。因此，应强调重大性原则在会计差错信息披露时的重要作用，明确重述的重大性门槛，可借鉴国外研究的相关规定，通盘考虑所有可能影响投资者决策的相关因素，包括定量与定性方面。由于国内上市公司盈余管理行为较严重，应减少财务人员的主观判断权，给出更明确的易操作的判断标准。

第三，加强对重述公司的监管，继续推行年报信息披露重大差错责任追究制度。国内上市公司的盈余重述行为具有一定的普遍性，不仅损害投资者利益，而且影响了资本市场的资源配置效率。要减少盈余重述的发生，加强对重述公司的监管，严密关注重述信息的披露。2009 年 12 月，证监会发布了《关于做好上市公司 2009 年年度报告及相关工作的公告》，要求各上市公司建立年报信息披露重大差错责任追究机制。为了提高年报信息披露质量和透明度，减少重述行为的发生，应强化财务问责机制，继续推行年报信息披露重大差错责任追究制度，明确重大差错的定义、种类、范围和具体认定标准，明确董事、财务人员、控股股东、审计委员会成员等高管的具体责任和惩处措施，同时在年度报告中披露公司建立年报信息披露重大差错责任追究制度的情况。

7.3　主要创新点

与以往研究文献相比，本研究的主要创新之处可以归纳为以下几个方面：

第一，将盈余重述的发生分为盈余误述、盈余误述的修正两个连续的阶段，发现第二阶段即重述是否披露在盈余重述发生中起着更关键的作用，从而完整解释了盈余重述。已往的研究将重述作为一个阶段，将重述与误述概念混淆，并且仅从误述的发生方面研究重述的发生，研究结果有失偏颇，存在解释力度不够的问题。本研究辨析了误述与重述的准确含义，明确区分了盈余重述与盈余误述。研究中将重述作为两个阶段进行研究：第一阶段决定了盈余误述的可能性；第二阶段决定了盈余误述被发现并修正的可能性。整个过程解释了重述发生的可能性，重述是两阶段的共同结果。通过研究发现，不是每个误述的公司最终都重述，将重述作为一个阶段很难解释误述的识别问题，第二阶段才是盈余重述发生的核心因素。研究结果为财务报告重述的研究提供了新的理论视角，丰富和扩展了公司信息披露的研究成果。

第二，突破已有研究的思路，将重述的披露决策作为研究对象，扩展了重述研究的视角。现有关于重述的研究中，学者们关注的重点在盈余重述的原因和经济后果，较少研究重述的披露过程。本研究弥补了这一不足，将重述是否披露及如何披露问题作为研究视角，通过实证发现，重述披露与否决策在盈余重述的发生中起着决定作用，上市公司普遍存在着隐晦披露重大重述的现象，董事会治理对盈余重述的披露决策有着重要影响，丰富了现有关于财务重述的研究。

第三，构建了董事会治理对盈余重述影响的关系模型，发现并证明董事会治理对年报盈余重述的发生及披露有显著影响，但当大股东权力过大时，会削弱董事会治理对盈余重述的影响。已往研究中普遍认为中国治理背景下，影响盈余重述的关键治理因素是股权结构，忽视了董事会在会计信息披露中的决策与监管作用。本书立足于我国转型经济的独特制度背景，通过构建董事会治理对盈余重述影响的关系模型，分析了董事会在解决我国大股东与中小股东代理冲突中的作用，同时探讨了大股东对董事会治理效果的影响。研究表明，董事会是形成公司年报披露策略的关键，董事会独立性、财务专家及审计委员对盈余重述有重要影响。研究结论肯定了董事会治理在改善公司信息披露方面的积极作用。

第四，构建了衡量盈余重述重大性水平的指标，验证了盈余重述重大程度对重述披露方式选择的影响。重大性是会计差错判断的一个重要法则，但国内外相关的会计和审计准则都没有明确的标准来度量重大性，学者们也多以定量基准如经验法则5%来衡量，常常忽略重述的定性特征，研究结果分散、凌乱。本研究借鉴美国FASB、CIFR、SEC对于重大性的定义和规定，参考已有研究的成果，考虑可能影响投资者决策的定量与定性多方面因素，构建了衡量重述重大性程度的6个指标，同时设计了一个综合反映重述整体重大性程度的指标。利用指标进行检验后发现，影响上市公司重述披露方式选择的最主要原因是重述的重大性水平，管理层普遍具有隐晦披露重大重述的动机。

第五，证明了董事会治理对上市公司重述披露方式选择有重要影响，当盈余重述重大性程度较高时，有效的董事会能够提高重述披露的透明度。已有的文献较少研究董事会对重述披露透明度的影响，本研究将董事会治理、盈余重述重大性、重述披露方式纳入一个研究框架，考虑了董事会治理是否有助于改善重述重大性水平对重述披露方式选择的影响，丰富了相关领域的研究成果。

7.4 局限性和研究展望

尽管本研究达到了预期的研究目标，并且取得了有价值的研究成果，但受到一些主、客观因素的制约，研究仍然存在以下几个方面的局限性：

第一，盈余重述衡量的精确性问题。国内的重述制度直到2007年新准则的执行才正式建立，这之前公司披露的重述信息非常混乱，格式不规范，语言模糊，量化难度大，这给我们的辨识和统计带来的很大的难度。在提炼重述信息时，本研究多以重述公司宣告的内容为依据，在重述样本的确定及重述重大性程度判断上存在一定的主观性，容易受到重述公司自身披露特点与自利性归因倾向的影响。此外，重述样本的获得主要靠手工搜集完成，工作量大，难免遗漏一些重要信息，出现样本搜集不充分的情况。

第二，在研究董事会治理对盈余重述影响时，仅考虑了国内外研究中普遍认为最能体现董事会治理作用的特征，如董事会构成、独立性、活动水平等，没有涵盖董事会的各个方面，没有考虑董事会治理的其他方面，如是否具有连锁董事、董事会激励机制、决策机制等对盈余重述的影响。

第三，考虑到重述披露制度与董事会制度的发展，为了便于不同重述披露方式的比较，本文的重述研究样本始于 2003 年年报，重述公告取自 2004—2010 年，没有考虑 2004 年之前的重述公司。我国重述制度的发展始自 1999 年《企业会计准则——会计政策、会计估计变更和会计差错更正》的出台，1999—2002 年间董事会治理与盈余重述的关系有待进一步的研究。

以上研究局限为本书的研究带来些许遗憾，但也为未来的研究发展提供了新的契机及方向。今后的研究可从以下几个方面扩展和深化：(1)借鉴 Plumlee 和 Yohn(2010)及 Hennes、Leone 和 Miller(2008)的研究方法，不仅阅读公司发布的重述公告，同时查阅公司的背景资料，并运用多人独立分析、协调差异并咨询外部审计师的方法，辨识盈余重述公司及重述的原因、幅度等。(2)研究董事会治理其他方面对盈余重述的影响，如分析董事性别、年龄、学历、从业背景对重述的影响，分析连锁董事对盈余重述的影响等。(3)扩展样本的选择空间，将 1999—2003 年的重述公司纳入样本范围，研究不同阶段董事会治理对盈余重述发生的影响，进行前后阶段的比较，研究重述后董事会治理是否变化等。(4)将研究问题置于更广泛的治理背景中，考虑机构投资者、不同股权结构、实际控制人等对盈余重述的影响等。

参考文献

[1] 蔡卫星、高明华:《审计委员会与信息披露质量——来自中国上市公司的经验证据》,《南开管理评论》2009年第4期,第120—127页。

[2] 陈关亭:《我国上市公司财务报告舞弊因素的实证分析》,《审计研究》2007年第5期,第91—96页。

[3] 陈丽英:《非审计费用与财务重述》,《山西财经大学学报》2009年第3期,第112—117页。

[4] 陈丽英、李婉丽:《错误还是操纵?——盈余重述归因研究》,《预测》2011年第3期,第32—36页。

[5] 陈丽英、李婉丽:《上市公司盈余重述价值相关性》,《系统工程》2010年第8期,第1—8页。

[6] 陈凌云、陈汉文:《年报补充及更正公告的信息含量研究》,复旦大学论文,2005年。

[7] 陈凌云、李弢:《中国证券市场年报补丁公司特征研究》,《证券市场导报》2006年第2期,第35—42页。

[8] 丁忠明:《中国公司董事会治理研究》,合肥:合肥工业大学出版社2009年版。

[9] 何卫东、张嘉颖:《所有权结构、资本结构、董事会治理与公司价值》,《南开管理评论》2002年第2期,第17—20页。

[10] 胡立新、令钊:《基于自愿性信息披露的北京市上市公司董事会结构特征研

究》,《商业现代化》2008 年第 8 期,第 352—353 页。
[11] 黄志忠:《所有权、公司治理与财务报表重述》,《南开管理评论》2010 年第 5 期,第 45—52 页。
[12] 纪信义、曹寿民:《公司治理结构对财务报告品质可靠性的影响——从盈余门坎的角度分析》,《审计与经济研究》2010 年第 1 期。
[13] 雷敏、吴文锋、吴冲锋等:《上市公司财务报告补充更正问题研究》,《上海管理科学》2006 年第 4 期,第 38—43 页。
[14] 李常青、赖建清:《董事会特征影响公司绩效吗》,《金融研究》2004 年第 5 期,第 64—77 页。
[15] 李怀祖:《管理研究方法论》,西安:西安交通大学出版社 2004 年版。
[16] 李爽、吴溪:《盈余管理、审计意见与监事会态度》,《审计研究》2003 年第 1 期,第 8—13 页。
[17] 林志毅:《股票市场会计信息披露制度相关问题研究》,厦门大学学位论文,2000 年。
[18] 刘亭立:《董事会治理与盈余质量研究》,北京:首都经济贸易大学出版社 2009 年版。
[19] 迈克尔·R·扬:《会计违规和财务欺诈》,北京:中信出版社 2004 年版。
[20] 沈艺峰、张俊:《ST 公司董事会治理失败若干成因分析》,《证券市场导报》2002 年第 3 期,第 21—25 页。
[21] 唐清泉、叶艳芬:《独立董事行权的有效性与实现途径——基于独立董事问卷调查的研究》,《经济管理》2006 年第 11 期,第 36—39 页。
[22] 王怀明、宿金香:《董事会特征与企业自愿信息披露》,《审计与经济研究》2007 年第 3 期,第 73—76 页。
[23] 王霞、张为国:《财务重述与独立审计质量》,《审计研究》2005 年第 3 期,第 56—61 页。
[24] 王啸、杨正洪:《论财务报告的重新表述》,《证券市场导报》2003 年第 2 期,第 4—9 页。
[25] 王雄元、张鹏、顾俊:《信息环境、年报披露时间选择与下年盈余管理》,《南开管理评论》2009 年第 5 期,第 47—54 页。
[26] 王跃堂、赵子夜、魏晓雁:《董事会的独立性是否影响公司绩效?》,《经济研究》

2006 年第 5 期，第 62—73 页。

［27］王跃堂、朱林、陈世敏：《董事会独立性、股权制衡与财务信息质量》，《会计研究》2008 年第 1 期，第 55—62 页。

［28］魏志华、李常青、王毅辉：《上市公司年报重述分析：1999—2007》，《证券市场导报》2009 年第 6 期，第 31—38 页。

［29］魏志华、李常青、王毅辉：《中国上市公司年报重述公告效应研究》，《会计研究》2009 年第 8 期，第 31—39 页。

［30］谢德仁：《审计委员会制度与中国上市公司治理创新》，《会计研究》2006 年第 7 期，第 39—44 页。

［31］薛祖云、黄彤：《董事会、监事会特征与会计信息质量》，《财经理论与实践》2004 第 7 期，第 84—89 页。

［32］杨清香、俞麟、陈娜：《董事会特征与财务舞弊——来自中国上市公司的经验证据》，《会计研究》2009 年第 7 期，第 64—70 页。

［33］杨忠莲、杨振慧：《独立董事与审计委员会执行效果研究：来自报表重述的证据》，《审计研究》2006 年第 2 期，第 81—85 页。

［34］于鹏：《股权结构与财务重述：来自上市公司的证据》，《经济研究》2007 年第 9 期，第 134—144 页。

［35］于鹏：《我国上市公司的财务重述与公司治理》，北京：经济科学出版社 2009 年版。

［36］翟华云：《公司治理、高管变更与收益重述》，《财会通讯》2010 年第 4 期，第 9—11 页。

［37］张俊瑞、马晨：《股权结构与财务重述研究》，《审计与经济研究》2011 年第 2 期，第 63—72 页。

［38］张若钦、刘炳福：《借鉴美国经验，完善我国财务重述制度》，《经济研究导刊》2008 年第 5 期，第 86—88 页。

［39］张为国、王霞：《中国上市公司会计差错的动因分析》，《会计研究》2004 年第 4 期，第 24—30 页。

［40］赵震宇、杨之曙、白重恩：《影响中国上市公司高管层变更的因素分析与实证检验》，《金融研究》2007 年第 8 期，第 76—89 页。

［41］钟伟强、张天西、张燕妮：《自愿披露与公司治理——一项基于中国上市公司

数据的实证分析》,《管理科学》2006 年第 3 期,第 81—88 页。

[42] 周洋:《市场反应、价值相关性及影响因素——上市公司年报“补丁”研究》,复旦大学学位论文,2007 年。

[43] Abbott LJ, Parker S, Peters GF. Audit Committee Characteristics and Restatements[J]. Auditing: A Journal of Practice and Theory, 2004, 23(1): 69—87.

[44] Acito AA, Burks JJ, Johnson WB. Materiality Decisions and the Correction of Accounting Errors[J]. The Accounting Review, 2009, 84(3):659—688.

[45] Agrawal A, Chadha S. Corporate Governance and Accounting Scandals[J]. Journal of Law and Economics, 2005, 48(2):371—406.

[46] Ahmed AS, Duellman S. Accounting Conservatism and Board of Director Characteristics: An Empirical Analysis[J]. Journal of Accounting and Economics, 2007, 43(2—3):411—437.

[47] Ahmed K, Goodwin J. An Empirical Investigation of Earnings Restatements by Australian Firms[J]. Accounting and Finance, 2007, 47(1):1—22.

[48] Ahmed K, Hossain M, Adams MB. The Effects of Board Composition and Board Size on the Informativeness of Annual Accounting Earnings[J]. Corporate Governance: An International Review, 2006, 14(5):418—431.

[49] Ajinkya B, Bhojraj S, Sengupta P. The Association between Outside Directors, Institutional Investors and the Properties of Management Earnings Forecasts[J]. Journal of Accounting Research, 2005, 43(3):343—376.

[50] Akhigbe A, Kudla R, Madura J. Why are Some Corporate Earnings Restatements More Damaging? [J]. Applied Financial Economics, 2005(15):327—336.

[51] Almer ED, Gramling AA, Kaplan SE. Impact of Post—Restatement Actions Taken by a Firm on Non-Professional Investors' Credibility Perceptions[J]. Journal of Business Ethics, 2008, 80(1):61—76.

[52] Anderson KL, Yohn TL. The Effect of 10-K Restatements on Firm Value, Information Asymmetries, and Investors' Reliance on Earnings[R]. Washington, DC: Georgetown University, 2002.

[53] APB. Accounting Changes：APB Opinion No.20[R]. New York：Accounting Principles Board，1971.

[54] Armstrong CS，Guay WR，Weber JP. The Role of Information and Financial Reporting in Corporate Governance and Debt Contracting[J]. Journal of Accounting and Economics，2010，50(2—3)：179—234.

[55] Arthaud-Day ML，Certo ST，Dalton CM，et al. A Changing of the Guard：Executive and Director Turnover Following Corporate Financial Restatements[J]. Academy of Management Journal，2006，49(6)：1119—1136.

[56] Austen LA，Eilifsen A，Messir WF. Auditor Detected Misstatements and the Effect of Information Technology[R]. Greenville，NC：East Carolina University，2003.

[57] Baber WR，Kang SH，Liang LH. Strong Board，External Governance，and Accounting Restatement[R]. Washington，DC：George Washington University，2006.

[58] Badertscher BA，Collins DW. Discretionary Accounting Choices and the Predictive Ability of Accruals with Respect to Future Cash Flows[R]. Indiana：University of Notre Dame，2010.

[59] Bagnoli M，Clement M，Watts S. Around-the-Clock Media Coverage and the Timing of Earnings Announcements[R]. Austin：The University of Texas at Austin，2005.

[60] Barton J. Discussion of How Do Restatements Begin? Evidence of Earnings Management Preceding Restatated Financial Reports[J]. Journal of Business Finance & Accounting，2010，37(3)：356—368.

[61] Beasley MS. An Empirical Analysis of the Relation Between the Board of Director Composition and Financial Statement Fraud[J]. The Accounting Review，1996，71(4)：443—465.

[62] Beasley MS，Callen JV，Hermanson DR，et al. The Audit Committee Oversight Process[J]. Contemporary Accounting Research，2009，26(1)：65—122.

[63] Bedard J，Chtourou SM，Courteau L. The Effect of Audit Committee Ex-

pertise, Independence, and Activity on Aggressive Earnings Management [J]. Auditing: A Journal of Practice and Theory, 2004, 23(1):15—35.

[64] Beekes W, Pope P, Young S. The Link between Earnings Timeliness, Earnings Conservatism and Board Composition: Evidence from the UK[J]. Corporate Governance: An International Review, 2004, 12(1):47—59.

[65] Berle A, Means G. The Modern Corporation and Private Property[M]. New York: MacMillan, 1932.

[66] Bloomfield RJ. The "Imcomplete Revelation Hypothesis" and Financial Reporting[J]. Accounting Horizons, 2002, 16(3):233—243.

[67] Boyd BK. CEO Duality and Firm Performance: A Contingency Model[J]. Strategic Management Journal, 1995, 16(4):301—312.

[68] Brown P, Beekes W, Verhoeven P. Corporate Governance, Accounting and Finance: A Review[J]. Accounting and Finance, 2011, 51(1):96—172.

[69] Burns N, Kedia S. The Impact of Performance—Based Compensation on Misreporting [J]. Journal of Financial Economics, 2006, 79(1):35—67.

[70] Callen JL, Livnat J, Segal D. Accounting Restatements: Are They always Bad News for Investors? [R]. Toronto: University of Toronto, 2005.

[71] Callen J, Robb S, Segal D. Revenue Manipulation and Restatements by Loss Firms[J]. Auditing: A Journal of Practice & Theory, 2008, 27(2):1—29.

[72] Carcello JV, Hollingsworth CW, Klein A, et al. Audit Committee Financial Expertise, Competing Corporate Governance Mechanisms, and Earnings Management[R]. Knoxville: University of Tennessee, 2006.

[73] Carcello JV, Neal TL, Palmrose Z, et al. CEO Involvement in Selecting Board Members, Audit Committee Effectiveness, and Restatements[J]. Contemporary Accounting Research, 2011, 28(2):396—430.

[74] Cerbioni F, Parbonetti A. Exploring the Effects of Corporate Governance on Intellectual Capital Disclosure: An Analysis of European Biotechnology Companies[J]. European Accounting Review, 2007, 16(4):791—826.

[75] Chang JC, Sun HL. Crossed-listed Foreign Firms' Earnings Informativeness, Earnings Management and Disclosures of Corporate Governance Informa-

tion under SOX[J]. The International Journal of Accounting, 2009, 44(1): 1—32.

[76] Chen G, Firth M, Gao DN, et al. Ownership Structure, Corporate Governance, and Fraud: Evidence from China[J]. Journal of Corporate Finance, 2006, 12(3):424—448.

[77] Cheng Q, Farber DB. Earnings Restatements, Changes in CEO Compensation, and Firm Performance[R]. Vancouver: University of British Columbia, 2008.

[78] Ciesielski J, Weirich T. Reading the SEC's Tea Leaves[J]. The Journal of Corporate Accounting and Finance, 2006, 1(9):43—45.

[79] Cohen J, Krishnamoorthy G, Wright A. The Corporate Governance Mosaic and Financial Reporting Quality[J]. Journal of Accounting Literarure, 2004, 23(1):87—152.

[80] Collins D, Masli A, Reitenga AL, et al. Earnings Restatements, the Sarbanes-Oxley Act, and the Disciplining of Chief Financial Officers[J]. Journal of Accounting, Auditing & Finance, 2008, 1(1):1—34.

[81] Dechow PM, Skinner DJ. Earnings Management: Reconciling the Views of Accounting Academics, Practitioners, and Regulators[J]. Accounting Horizons, 2000, 1(7):235—250.

[82] Dechow PM, Sloan RG, Sweeney AP. Causes and Consequences of Earnings Manipulation: An Analysis of Firms Subject to Enforcement Actions by The SEC[J]. Contemporary Accounting Research, 1996, 13(1):1—36.

[83] Defond M, Hann R, Hu X. Does the Market Value Financial Expertise on Audit Committees of Boards of Directors? [J]. Journal of Accounting Research, 2005, 43(2):153—193.

[84] Defond ML, Jiambalvo J. Incidence and Circumstances of Accounting Errors [J]. The Accounting Review, 1991, 66(3):643—655.

[85] Demirkan S. Restatement Announcements and Investors' Size[D]. University of Texas, 2007.

[86] Desai H, Hogan CE, Wilkins MS. The Reputational Penalty for Aggressive

Accounting: Earnings Restatements and Management Turnover[J]. The Accounting Review, 2006, 81(1):83—112.

[87] Dezoort F, Salterio S. The Effects of Corporate Governance Experience and Financial Reporting and Audit Knowledge on Audit Commiittee Member Judgements[J]. Auditing: A Journal Practice and Theory, 2001, 20(2):31—47.

[88] Dionne G, Triki T. Risk Management and Corporate Governance: The Importance of Independence and Financial Knowledge for the Board and the Audit Committee[R]. Montreal: Department of Finance and Canada Research Chair in Risk Management, HEC Montreal, 2005.

[89] Doyle JT, Magilke MJ. The Timing of Earnings Announecments: An Examination of the Strategic Disclosure Hypothesis[J]. The Accounting Review, 2009, 84(1):157—182.

[90] Durnev A, Mangen C. Corporate Investments: Learning from Restatements [J]. Journal of Accounting Research, 2009, 47(3):56—87.

[91] Efendi J, Srivastava A, Swanson EP. Why Do Corporate Managers Misstate Financial Statements? The Role of Option Compensation and Other Factors [J]. Journal of Financial Economics, 2007, 85(1):667—708.

[92] Eilifsen A, Messier WF. The Incidence and Detection of Misstatements: A Review and Integration of Archival Research[J]. Journal of Accounting Literature, 2000, 19(1):1—43.

[93] Elayan FA, Li J, Meyer TO. Accounting Irregularities, Management Compensation Structure and Information Asymmetry[J]. Accounting and Finance, 2008, 48(5):741—760.

[94] Eng LL, Mak YT. Corporate Governance and Voluntary Disclosure[J]. Journal of Accounting and Public Policy, 2003, 22(4):325—345.

[95] Entwistle G, Lindsay D. An Archival Study of the Existence, Cause, and Discovery of Income—Affecting Financial Statement Misstatements[J]. Contemporary Acconting Research, 1994, 11(1):271—296.

[96] Ettredge M, Scholz S, Smith KR, et al. How Do Restatements Begin? Evi-

dence of Earnings Management Preceding Restated Financial Reports[J]. Journal of Business Finance & Accounting，2010，37(3):332—355.

[97] Fama EF. Agency Problems and the Theory of the Firm[J]. Journal of Political Economy，1980，88(2):288—307.

[98] Fama E，Jensen M. Separation of Ownership and Control[J]. Journal of Law and Economics，1983，26(2):301—325.

[99] Fan IPH，Wong TJ. Corporate Ownership Structure and the Informativeness of Accounting Earnings in East Asia[J]. Journal of Accounting and Economics，2002，33(3):401—425.

[100] FASB. Accounting Changes and Error Corrections：A Replacement of APB Opinion No.20 and FASB Statement No.3，Statement of Financial Accounting Standards No.154[R]. Norwalk，CT：Financial Accounting Standards Board，2005.

[101] Files RL. Do More Transparent Corporate Actions Following a Restatement Influence the SEC's Decision to Issue an Enforcement Action? [D]. Texas A&M University，2009.

[102] Files R，Swanson EP，Tse S. Stealth Disclosure of Accounting Restatements [J]. The Accounting Review，2009，84(5):1495—1520.

[103] Firth M，Rui OM，Wu WF. Cooking the Books：Recipes and Costs of Falsified Financial Statements in China[J]. Journal of Corporate Finance，2011，17(1):371—390.

[104] Francis F，Schipper K. Have Financial Statements Lost Their Relevance[J]. Journal of Accounting Research，1999，37(2):319—352.

[105] Frieder L，Shanthikumar D. After a Restatement：Long-Run Market and Investor Response[R]. Westville，Indiana：Purdue University，2008.

[106] Gaa JC. Corporate Governance and the Responsibility of the Board of Directors for Strategic Financial Reporting[J]. Journal of Business Ethics，2009，90(2):179—197.

[107] GAO. Financial Statement Restatements：Trends，Market Impacts，Regulatory Responses，and Remaining Challenges[R]. Washington，DC：General

Accounting Office, 2002.

[108] Gertsen FHM, Riel CBM, Berens G. Avoiding Reputation Damage in Financial Restatements[J]. Long Range Planning, 2006, 39(4):429—456.

[109] Ghosh A, Marra A, Moon D. Corporate Boards, Audit Committees, and Earnings Management: Pre-and Post-SOX Evidence[J]. Journal of Business Finance & Accounting, 2010, 37(9):1145—1176.

[110] Gill BG, Bebchuk LA. Misreporting Corporate Performance[R]. Cambridge: Harvard Law School, 2003.

[111] Gleason CA, Jenkins NT, Johnson WB. The Contagion Effects of Accounting Restatements[J]. The Accounting Review, 2008, 83(1):83—110.

[112] Goodstain J, Gautam K, Boeker W. The Effects of Board Size Diversity on Strategic Change[J]. Strategic Management Journal, 1994, 15(3):241—250.

[113] Gordon EA, Henry E, Peytcheva M, et al. Disclosure Credibility and Market Reaction to Restatements[R]. Philadelphia: Temple University, 2009.

[114] Graham JR, Li S, Qiu J. Corporate Misreporting and Bank Loan Contracting[J]. Journal of Financial Economics, 2008, 89(1):44—61.

[115] Griffin PA. A League of Their Own? Financial Analysts' Responses to Restatements and Corrective Disclosures[J]. Journal of Accounting, Auditing and Finance, 2003, 18(4):479—518.

[116] Gul FA, Leung S. Board Leadership, Outside Directors' Expertise and Voluntary Corporate Disclosures[J]. Journal of Accounting and Public Policy, 2004, 23(5):351—379.

[117] Guner AB, Malmendier U, Tate G. Financial Expertise of Directors[J]. Journal of Financial Economics, 2008, 88(2):323—354.

[118] Healy PM, Palepu KG. Information Asymmetry, Corporate Disclosure and the Capital Markets: A Review of the Empirical Disclosure Literature[J]. Journal of Accounting and Economics, 2001, 31(1—3):405—440.

[119] Heninger WG, Kim Y, Nabar S. Earnings Misstatements, Restatements, and Corporate Governance[J]. Journal of Forensic & Investigative Account-

ing, 2009, 1(2):1—35.

[120] Hennes KM, Leone AJ, Miller BP. The Importance of Distinguishing Errors from Irregularities in Restatement Research: The Case of Restatements and CEO/CFO Turnover[J]. The Accounting Review, 2008, 83(6):1487—1519.

[121] Hermalin BE, Weisbach M S. Endogenously Chosen Boards of Directors and Their Monitoring of the CEO [J]. American Economic Review, 1998, 88(1):96—118.

[122] Hirschey M, Palmrose Z, Scholz S. Long-term Market Underreaction to Accounting Restatements[R]. Kansas: University of Kansas, 2005.

[123] Hirshleifer D, Hou K, Teoh SH. Do Investors Overvalue Firms with Bloated Balance Sheets? [J]. Journal of Accounting and Economics, 2004, 38(1):297—331.

[124] Hirshleifer D, Teoh SH. Limited Attention, Information Disclosure, and Financial Reporting[J]. Journal of Accounting and Economics, 2003, 36(1—3):337—386.

[125] Hoitash U, Hoitash R, Bedard JC. Corporate Governance and Internal Control over Financial Reporting: A Comparison of Regulatory Regimes[J]. The Accounting Review, 2009, 84(3):839—867.

[126] Houghton CW, Fogarty JA. Inherent Risk[J]. Auditing: A Journal of Practice & Theory, 1991, 10(Spring):1—21.

[127] Hribar P, Jenkins NT. The Effect of Accounting Restatements on Earnings Revisions and the Estimated Cost of Capital[J]. Review of Accounting Studies, 2004(9):337—356.

[128] Hribar P, Jenkins NT, Wang J. Institutional Investors and Accounting Restatements[R]. New York: Cornell University, 2004.

[129] Hunton JE, Rose JM. Can Directors' Self-interests Influence Accounting Choices? [J]. Accounting, Organizations and Society, 2008, 33(7—8):783—800.

[130] Hutchinson MR, Percy M. An Investigation of the Association between Corporate Governance, Earnings Management and the Effect of Governance

Reforms[J]. Accounting Research Journal，2008，21(3):239—262.

[131] Jensen MC，Meckling WH. Theory of the Firm：Managerial Behavior，Agency Costs and Ownership Structure[J]. Journal of Financial Economics，1976，3(4):305—360.

[132] Jensen M. The Modern Industrial Revolution，Exit，and the Failure of Internal Control Systems [J]. Journal of Finance，1993，48(3):831—880.

[133] Karpoff JM，Lee DS，Martin GS. The Consequence to Managers for Financial Misrepresentation[J]. Journal of Financial Economics，2008，88(1):193—215.

[134] Kinney JWR，Mcdaniel L. Characteristics of Firms Correcting Previously Reported Quarterly Earnings[J]. Journal of Accounting and Economies，1989，11(1):71—93.

[135] Kinney WR，Palmrose Z，Scholz S. Auditor Independence，Non-Audit Services，and Restatements：Was the U.S. Government Right? [J]. Journal of Accounting Research，2004，42(3):561—588.

[136] Klein A. Audit Committee，Board of Director Characteristics，and Earnings Management[J]. Journal of Accounting and Economics，2002，33(3):375—400.

[137] Krishnan GV，Visvanathan G. Does the SOX Definition of an Accounting Expert Matter? The Association between Audit Committee Directors' Expertise and Accounting Conservatism[J]. Contemporary Accounting Research，2008，25(3):827—857.

[138] Kyle P. Accounting Complexity and Misreporting：Manipulation or Mistake? [D]. University of Michigan，2008.

[139] Lafond R，Watts R. The Information Role of Conservatism[J]. The Accounting Review，2008，83(2):447—478.

[140] Lang L，Stulz R. Contagion and Competitive Intra-Industry Effects of Bankruptcy Announcements：An Empirical Analysis[J]. Journal of Financial Economics，1992，32(1):45—60.

[141] Lev B，Ryan SG，Wu M. Rewriting Earnings History[J]. Review of Ac-

ccounting Studies，2008(13)：419—451.

[142] Lin ZJ，Xiao JZ，Tang Q. The Roles，Responsibilities and Characteristics of Audit Committee in China[J]. Accounting，Auditing & Accountability Journal，2008，21(5)：721—751.

[143] Lipton M，Lorsch JW. A Modest Proposal for Improved Corporate Governance[J]. Business Lawyer，1992，(1)：59—77.

[144] Lisic LL，Neal T，Zhang Y. Audit Committee Financial Expertise and Restatements：The Moderating Effect of CEO Power[R]. Virginia：George Mason University，2011.

[145] Liu Q，Lu Z. Corporate Governance and Earnings Management in the Chinese Listed Companies：A Tunneling Perspective[J]. Journal of Corporate Finance，2007，13(5)：881—906.

[146] Livnat J，Tan CEL. Restatements of Quarterly Earnings：Evidence on Earnings Quality and Market Reactions to the Originally Reported Earnings[R]. New York：New York University，2004.

[147] Marne L，Arthaud-Day S，Trvis C，et al.A Changing of the Guard：Executive and Director Turnover Following Corporate Financial Restatements[J]. Academy of Management Journal，2006，49(6)：1119—1136.

[148] Mcdaniel L，Martin RD，Maines LA. Evaluating Financial Reporting Quality：The Effects of Financial Expertisevs. Financial Literacy[J]. The Accounting Review，2002，77(Supplement)：139—167.

[149] Mcmullen DA. Audit Committee Performance：An Investigation of the Consequences Associated with Audit Comittees[J]. Auditing：A Journal of Practice and Theory，1996，15(1)：87—103.

[150] Mcnichols MF，Stubben SR. Does Earnings Management Affect Firms' Investment Decision[J]. The Accounting Review，2008，83(6)：1571—1603.

[151] Myers JN，Myers LA，Omer TC. Exploring the Term of the Auditor-Client Relationship and the Quality of Earnings：A Case for Mandatory Auditor Rotation? [J]. The Accounting Review，2003，78(3)：779—799.

[152] Myers JN，Myers LA，Palmrose ZV，et al. Mandatory Auditor Rotation：

Evidence from Restatements[R]. Chicago: University of Illinois at Urbana-Champaign, 2003.

[153] Myers JN, Myers LA, Skinner DJ. Earnings Momentum and Earnings Management[R]. Texas: Texas A&M University, 2006.

[154] Myers LA, Scholz S, Sharp NY. Restating under the Radar: Determinants of Restatement Disclosure Choices and the Related Market Reactions[R]. Arkansas: University of Arkansas, 2009.

[155] Nelson MW, Elliott JA, Tarpley R L. Evidence from Auditors about Managers' and Auditors' Earnings Management Decisions[J]. The Accounting Review, 2002, 77(Supplement):175—202.

[156] Owers JE, Lin CM, Rogers RC. The Informational Content and Valuation Ramifications of Earnings Restatements[J].International Business and Economics Research Journal, 2002, 1(5):71—84.

[157] Palmrose Z, Richardson VJ, Scholz S. Determinants of Market Reactions to Restatement Announcements[J]. Journal of Accounting and Economics, 2004, 37(1):59—89.

[158] Palmrose Z, Scholz S. The Circumstances and Legal Consequences of Non-GAAP Reporting: Evidence from Restatements[J]. Contemporary Accounting Research, 2004, 21(1):139—181.

[159] Park YW, Shin H. Board Composition and Earnings Management in Canada [J]. Journal of Corporate Finance, 2004, 10(3):431—457.

[160] Pfarrer MD, Smith KG, Bartol KM, et al. Coming Forward: The Effects of Social and Regulatory Forces on the Voluntary Restatement of Earnings Subsequent to Wrongdoing[J]. Organization Science, 2008, 19(3):386—403.

[161] Plumlee M, Yohn TL. An Analysis of the Underlying Causes Attributed to Restatements[J]. Accounting Horizons, 2010, 24(1):41—46.

[162] POB. Issues Confronting the Accounting Profession[R]. Stamford, CT: Public Oversight Board, 1993.

[163] Raghunandan K, Read WJ, Whisenant JS. Initial Evidence on the Association between Nonaudit Fees and Restated Financial Statements[J]. Account-

ing Horizons，2003(9)：223—224.

[164] Rahman RA，Ali FHM. Board，Audit Committee，Culture and Earnings Management：Malaysian Evidence[J]. Managerial Auditing Journal，2006，21(7)：783—804.

[165] Rezaee Z. Causes，Consequences，and Deterence of Financial Statement Fraud[J]. Critical Perspectives on Accounting，2005，16(3)：277—298.

[166] Richardson S，Tuna I，Wu M. Predicting Earnings Management：The Case of Earnings Restatements[D]. University of Pennsylvania，2002.

[167] Romanus RN，Mather JJ，Fleming DM. Auditor Industry Specialization，Auditor Changes，and Accounting Restatements[J]. Accounting Horizon，2008，22(4)：1—20.

[168] Sarker J，Sarker S，Sen K. Board of Directors and Opportunistic Earnings Management：Evidence from India[J]. Journal of Accounting Auditing and Finance，2008，23(4)：517—536.

[169] Scholz S. The Changing Nature and Consequences of Public Company Financial Restatements 1997—2006[R]. The Department of the Treasury，2008.

[170] Sharma VD. Board of Director Characteristics，Institutional Ownership，and Fraud：Evidence from Australia[J]. Auditing：A Journal of Practice and Theory，2004，23(2)：105—117.

[171] Shleifer A，Vishny RW. A Survery of Corporate Governance[J]. The Journal of Finance，1997，52(2)：737—783.

[172] Silber W，Whitelaw R. Intra-Industry Effects of Corrective Disclosures：Is Mistrust Contagious? [R]. New York：Business Glucksman Institute for Research in Securities Markets，2003.

[173] Skaife HA，Collins DW，Kinney JWR. The Discovery and Reporting of Internal Control Deficiencies Prior to SOX-Mandated Audits[J]. Journal of Accounting and Economics，2007，44(1—2)：166—192.

[174] Skinner DJ. Earning Disclosures and Stockholder Lawsuits[J]. Journal of Accounting and Economics，1997(23)：249—282.

[175] Srinivasan S. Consequences of Financial Reporting Failure for Outside Direc-

tors: Evidence from Accounting Restatements and Audit Committee Members[J]. Journal of Accounting Research, 2005, 43(2):291—334.

[176] Stanley JD, Dezoort FT. Audit Firm Tenure and Financial Restatements: An Analysis of Industry Specialization and Fee Effects[J]. Journal of Accounting and Public Policy, 2007, 26(1):131—159.

[177] Sunder S. Theory of Accounting and Control[M]. Cincinnati: South-Western College, 1997.

[178] Swanson EP, Tse S, Wynalda R. Stealth Disclosure of Accounting Restatements: Is Silence Golden? [R]. Texas: Texas A&M University, 2008.

[179] Turner LE, Weirich TR. A Closer Look at Financial Statement Restatements[J]. The CPA Journal, 2006, 76(12):12—23.

[180] Ueng J, Koehn D, Chang CL. Relationships between Director Profile and Restatements of Suspect Earnings[J]. Journal of Business & Economics Research, 2009, 7(4):75—92.

[181] Vafeas N. Board Structure and the Informativeness of Earnings[J]. Journal of Accounting and Public Policy, 2000, 19(2):139—160.

[182] Verrecchia RE. Essays on Disclosure[J]. Journal of Accounting and Economics, 2001, 32(1—3):97—180.

[183] Wang TY, Winton A, Yu X. Corporate Fraud and Business Conditions: Evidence from IPOs[R]. Indiana: Indiana University, 2007.

[184] Wang X, Wu M. The Quality of Financial Reporting in China[Z]. Beijing: Central University of Finance and Economics, 2010.

[185] Watts R. Conservatism in Accounting, Part I: Explanations and Implications [J]. Accounting Horizons, 2003, 17(3):207—221.

[186] Wilson WM. An Empirical Analysis of the Decline in the Information Content of Earnings Following Restatements[J]. The Accounting Review, 2008, 83(2):519—548.

[187] Wright A, Ashton R. Identifying Audit Adjustments with Attention—Directing Procedures[J]. The Accounting Review, 1989, 64(10):710—728.

[188] Wu M. Accounting Restatements: An Oriental Version[R]. Hong Kong:

Hong Kong University of Science and Technology, 2008.

[189] Wu M. Earnings Restatements: A Capital Market Perspective[D]. New York University, 2003.

[190] Xie B, Davidson WN, Dadalt PJ. Earnings Management and Corporate Governance: The Role of the Board and the Audit Committee[J]. Journal of Corporate Finance, 2003, 9(3):295—316.

[191] Xu T, Najand M, Ziegenfuss D. Intra-Industry Effects of Earnings Restatements Due to Accounting Irregularities[J]. Journal of Business Finance & Accounting, 2006, 33(5):696—714.

[192] Ye JM, Darrough M. Abnormal Operating Cash Flows: Implications for Financial Forecasting and the Prediction of Earnings Restatements[R]. New York: Baruch College, 2007.

图书在版编目(CIP)数据

董事会治理对盈余重述披露选择的影响研究/陈丽英著.—上海:格致出版社:上海人民出版社,2019.1
(新时代会计理论与实践创新系列专著)
ISBN 978-7-5432-2967-9

Ⅰ.①董… Ⅱ.①陈… Ⅲ.①上市公司-企业利润-研究-中国 Ⅳ.①F279.246

中国版本图书馆 CIP 数据核字(2019)第 017675 号

责任编辑 王 萌
封面设计 路 静

新时代会计理论与实践创新系列专著
董事会治理对盈余重述披露选择的影响研究
陈丽英 著

出 版 格致出版社
上海人民出版社
(200001 上海福建中路 193 号)
发 行 上海人民出版社发行中心
印 刷 常熟市新骅印刷有限公司
开 本 720×1000 1/16
印 张 11.75
插 页 2
字 数 193,000
版 次 2019 年 1 月第 1 版
印 次 2019 年 1 月第 1 次印刷
ISBN 978-7-5432-2967-9/F·1197
定 价 48.00 元